CÓMICS DE CIENCIA

MURCIÉLAGOS
Aprendiendo a volar

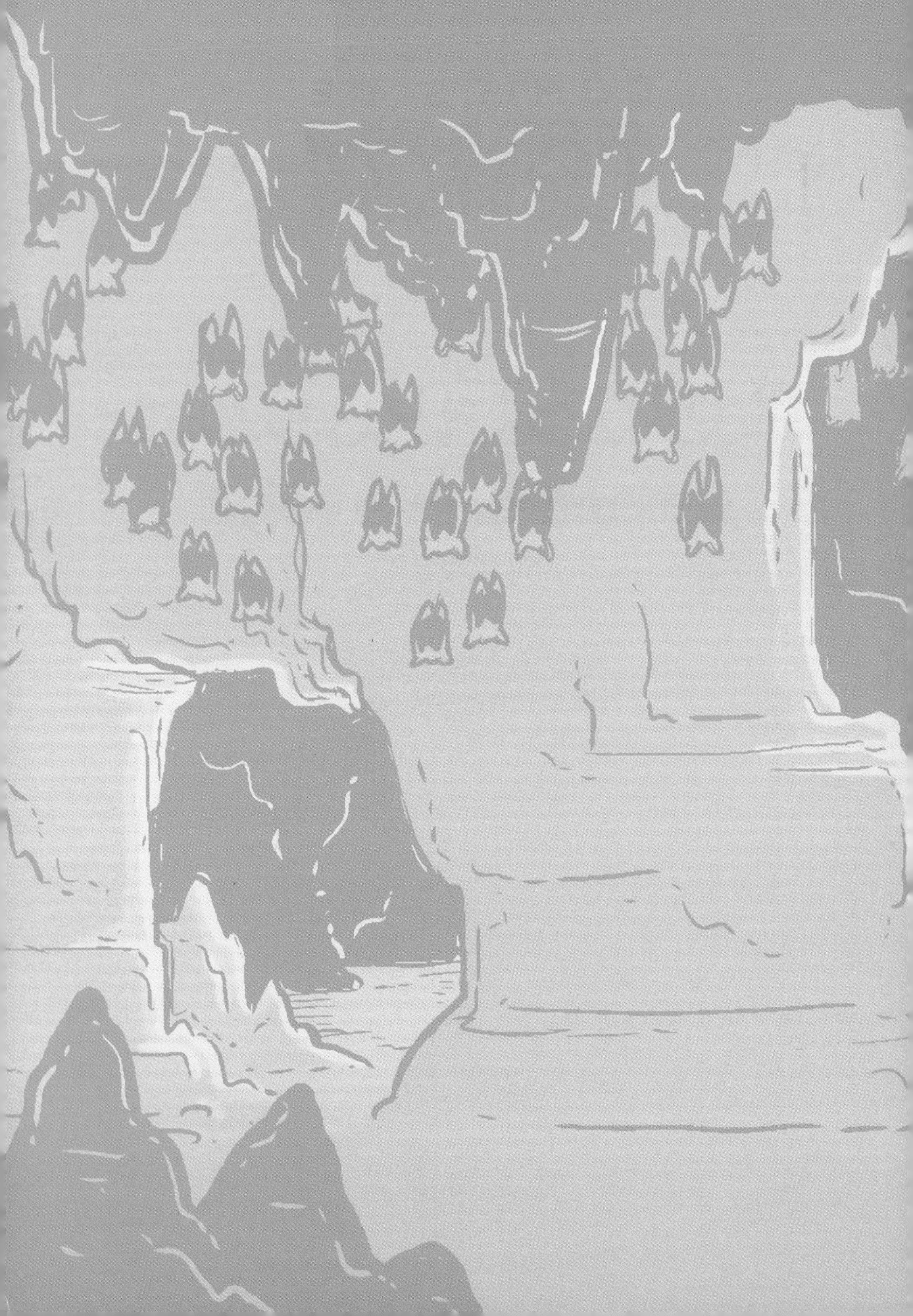

MURCIÉLAGOS

Aprendiendo a volar

FALYNN KOCH

Historias
gráficas

Para Tucker Waugh y Neal Koch

Murciélagos. Aprendiendo a volar

Título original: *Bats. Learning to fly*

© 2016 Falynn Koch (texto e ilustraciones)

Esta edición se publicó según acuerdo con First Second, un sello de Roaring Brook Press, una división de Holtzbrink Publishing Holdings Limited Partnership. Todos los derechos reservados

Traducción: Juan Cristóbal Álvarez

D.R. © Editorial Océano, S.L.
Milanesat 21-23, Edificio Océano
08017 Barcelona, España
www.oceano.com

D.R. © Editorial Océano de México, S.A. de C.V.
Homero 1500-402, col. Polanco
Miguel Hidalgo, 11560, Ciudad de México
www.oceano.mx
www.oceanotravesia.mx

Primera edición: 2019

ISBN: 978-607-557-024-2

Depósito legal: B 21494-2019

IMPRESO EN ESPAÑA/PRINTED IN SPAIN

9004814010919

Cuando eras pequeño ¿le tenías miedo a la oscuridad? ¿Creías que había monstruos en tu armario o te daba miedo que hubiera algo debajo de la cama? Tal vez ya no tengas esos temores, pero incluso cuando crecemos existen cosas que no podemos ver y que nos asustan. Por ejemplo, los murciélagos.

Los murciélagos son animales nocturnos, es decir que sólo salen de noche. Al atardecer dejan su nido diurno para buscar comida. Si vives en América del Norte los murciélagos que viven cerca de ti sólo comen néctar o insectos, ¡no humanos! Hasta los murciélagos que se alimentan de sangre, los temidos murciélagos vampiro, prefieren por mucho el ganado. Y sólo viven en América Central y América del Sur.

Los murciélagos del resto del mundo comen otras cosas, principalmente fruta. Esto quiere decir que son muy útiles para los humanos: al comer tanta fruta, néctar e insectos nos ayudan a controlar plagas, polinizar y dispersar semillas. Sin murciélagos tendríamos que usar más pesticidas en nuestros cultivos, ¡y habría menos plátanos, mangos, aguacates, dátiles e higos para comer!

Así que deberíamos adorar a los murciélagos, ¿verdad? Pero no todo el mundo se da cuenta de lo importantes que son. Con frecuencia hacemos cosas que lastiman a los murciélagos, sin querer o a propósito. Algunas personas matan a los murciélagos que entran a su casa en vez de dejarlos salir, talan los árboles en los que viven y usan pesticidas en su jardín. Todo esto hace que a los murciélagos les cueste más trabajo encontrar comida saludable y hogar seguro. ¿Y qué les pasa entonces? Desaparecen. Y cuando los murciélagos desaparecen, nos quedan menos cosas para comer.

Ahora que sabes lo importante que es tener cerca a los murciélagos, ¿qué puedes hacer para ayudarlos? Primero, busca información de organizaciones y universidades en el lugar donde vives. En muchos lugares existen campañas de conservación, de ciencia ciudadana y de recaudación de fondos para ayudar a los murciélagos de diferentes latitudes.

También puedes hacer que tu jardín o tu escuela sean lugares seguros para que los murciélagos vivan y se alimenten. Las casitas para murciélagos les dan a las hembras un lugar cálido y seguro para criar a sus bebés. Los jardines especiales para murciélagos, con plantas que florecen de noche, atraen a los insectos que los murciélagos necesitan comer para estar fuertes. Y si evitas los pesticidas en tu jardín te aseguras de no exponer a los murciélagos a sustancias químicas dañinas para ellos.

Dile a toda la gente que conoces, a tu familia, tus amigos, tus maestros, que todos debemos hacer lo que podamos para mantener saludables a los murciélagos. Y la próxima vez que sea de noche no te asustes: piensa que a esa hora todos los murciélagos se están asegurando de que tengas muchas cosas deliciosas que comer.

Rob Mies, experto en murciélagos y fundador de la
Organización para la Conservación de los Murciélagos.

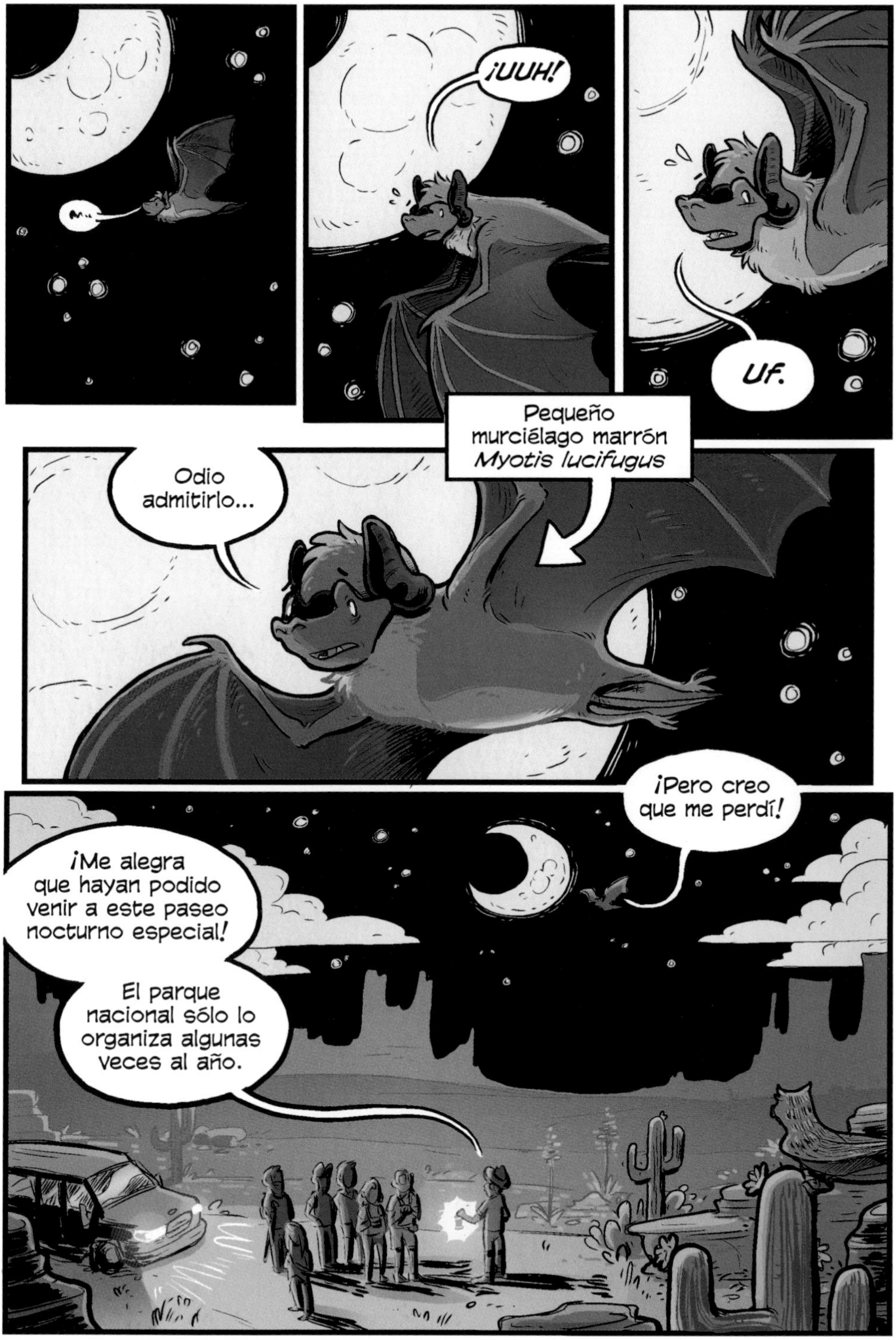
¡UUH!
Uf.
Pequeño
murciélago marrón
Myotis lucifugus
Odio
admitirlo...
¡Pero creo
que me perdí!
¡Me alegra
que hayan podido
venir a este paseo
nocturno especial!
El parque
nacional sólo lo
organiza algunas
veces al año.

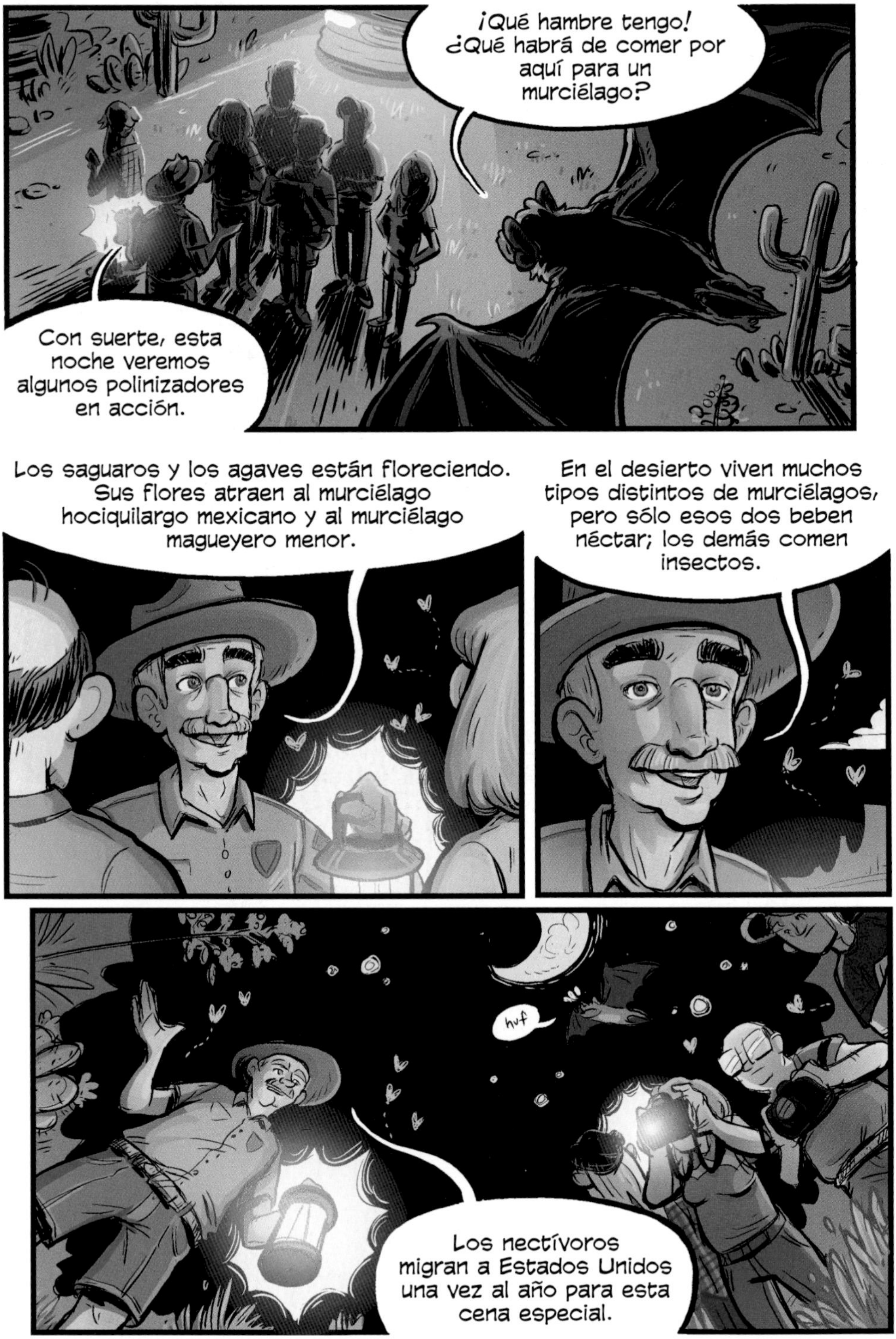
¡Qué hambre tengo! ¿Qué habrá de comer por aquí para un murciélago?
Con suerte, esta noche veremos algunos polinizadores en acción.
Los saguaros y los agaves están floreciendo. Sus flores atraen al murciélago hocicilargo mexicano y al murciélago magueyero menor.
En el desierto viven muchos tipos distintos de murciélagos, pero sólo esos dos beben néctar; los demás comen insectos.
huf
Los nectívoros migran a Estados Unidos una vez al año para esta cena especial.

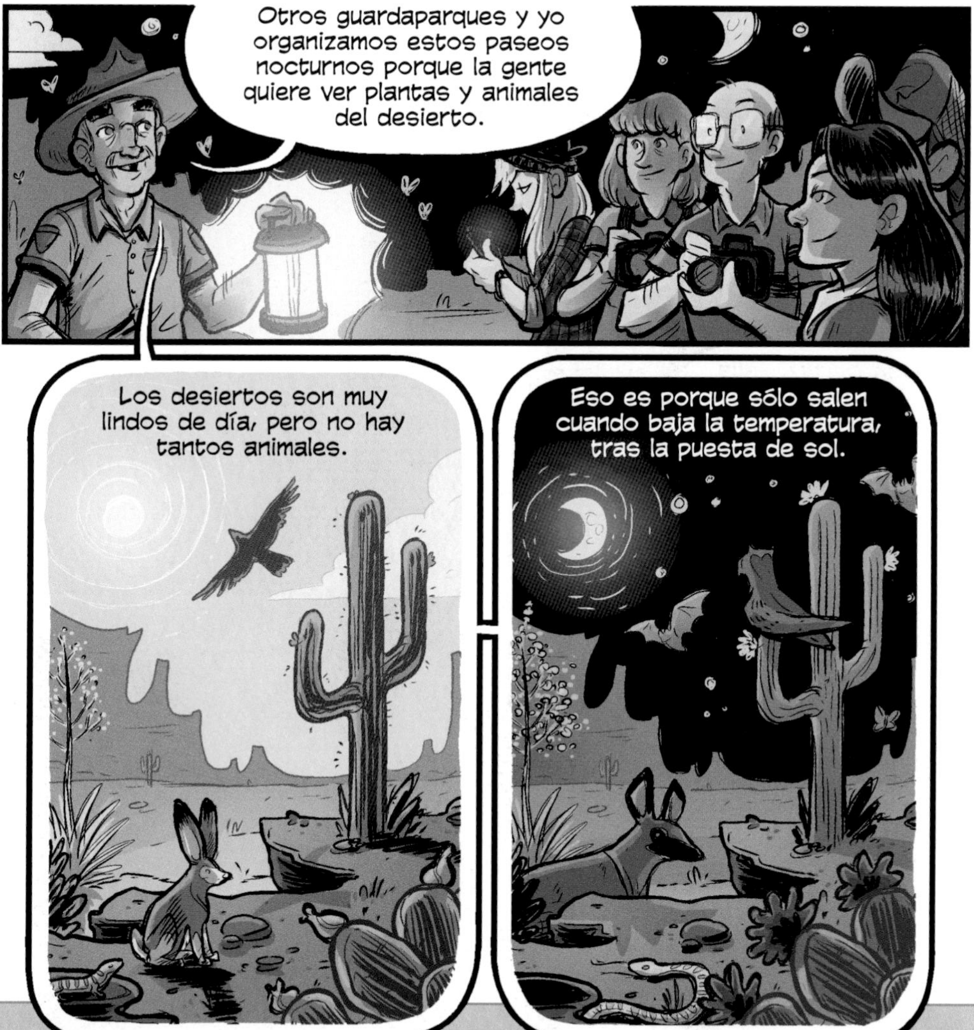
Otros guardaparques y yo organizamos estos paseos nocturnos porque la gente quiere ver plantas y animales del desierto.
Los desiertos son muy lindos de día, pero no hay tantos animales.
Eso es porque sólo salen cuando baja la temperatura, tras la puesta de sol.

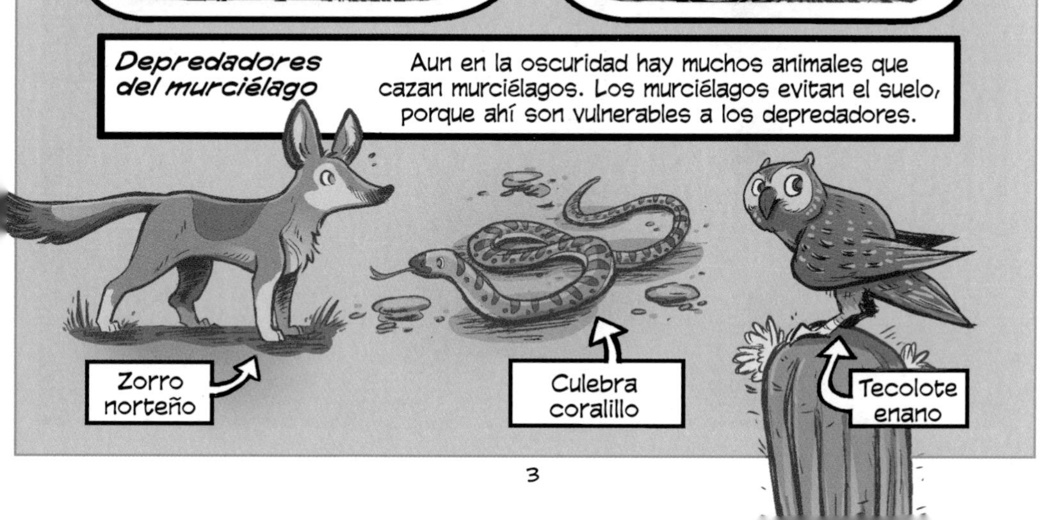
Depredadores del murciélago
Aun en la oscuridad hay muchos animales que cazan murciélagos. Los murciélagos evitan el suelo, porque ahí son vulnerables a los depredadores.
Zorro norteño
Culebra coralillo
Tecolote enano

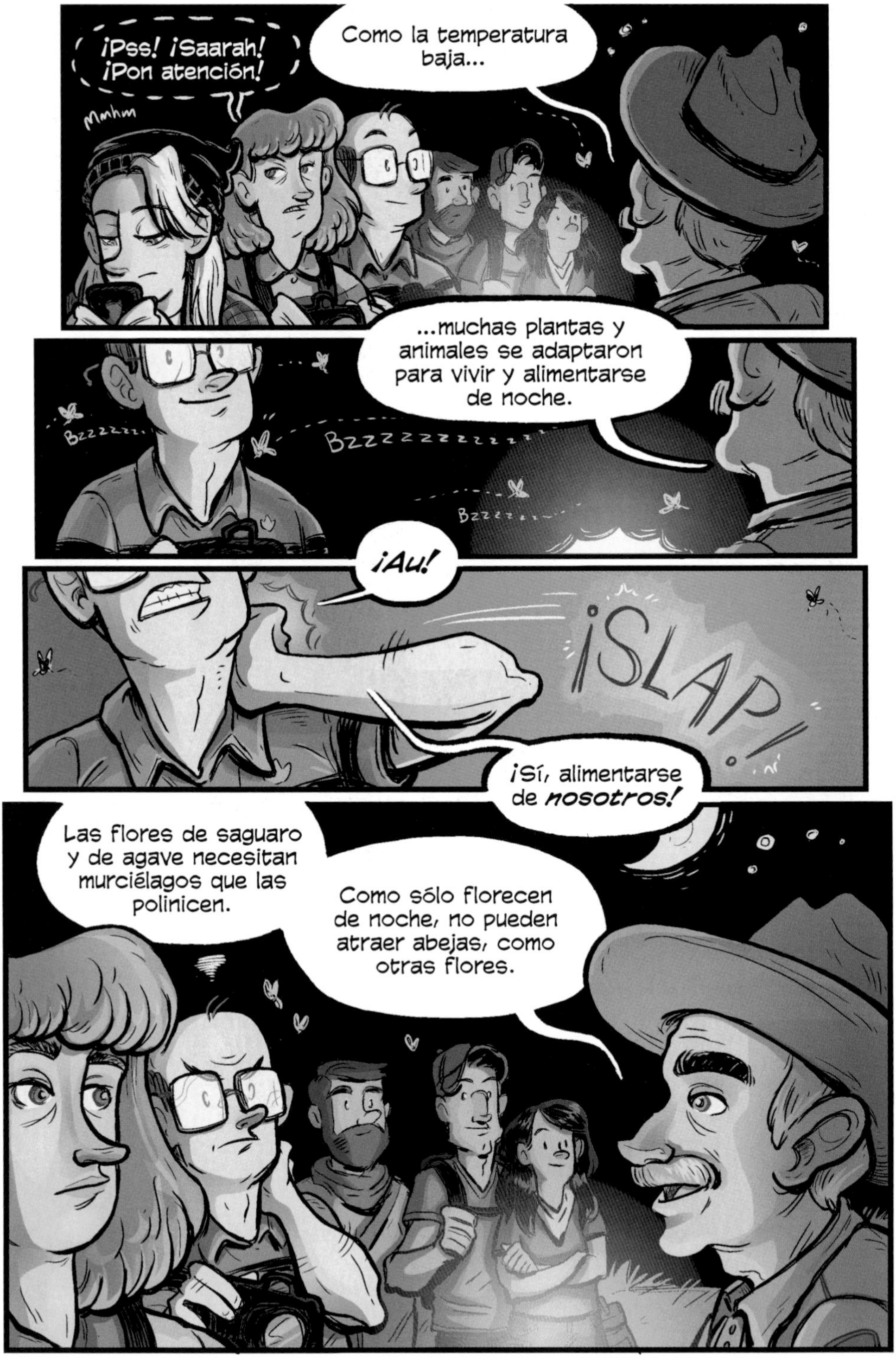
¡Pss! ¡Saarah! ¡Pon atención!
Mmhm
Como la temperatura baja...
...muchas plantas y animales se adaptaron para vivir y alimentarse de noche.
Bzzzzzz
Bzzzzzzzzzzzzz
Bzzzzz
¡Au!
¡SLAP!
¡Sí, alimentarse de *nosotros!*
Las flores de saguaro y de agave necesitan murciélagos que las polinicen.
Como sólo florecen de noche, no pueden atraer abejas, como otras flores.

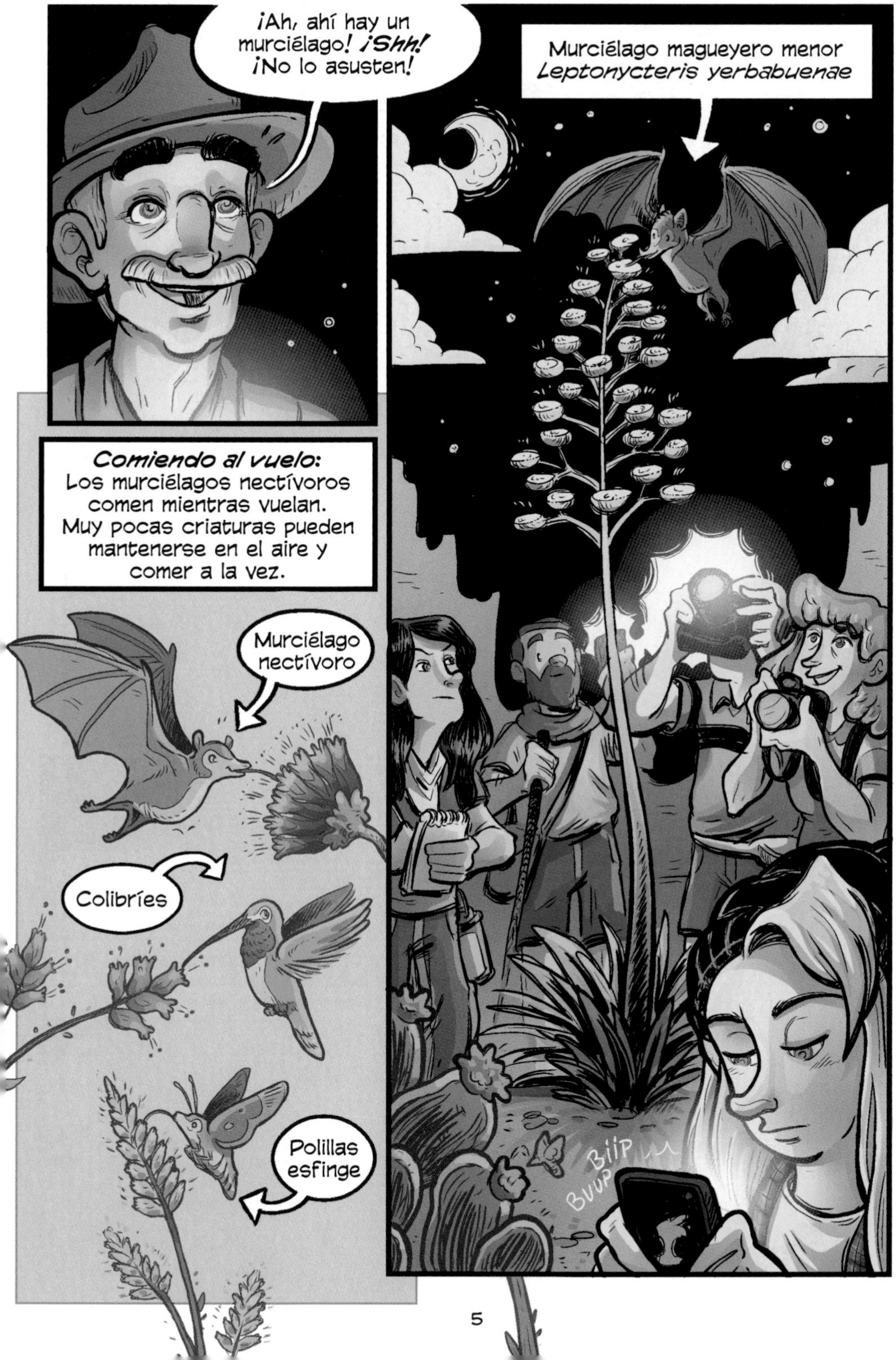
¡Ah, ahí hay un murciélago! ¡Shh! ¡No lo asusten!
Murciélago magueyero menor *Leptonycteris yerbabuenae*
Comiendo al vuelo: Los murciélagos nectívoros comen mientras vuelan. Muy pocas criaturas pueden mantenerse en el aire y comer a la vez.
Murciélago nectívoro
Colibríes
Polillas esfinge
BIIP
BUUP

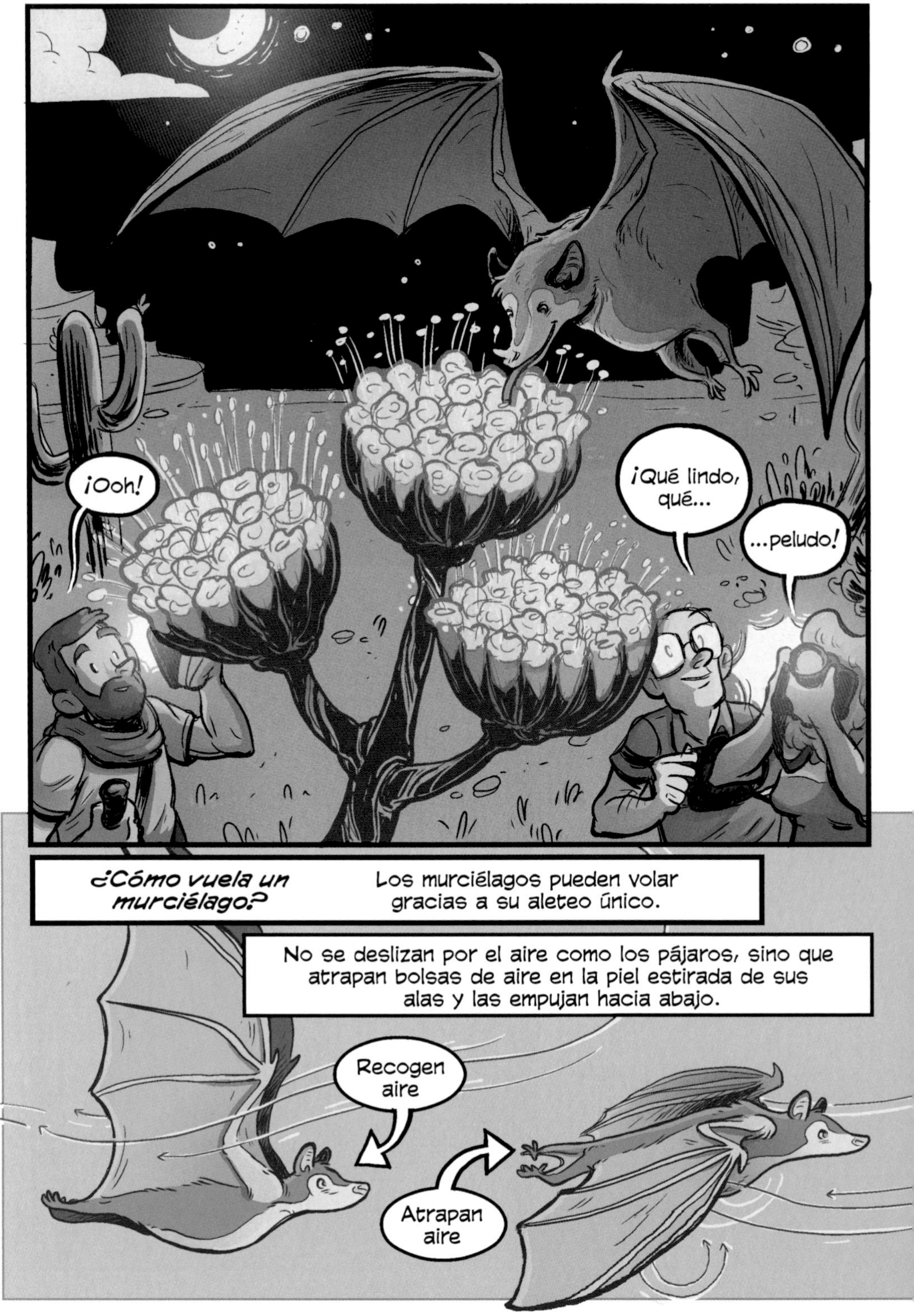
¡Ooh!
¡Qué lindo, qué...
...peludo!
¿Cómo vuela un murciélago?
Los murciélagos pueden volar gracias a su aleteo único.
No se deslizan por el aire como los pájaros, sino que atrapan bolsas de aire en la piel estirada de sus alas y las empujan hacia abajo.
Recogen aire
Atrapan aire

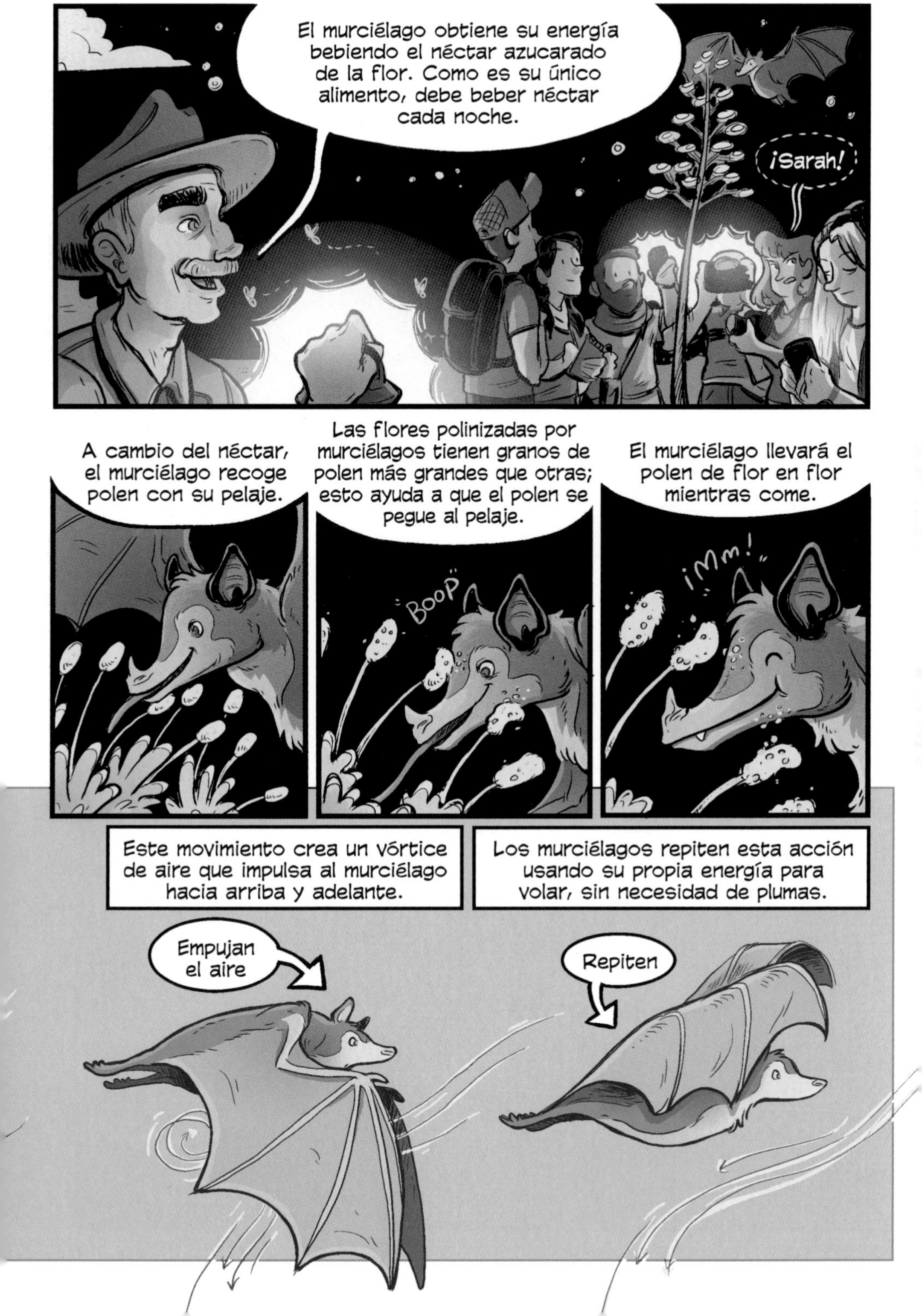
El murciélago obtiene su energía bebiendo el néctar azucarado de la flor. Como es su único alimento, debe beber néctar cada noche.
¡Sarah!
A cambio del néctar, el murciélago recoge polen con su pelaje.
Las flores polinizadas por murciélagos tienen granos de polen más grandes que otras; esto ayuda a que el polen se pegue al pelaje.
BOOP
El murciélago llevará el polen de flor en flor mientras come.
¡Mm!
Este movimiento crea un vórtice de aire que impulsa al murciélago hacia arriba y adelante.
Los murciélagos repiten esta acción usando su propia energía para volar, sin necesidad de plumas.
Empujan el aire
Repiten

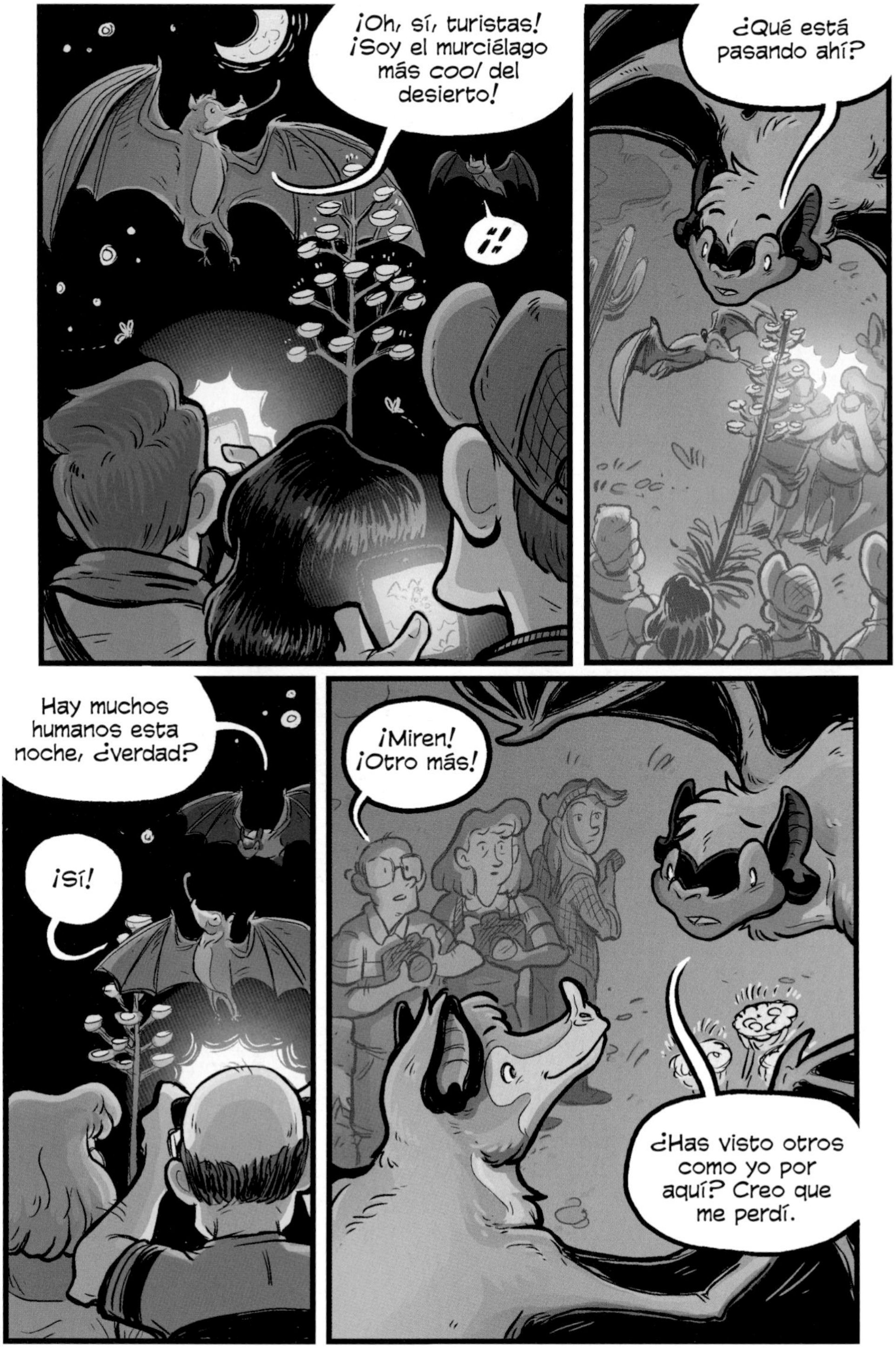
¡Oh, sí, turistas! ¡Soy el murciélago más *cool* del desierto!
¡!
¿Qué está pasando ahí?
Hay muchos humanos esta noche, ¿verdad?
¡Sí!
¡Miren! ¡Otro más!
¿Has visto otros como yo por aquí? Creo que me perdí.

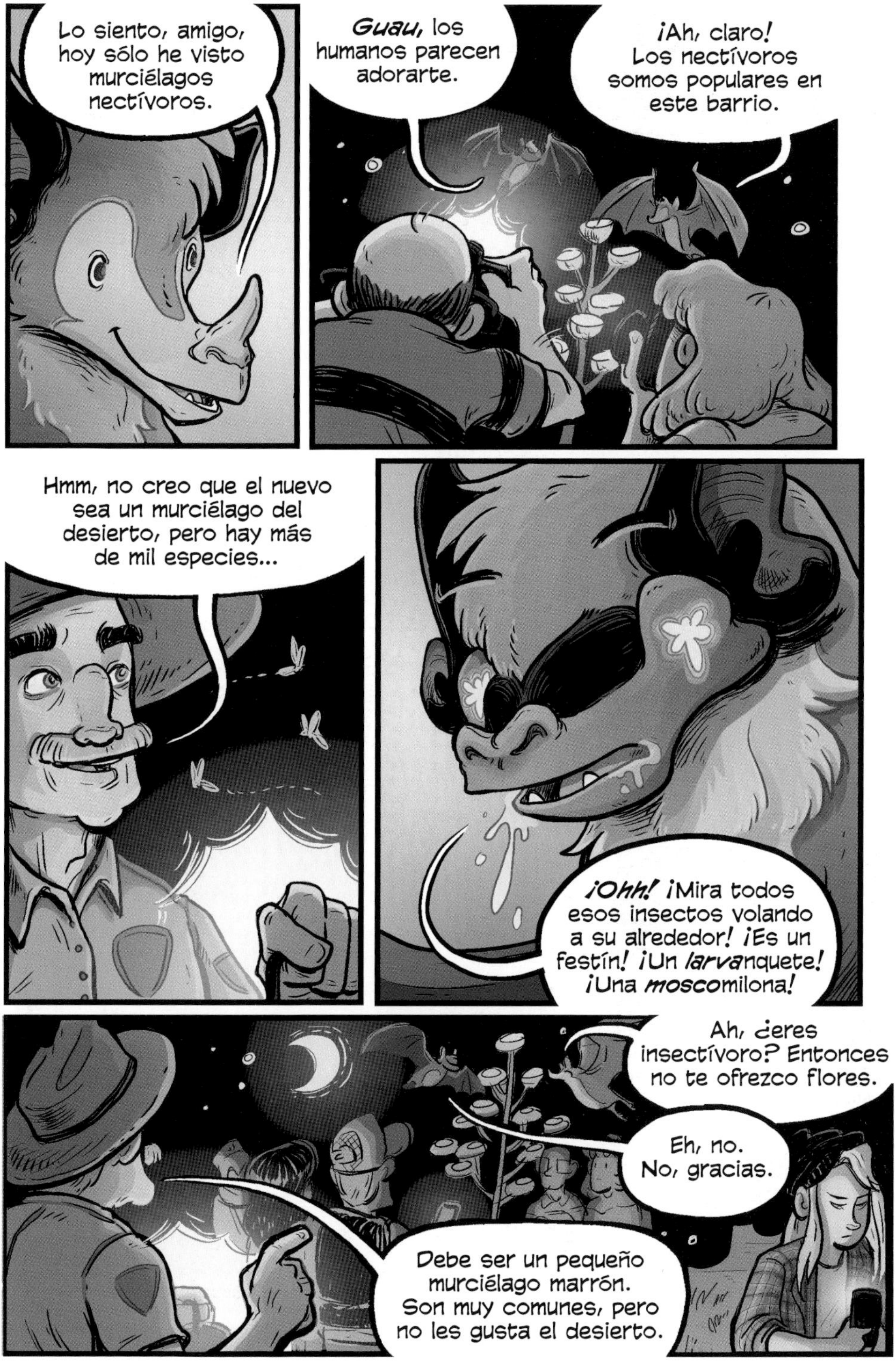
Lo siento, amigo, hoy sólo he visto murciélagos nectívoros.
Guau, los humanos parecen adorarte.
¡Ah, claro! Los nectívoros somos populares en este barrio.
Hmm, no creo que el nuevo sea un murciélago del desierto, pero hay más de mil especies...
¡Ohh! ¡Mira todos esos insectos volando a su alrededor! ¡Es un festín! ¡Un *larva*nquete! ¡Una **mosco**milona!
Ah, ¿eres insectívoro? Entonces no te ofrezco flores.
Eh, no. No, gracias.
Debe ser un pequeño murciélago marrón. Son muy comunes, pero no les gusta el desierto.

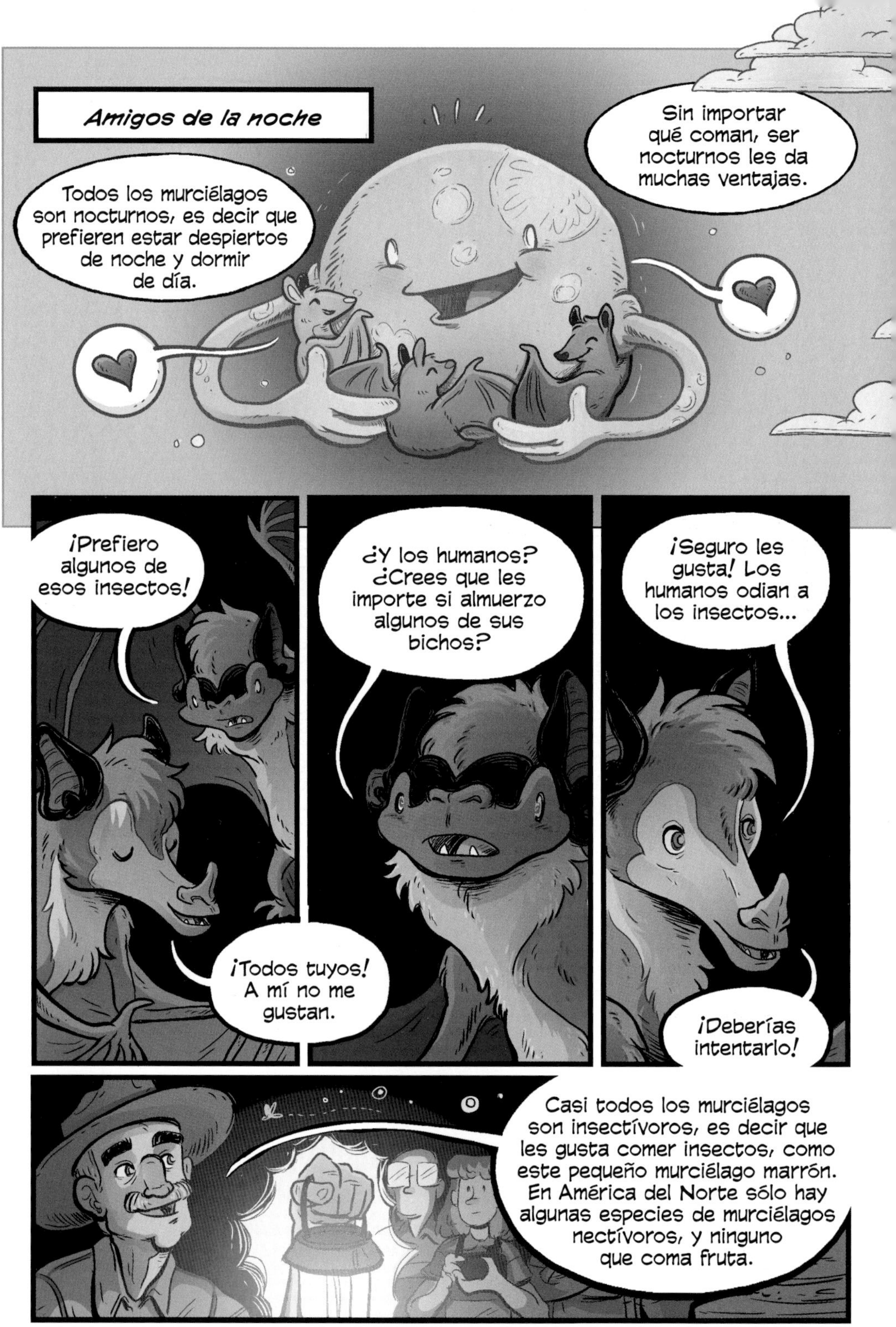
Amigos de la noche
Todos los murciélagos son nocturnos, es decir que prefieren estar despiertos de noche y dormir de día.
Sin importar qué coman, ser nocturnos les da muchas ventajas.
¡Prefiero algunos de esos insectos!
¡Todos tuyos! A mí no me gustan.
¿Y los humanos? ¿Crees que les importe si almuerzo algunos de sus bichos?
¡Seguro les gusta! Los humanos odian a los insectos...
¡Deberías intentarlo!
Casi todos los murciélagos son insectívoros, es decir que les gusta comer insectos, como este pequeño murciélago marrón. En América del Norte sólo hay algunas especies de murciélagos nectívoros, y ninguno que coma fruta.

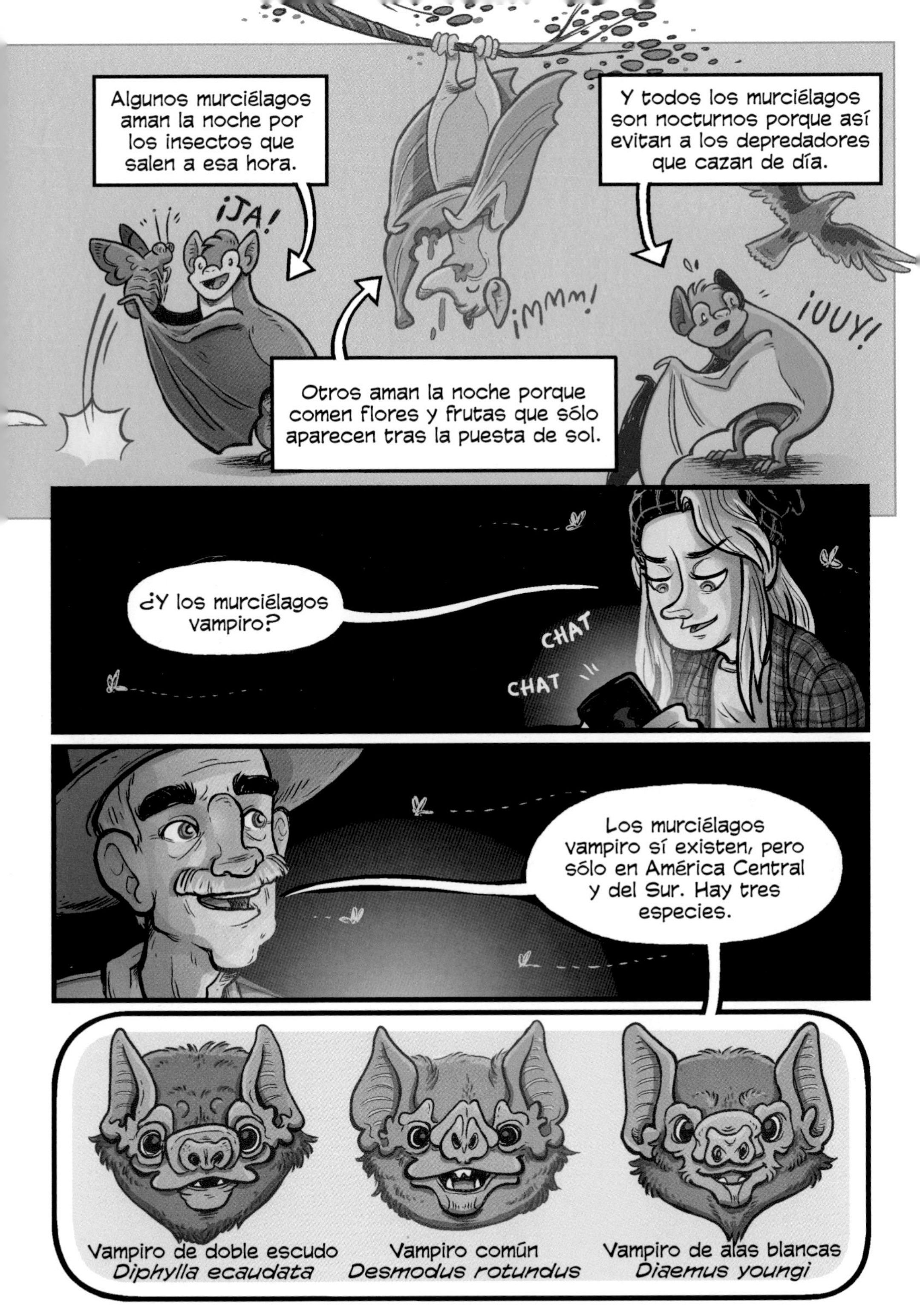

Algunos murciélagos aman la noche por los insectos que salen a esa hora.
¡JA!
¡MMM!
Otros aman la noche porque comen flores y frutas que sólo aparecen tras la puesta de sol.
Y todos los murciélagos son nocturnos porque así evitan a los depredadores que cazan de día.
¡UUY!
¿Y los murciélagos vampiro?
CHAT
CHAT
Los murciélagos vampiro sí existen, pero sólo en América Central y del Sur. Hay tres especies.
Vampiro de doble escudo
Diphylla ecaudata
Vampiro común
Desmodus rotundus
Vampiro de alas blancas
Diaemus youngi

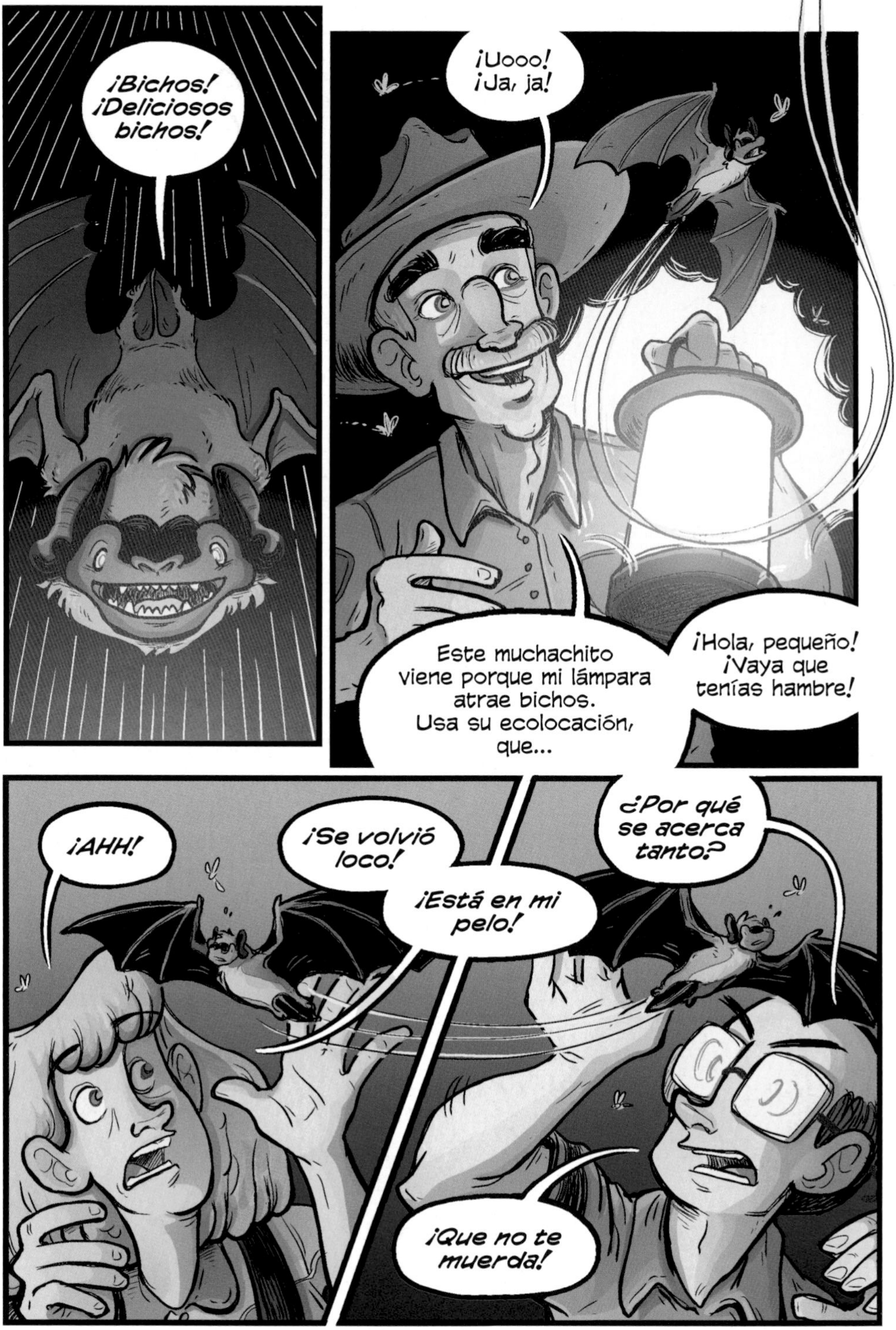
¡Bichos! ¡Deliciosos bichos!
¡Uooo! ¡Ja, ja!
Este muchachito viene porque mi lámpara atrae bichos. Usa su ecolocación, que...
¡Hola, pequeño! ¡Vaya que tenías hambre!
¡AHH!
¡Se volvió loco!
¡Está en mi pelo!
¿Por qué se acerca tanto?
¡Que no te muerda!

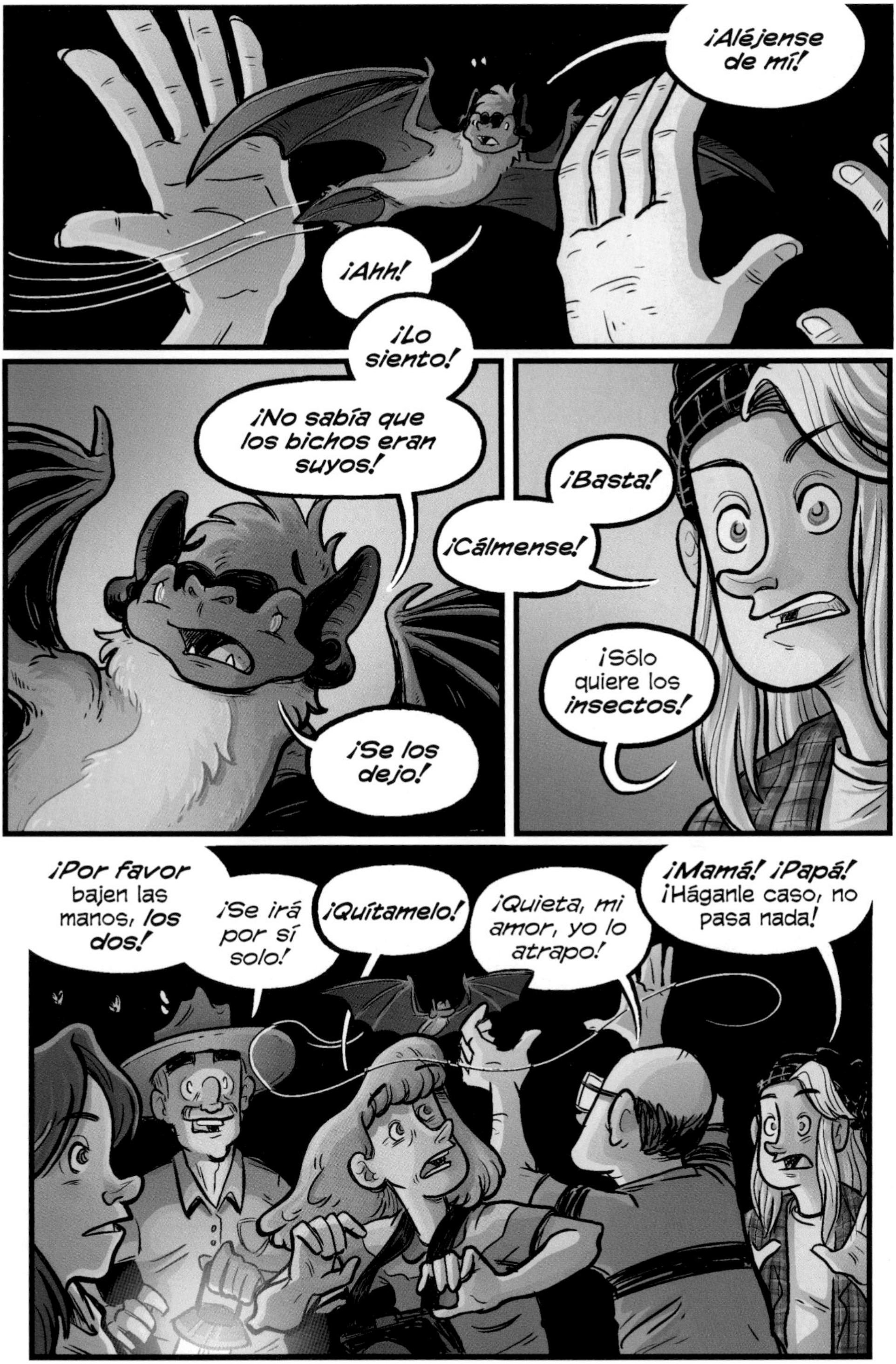
¡Aléjense de mí!
¡Ahh!
¡Lo siento!
¡No sabía que los bichos eran suyos!
¡Se los dejo!
¡Basta!
¡Cálmense!
¡Sólo quiere los *insectos!*
¡Por favor bajen las manos, *los dos!*
¡Se irá por sí solo!
¡Quítamelo!
¡Quieta, mi amor, yo lo atrapo!
¡Mamá! ¡Papá! ¡Háganle caso, no pasa nada!

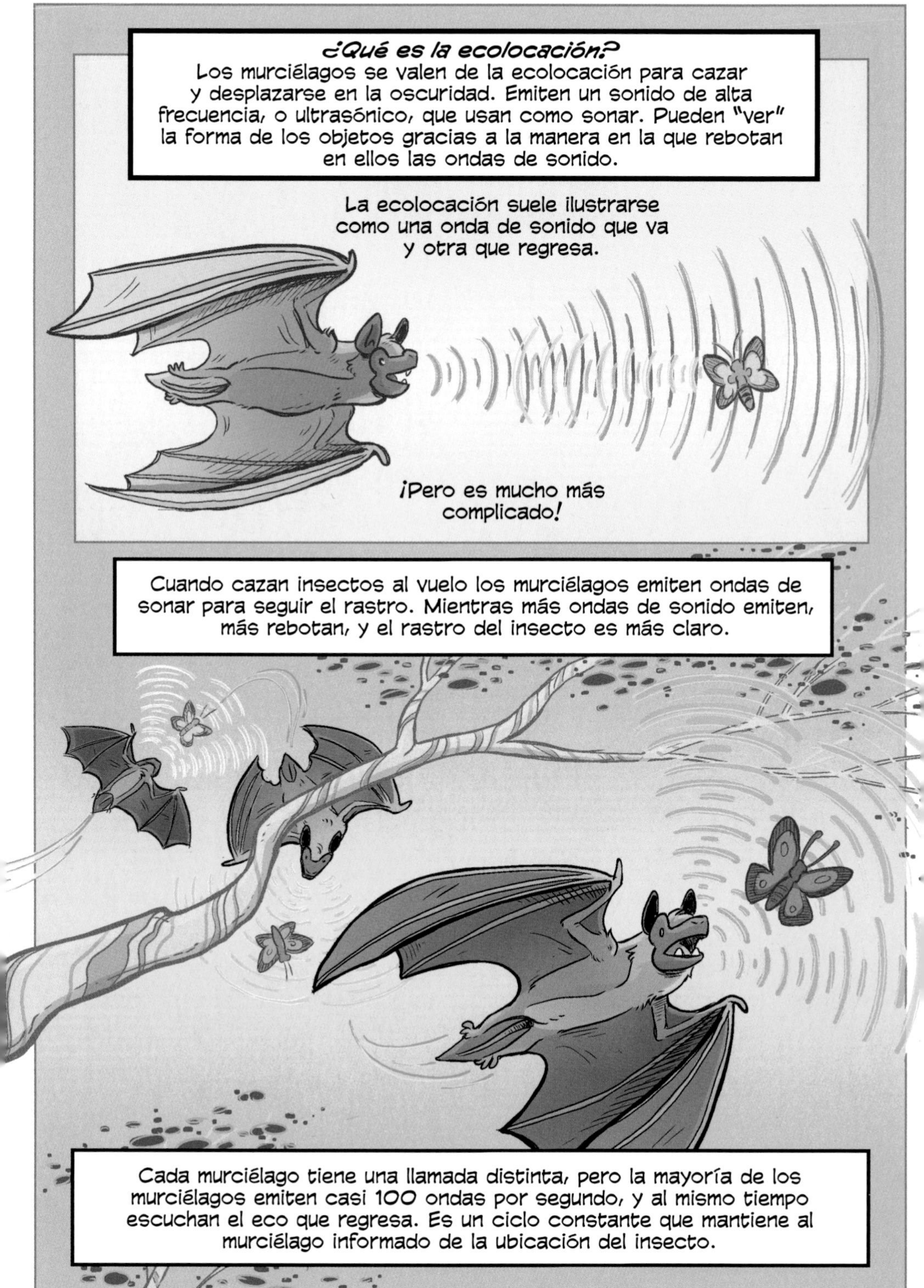

¿Qué es la ecolocación?
Los murciélagos se valen de la ecolocación para cazar y desplazarse en la oscuridad. Emiten un sonido de alta frecuencia, o ultrasónico, que usan como sonar. Pueden "ver" la forma de los objetos gracias a la manera en la que rebotan en ellos las ondas de sonido.
La ecolocación suele ilustrarse como una onda de sonido que va y otra que regresa.
¡Pero es mucho más complicado!
Cuando cazan insectos al vuelo los murciélagos emiten ondas de sonar para seguir el rastro. Mientras más ondas de sonido emiten, más rebotan, y el rastro del insecto es más claro.
Cada murciélago tiene una llamada distinta, pero la mayoría de los murciélagos emiten casi 100 ondas por segundo, y al mismo tiempo escuchan el eco que regresa. Es un ciclo constante que mantiene al murciélago informado de la ubicación del insecto.

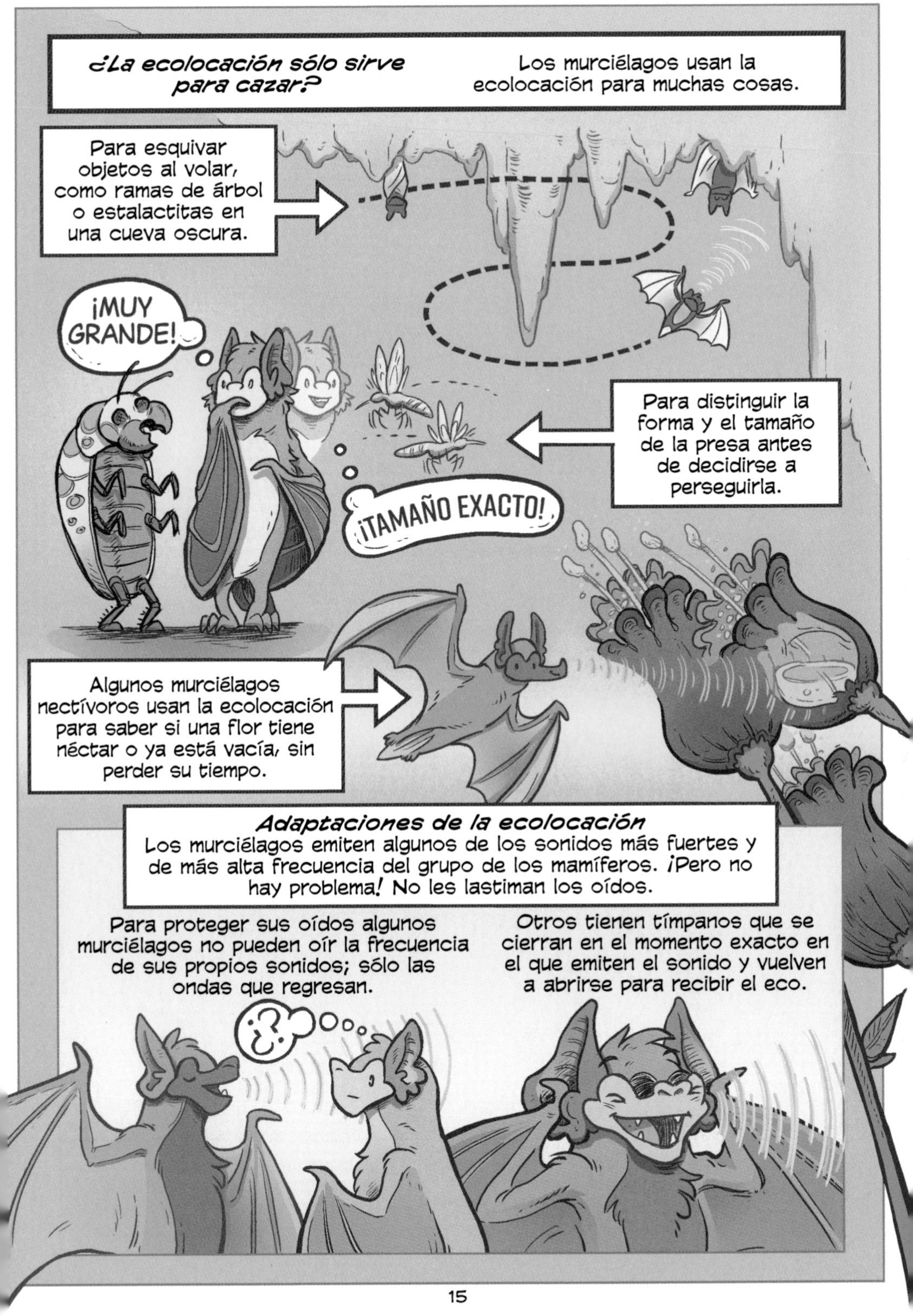
¿La ecolocación sólo sirve para cazar?
Los murciélagos usan la ecolocación para muchas cosas.
Para esquivar objetos al volar, como ramas de árbol o estalactitas en una cueva oscura.
¡MUY GRANDE!
¡TAMAÑO EXACTO!
Para distinguir la forma y el tamaño de la presa antes de decidirse a perseguirla.
Algunos murciélagos nectívoros usan la ecolocación para saber si una flor tiene néctar o ya está vacía, sin perder su tiempo.
Adaptaciones de la ecolocación
Los murciélagos emiten algunos de los sonidos más fuertes y de más alta frecuencia del grupo de los mamíferos. ¡Pero no hay problema! No les lastiman los oídos.
Para proteger sus oídos algunos murciélagos no pueden oír la frecuencia de sus propios sonidos; sólo las ondas que regresan.
¿?
Otros tienen tímpanos que se cierran en el momento exacto en el que emiten el sonido y vuelven a abrirse para recibir el eco.

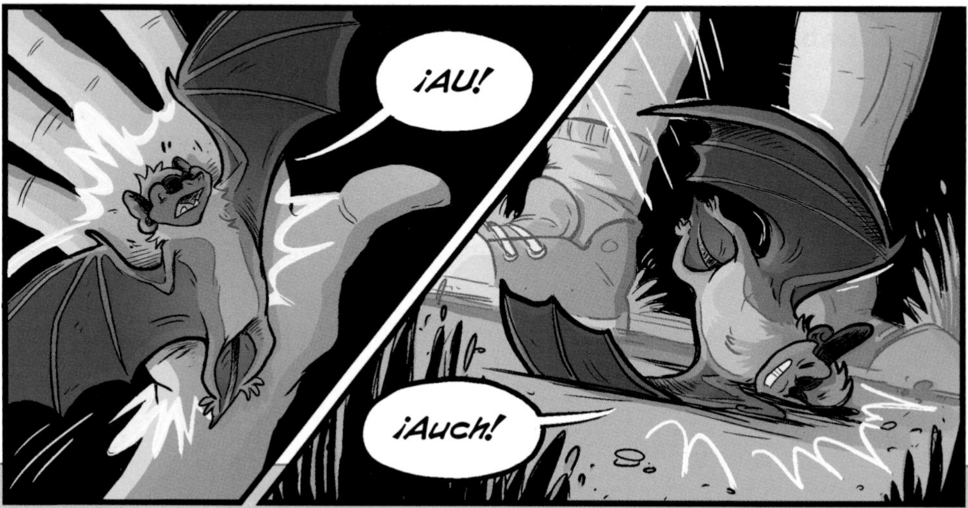
¡AU!
¡Auch!

¿Qué partes conforman las alas de un murciélago?

Si un murciélago fuera del tamaño de un humano, podríamos decir que su ala es una mano, porque justo eso es.

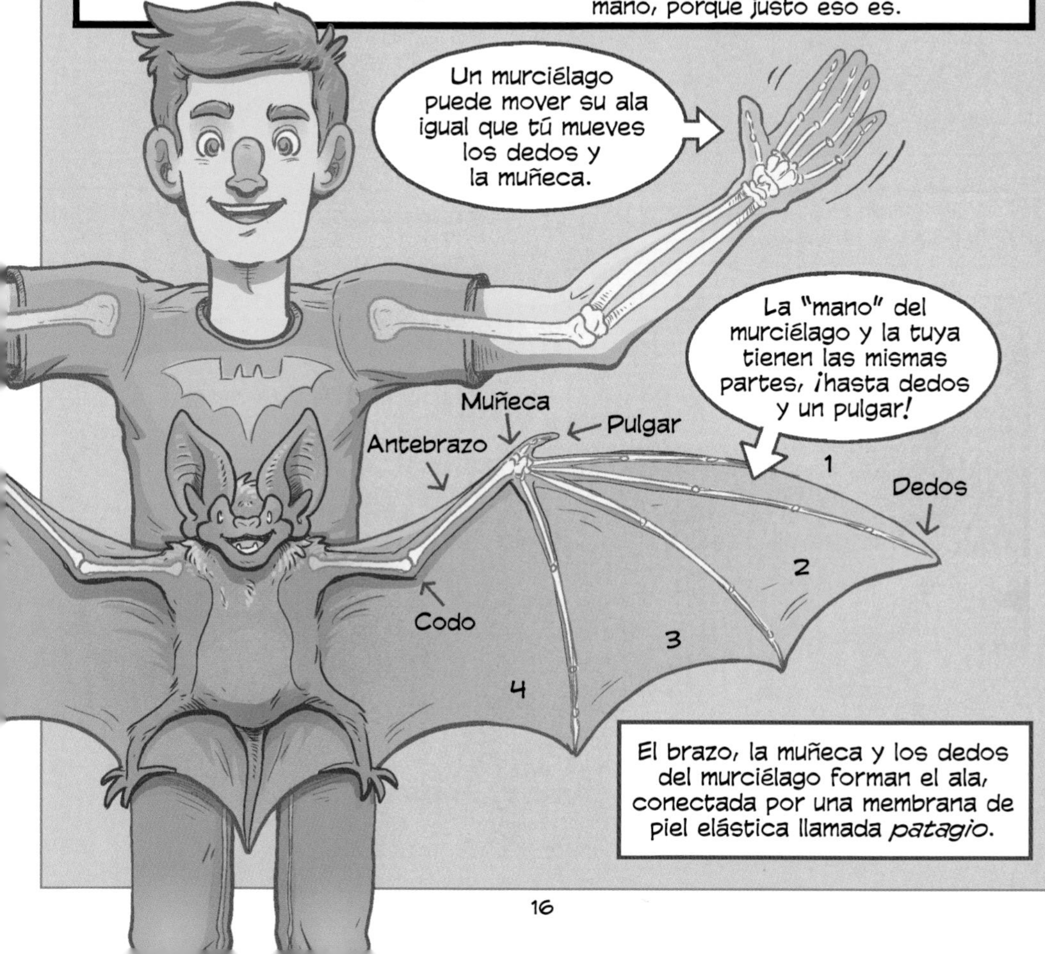
Un murciélago puede mover su ala igual que tú mueves los dedos y la muñeca.
La "mano" del murciélago y la tuya tienen las mismas partes, ¡hasta dedos y un pulgar!
Muñeca
Pulgar
Antebrazo
1
Dedos
2
Codo
3
4
El brazo, la muñeca y los dedos del murciélago forman el ala, conectada por una membrana de piel elástica llamada *patagio*.

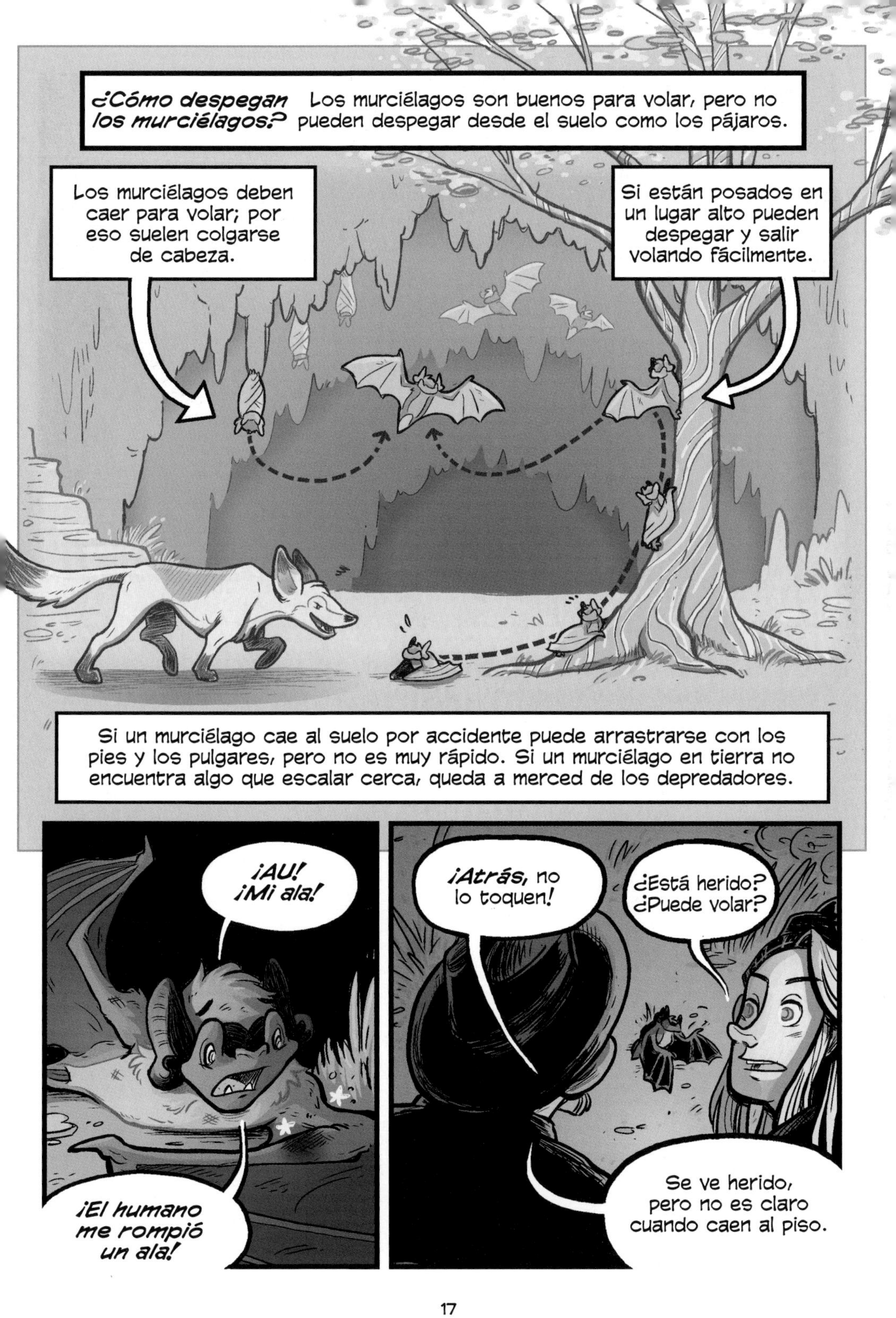
¿Cómo despegan los murciélagos?
Los murciélagos son buenos para volar, pero no pueden despegar desde el suelo como los pájaros.
Los murciélagos deben caer para volar; por eso suelen colgarse de cabeza.
Si están posados en un lugar alto pueden despegar y salir volando fácilmente.
Si un murciélago cae al suelo por accidente puede arrastrarse con los pies y los pulgares, pero no es muy rápido. Si un murciélago en tierra no encuentra algo que escalar cerca, queda a merced de los depredadores.
¡AU! ¡Mi ala!
¡El humano me rompió un ala!
¡Atrás, no lo toquen!
¿Está herido? ¿Puede volar?
Se ve herido, pero no es claro cuando caen al piso.

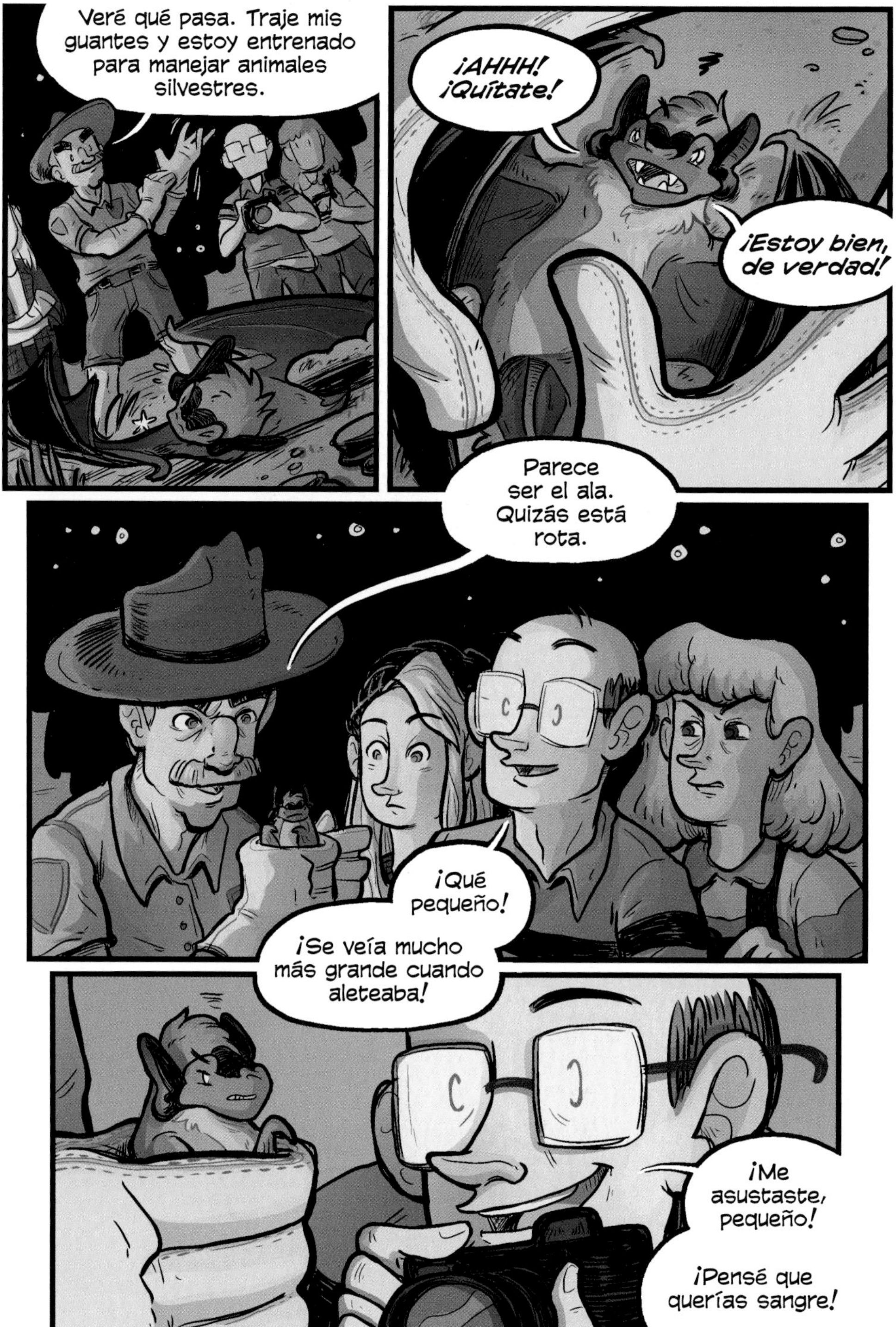
Veré qué pasa. Traje mis guantes y estoy entrenado para manejar animales silvestres.
¡AHHH! ¡Quítate!
¡Estoy bien, de verdad!
Parece ser el ala. Quizás está rota.
¡Qué pequeño!
¡Se veía mucho más grande cuando aleteaba!
¡Me asustaste, pequeño!
¡Pensé que querías sangre!

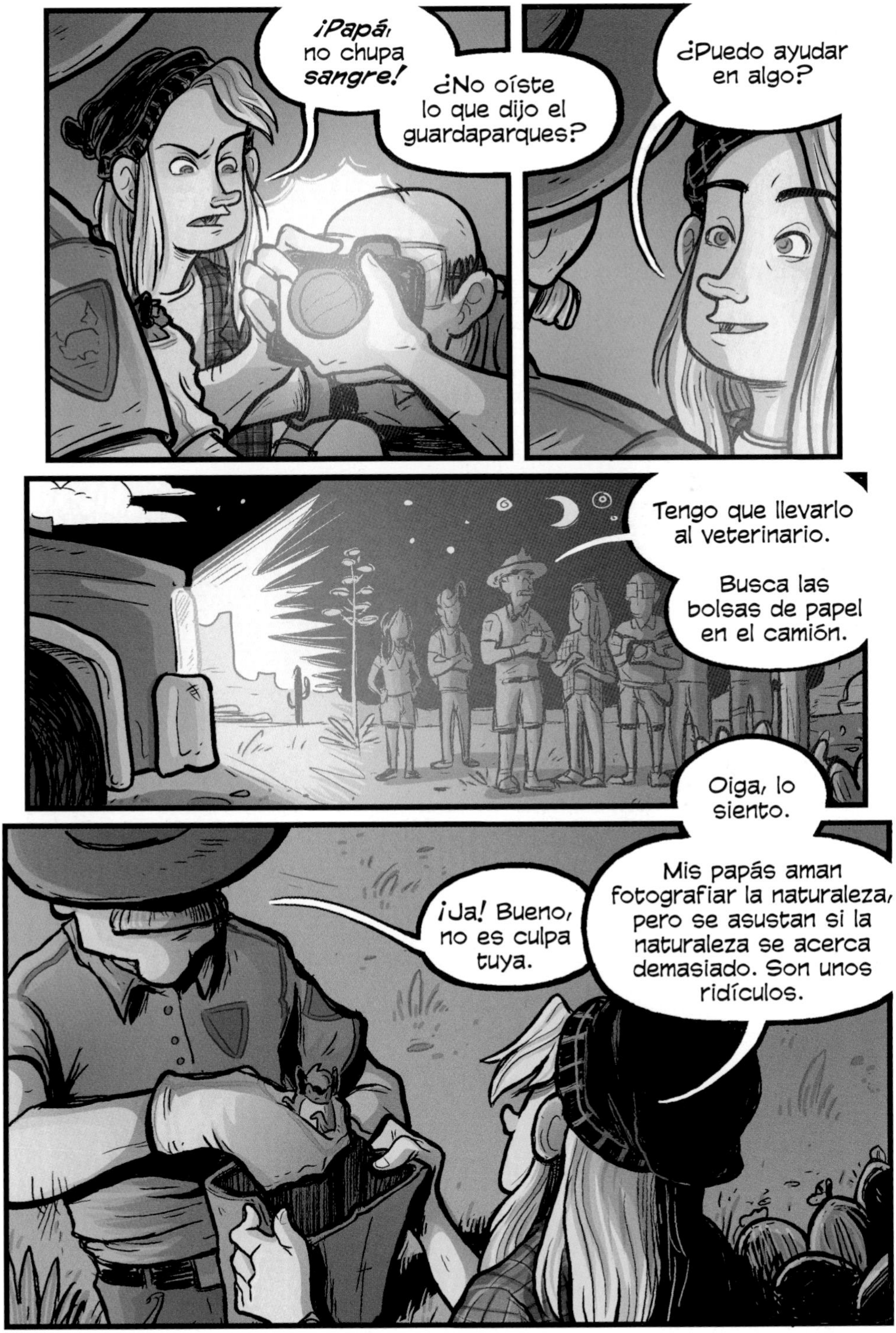
¡Papá, no chupa sangre!
¿No oíste lo que dijo el guardaparques?
¿Puedo ayudar en algo?
Tengo que llevarlo al veterinario.
Busca las bolsas de papel en el camión.
Oiga, lo siento.
Mis papás aman fotografiar la naturaleza, pero se asustan si la naturaleza se acerca demasiado. Son unos ridículos.
¡Ja! Bueno, no es culpa tuya.

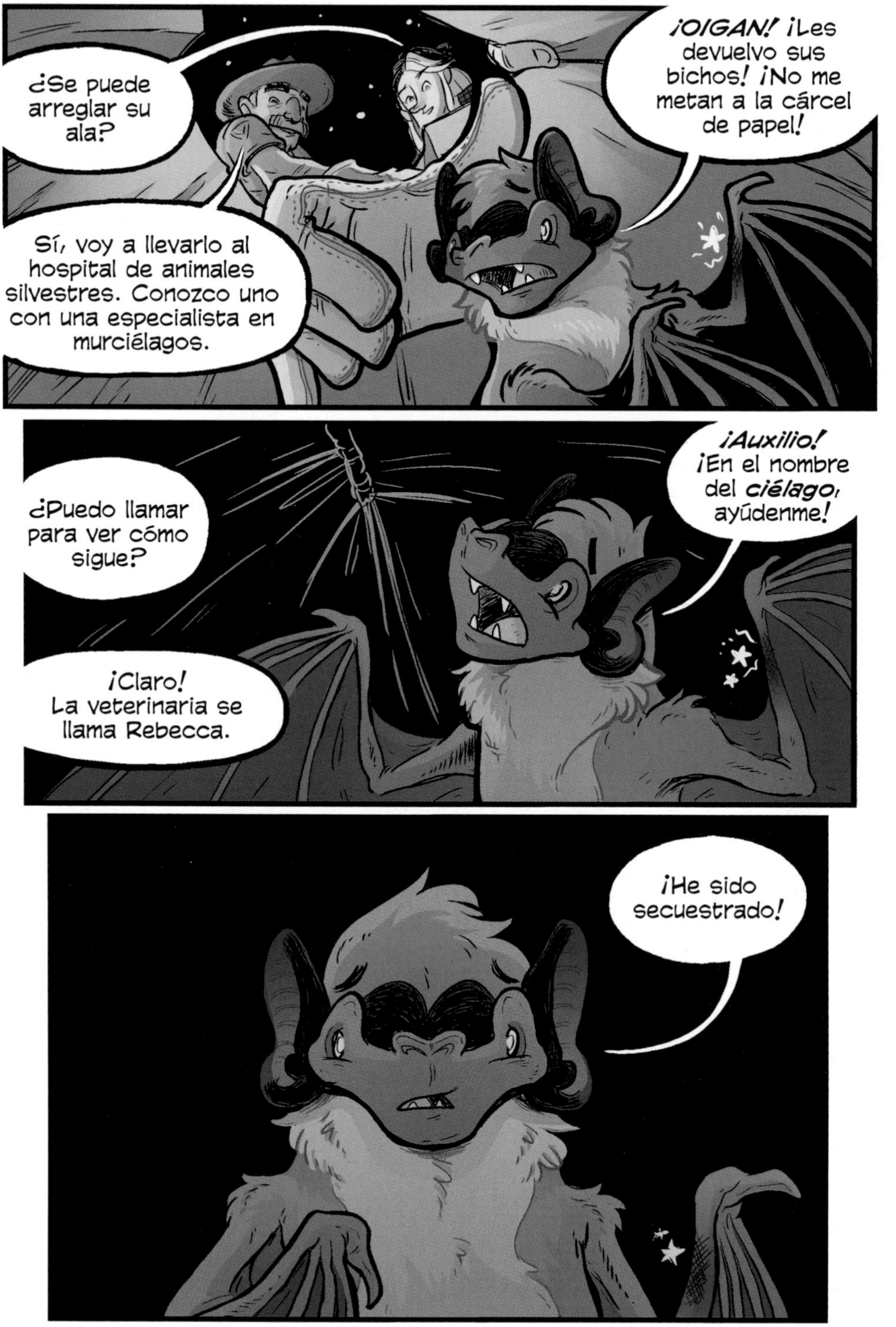
¿Se puede arreglar su ala?
¡OIGAN! ¡Les devuelvo sus bichos! ¡No me metan a la cárcel de papel!
Sí, voy a llevarlo al hospital de animales silvestres. Conozco uno con una especialista en murciélagos.
¿Puedo llamar para ver cómo sigue?
¡Auxilio! ¡En el nombre del *ciélago*, ayúdenme!
¡Claro! La veterinaria se llama Rebecca.
¡He sido secuestrado!

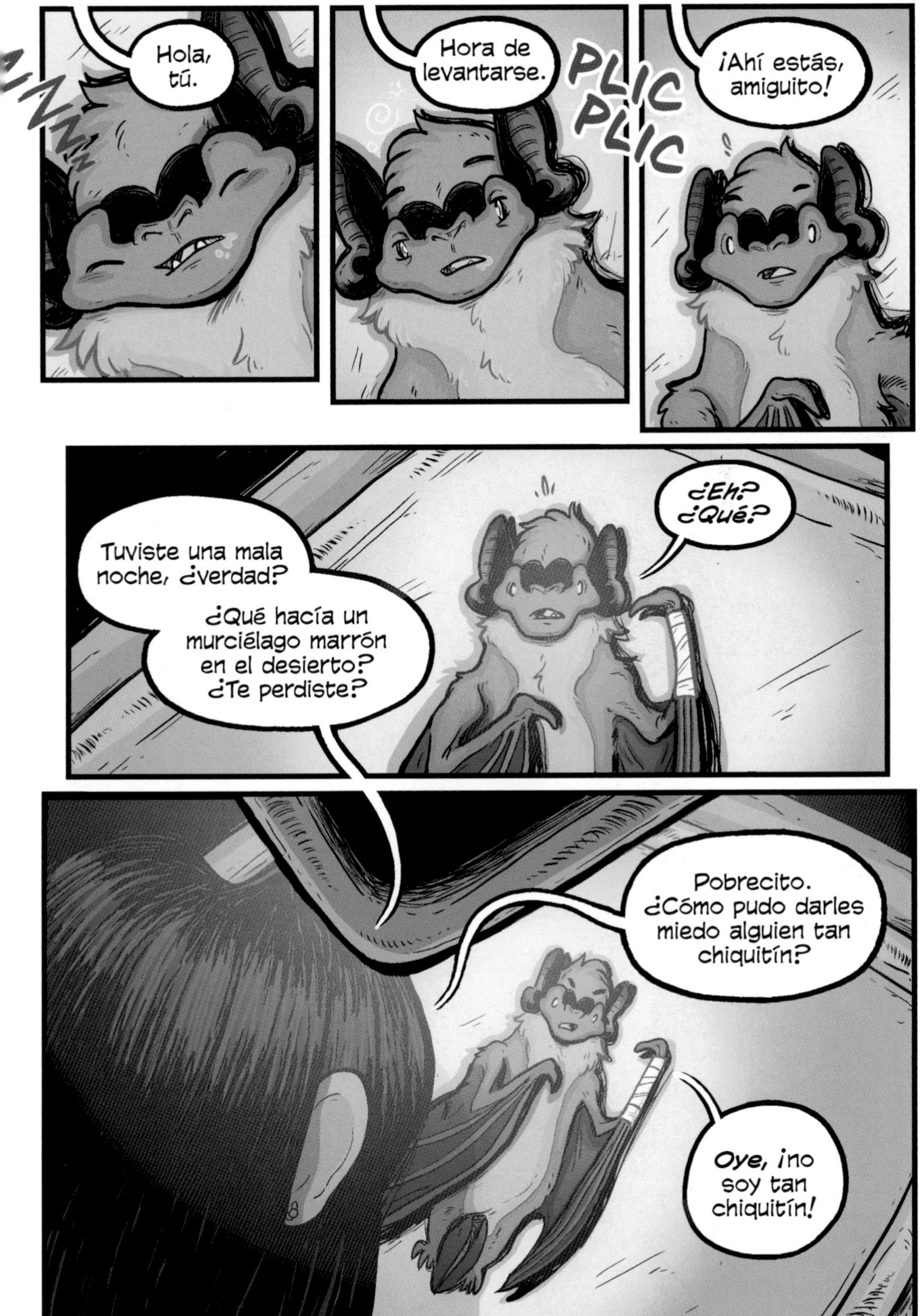
ZZZ
Hola, tú.
Hora de levantarse.
PLIC PLIC
¡Ahí estás, amiguito!
Tuviste una mala noche, ¿verdad?
¿Qué hacía un murciélago marrón en el desierto? ¿Te perdiste?
¿Eh? ¿Qué?
Pobrecito. ¿Cómo pudo darles miedo alguien tan chiquitín?
Oye, ¡no soy tan chiquitín!

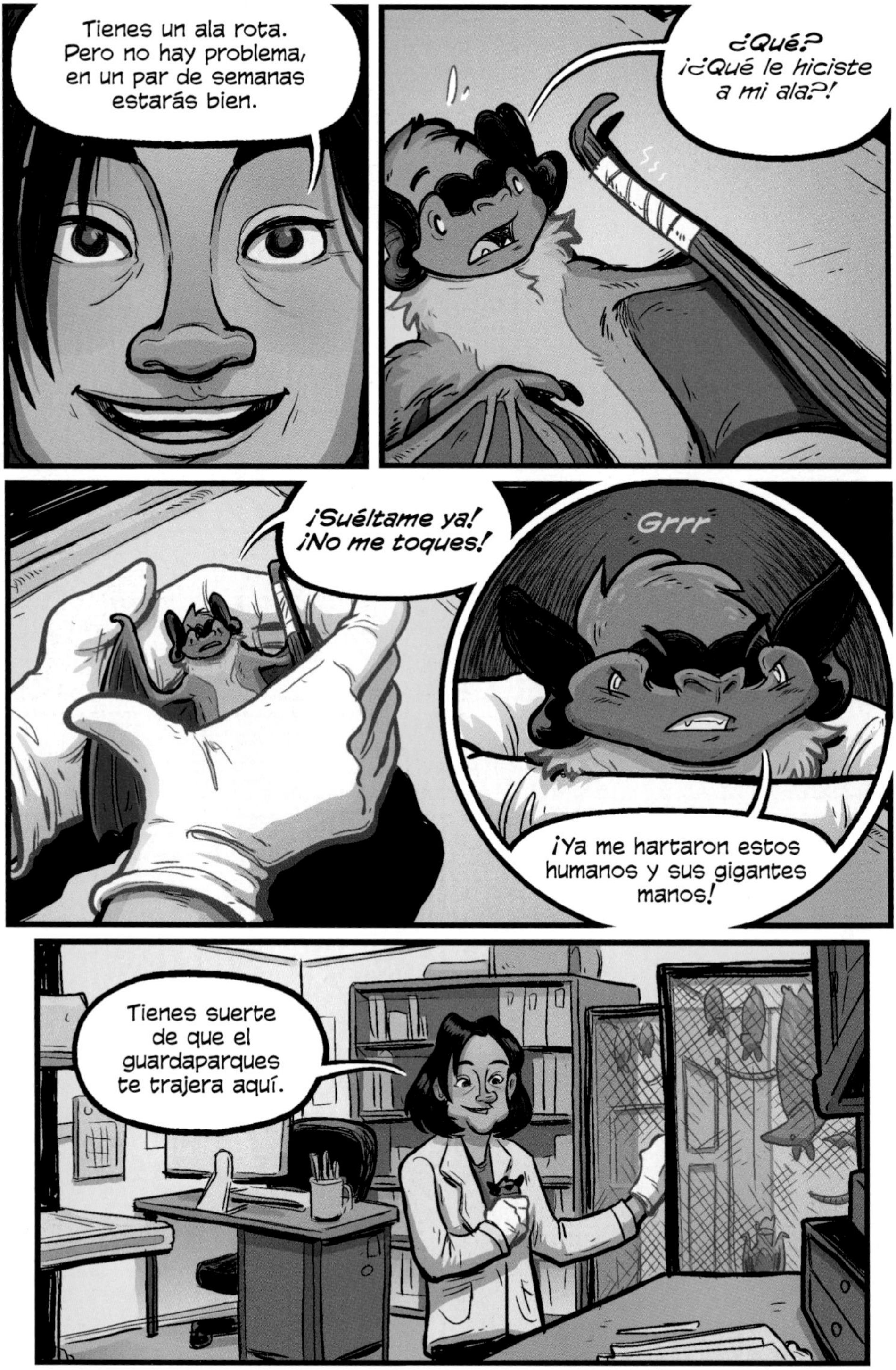
Tienes un ala rota. Pero no hay problema, en un par de semanas estarás bien.
¿Qué? ¡¿Qué le hiciste a mi ala?!
¡Suéltame ya! ¡No me toques!
Grrr
¡Ya me hartaron estos humanos y sus gigantes manos!
Tienes suerte de que el guardaparques te trajera aquí.

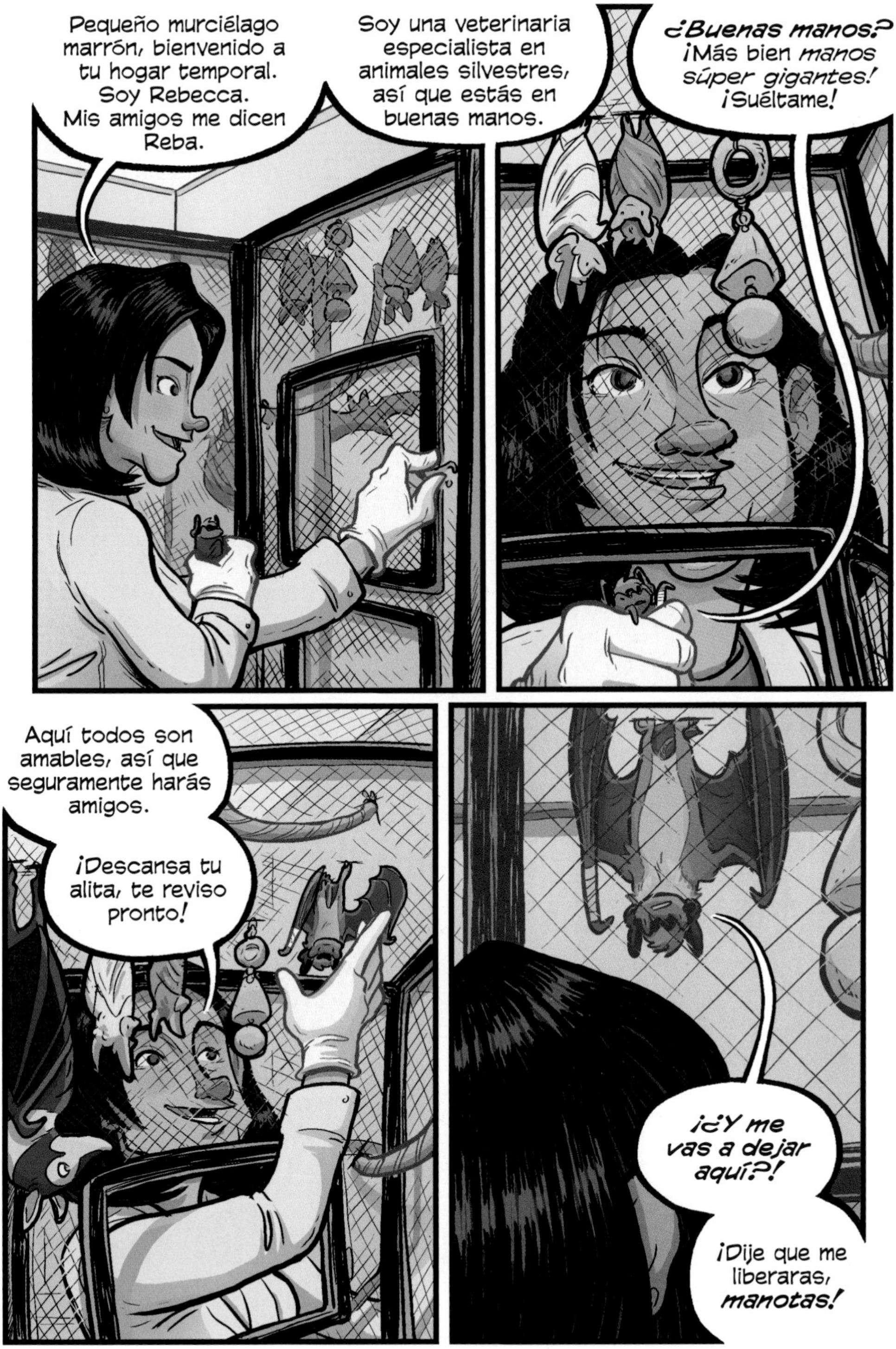
Pequeño murciélago marrón, bienvenido a tu hogar temporal. Soy Rebecca. Mis amigos me dicen Reba.
Soy una veterinaria especialista en animales silvestres, así que estás en buenas manos.
¿Buenas manos? ¡Más bien *manos súper gigantes!* ¡Suéltame!
Aquí todos son amables, así que seguramente harás amigos.
¡Descansa tu alita, te reviso pronto!
¡¿Y me vas a dejar aquí?!
¡Dije que me liberaras, ***manotas!***

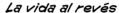

La vida al revés

¿Por qué a los murciélagos no les cuesta trabajo colgarse de cabeza? Sus patas están diseñadas para sujetarse bien con muy poco esfuerzo.

¡Hola!

Los tendones de las patas se tensan cuando el peso del cuerpo los jala.

Como si fuera una llave inglesa, cuando los tendones están tensos no consume energía mantenerlos así.

Cuesta más trabajo soltarse que mantenerse colgado.

¡No te preocupes, no te dejaré colgado!

¡Espera!

¿Estoy aquí por comerme esos bichos?

¿Es un castigo?

¿Es la cárcel de murciélagos?

24

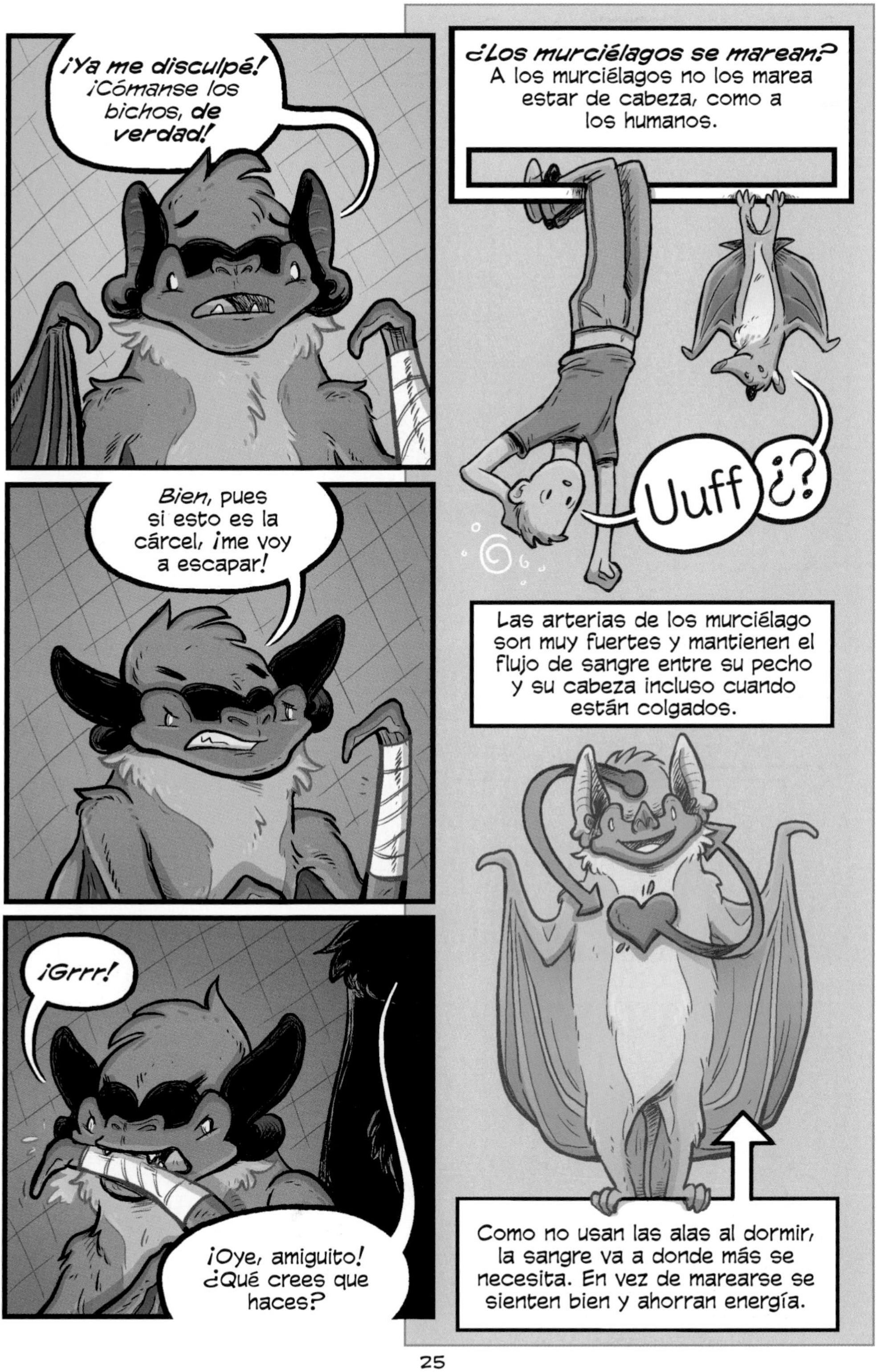
¡Ya me disculpé! ¡Cómanse los bichos, de verdad!
Bien, pues si esto es la cárcel, ¡me voy a escapar!
¡Grrr!
¡Oye, amiguito! ¿Qué crees que haces?
¿Los murciélagos se marean?
A los murciélagos no los marea estar de cabeza, como a los humanos.
Uuff
¿?
Las arterias de los murciélago son muy fuertes y mantienen el flujo de sangre entre su pecho y su cabeza incluso cuando están colgados.
Como no usan las alas al dormir, la sangre va a donde más se necesita. En vez de marearse se sienten bien y ahorran energía.

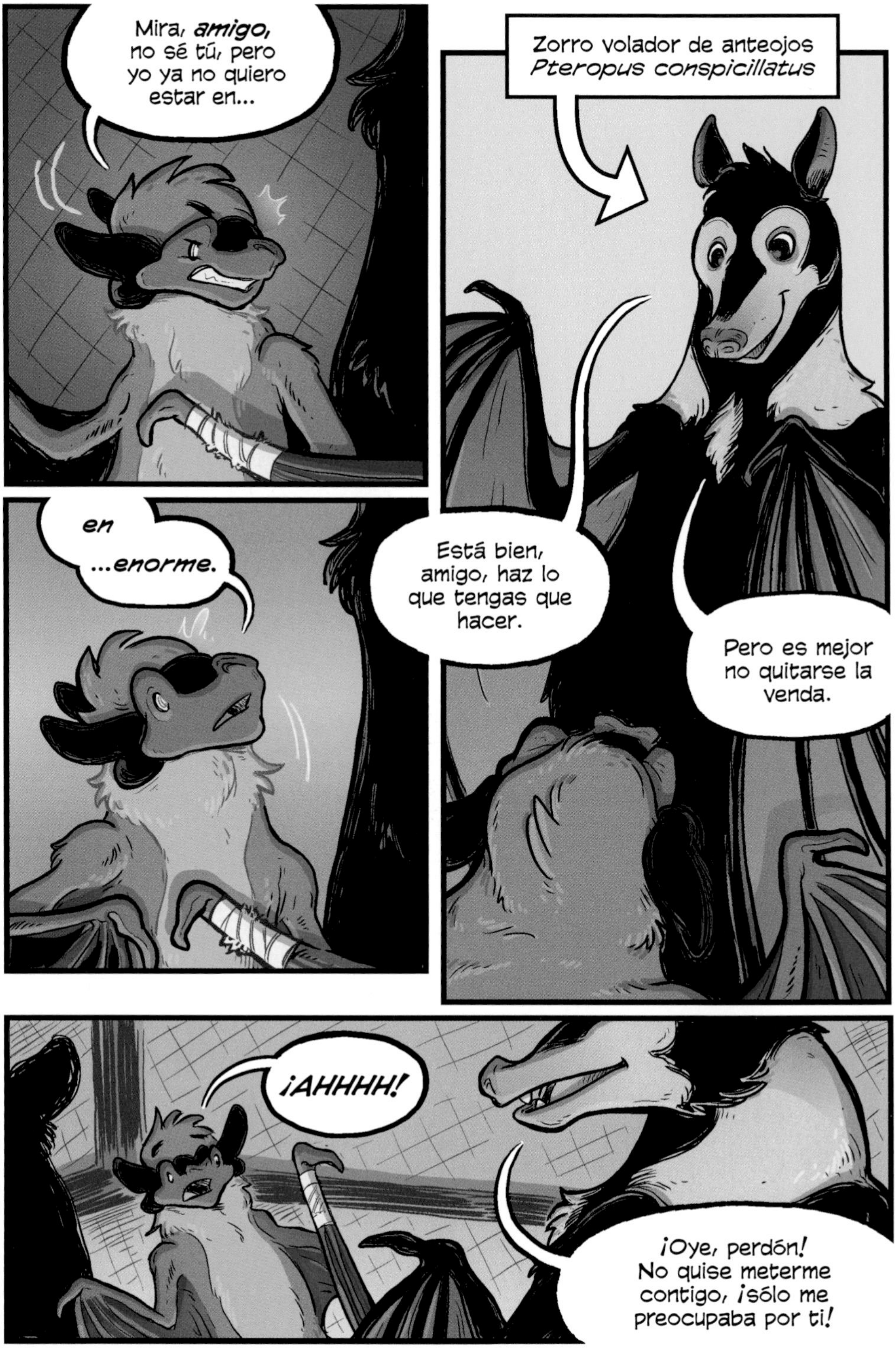
Mira, *amigo,* no sé tú, pero yo ya no quiero estar en...
Zorro volador de anteojos *Pteropus conspicillatus*
en
...enorme.
Está bien, amigo, haz lo que tengas que hacer.
Pero es mejor no quitarse la venda.
¡AHHHH!
¡Oye, perdón! No quise meterme contigo, ¡sólo me preocupaba por ti!

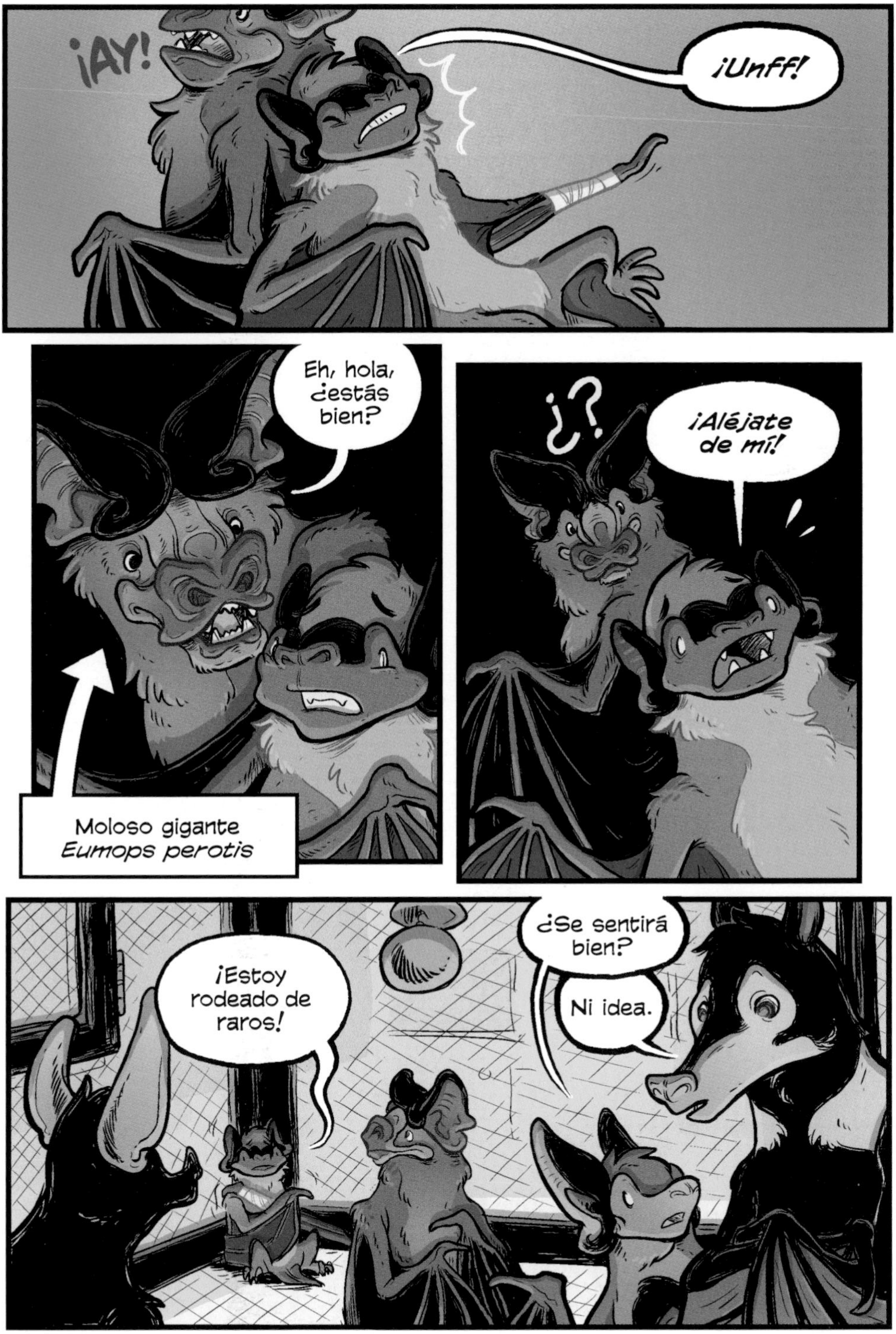
¡AY!
¡Unff!
Eh, hola, ¿estás bien?
Moloso gigante *Eumops perotis*
¿?
¡Aléjate de mí!
¡Estoy rodeado de raros!
¿Se sentirá bien?
Ni idea.

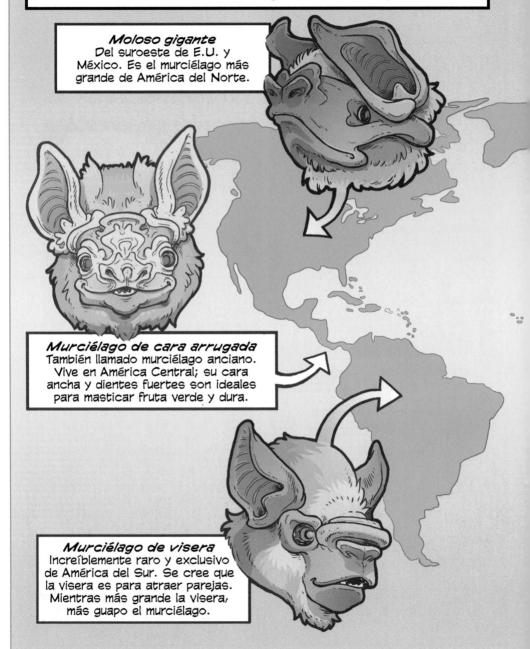

¡El curioso (y maravilloso) mundo de los rostros de murciélago!
Los murciélagos tienen rostros con muchas formas diferentes. Algunos parecen zorros o perros, y otros tienen aspecto de monos o ratones. ¡Y unos más no se ven como ningún otro animal del planeta!

Moloso gigante
Del suroeste de E.U. y México. Es el murciélago más grande de América del Norte.

Murciélago de cara arrugada
También llamado murciélago anciano. Vive en América Central; su cara ancha y dientes fuertes son ideales para masticar fruta verde y dura.

Murciélago de visera
Increíblemente raro y exclusivo de América del Sur. Se cree que la visera es para atraer parejas. Mientras más grande la visera, más guapo el murciélago.

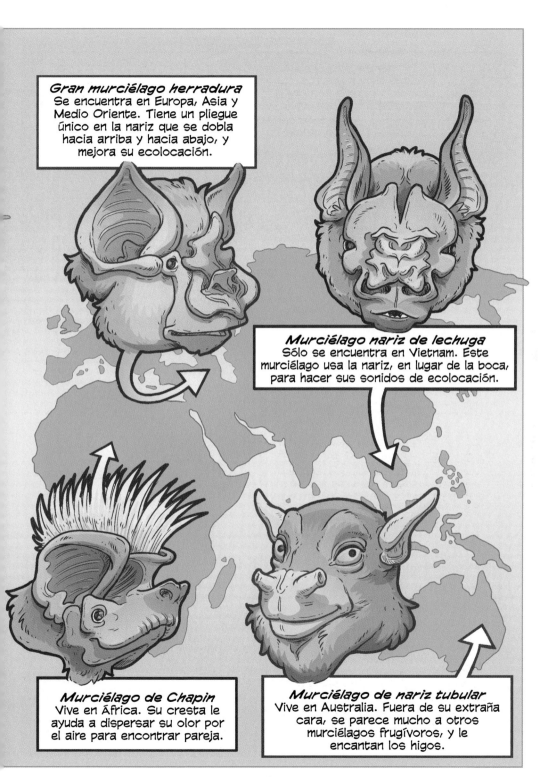

Gran murciélago herradura
Se encuentra en Europa, Asia y Medio Oriente. Tiene un pliegue único en la nariz que se dobla hacia arriba y hacia abajo, y mejora su ecolocación.

Murciélago nariz de lechuga
Sólo se encuentra en Vietnam. Este murciélago usa la nariz, en lugar de la boca, para hacer sus sonidos de ecolocación.

Murciélago de Chapin
Vive en África. Su cresta le ayuda a dispersar su olor por el aire para encontrar pareja.

Murciélago de nariz tubular
Vive en Australia. Fuera de su extraña cara, se parece mucho a otros murciélagos frugívoros, y le encantan los higos.

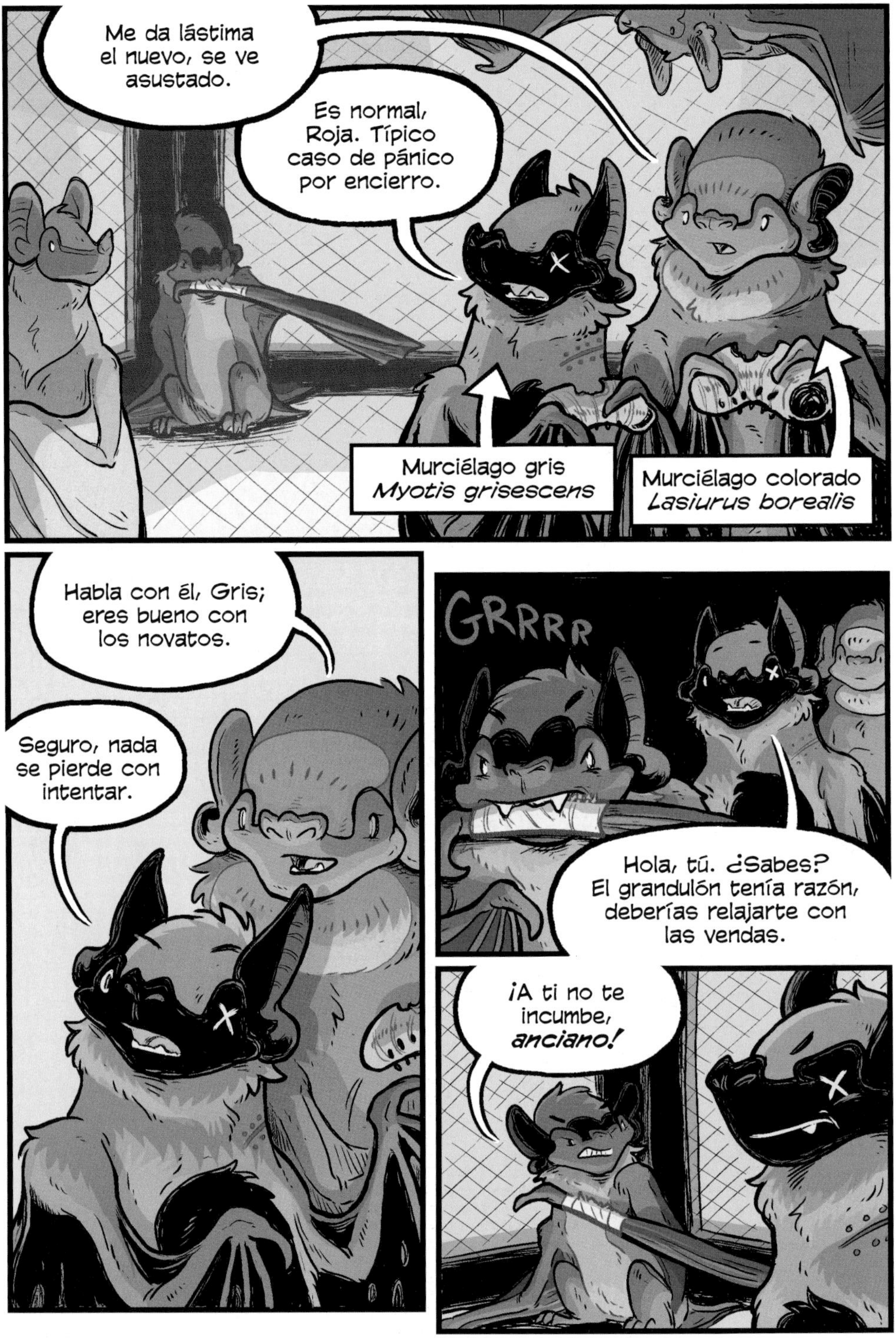
Me da lástima el nuevo, se ve asustado.
Es normal, Roja. Típico caso de pánico por encierro.
Murciélago gris *Myotis grisescens*
Murciélago colorado *Lasiurus borealis*
Habla con él, Gris; eres bueno con los novatos.
Seguro, nada se pierde con intentar.
GRRRR
Hola, tú. ¿Sabes? El grandulón tenía razón, deberías relajarte con las vendas.
¡A ti no te incumbe, *anciano!*

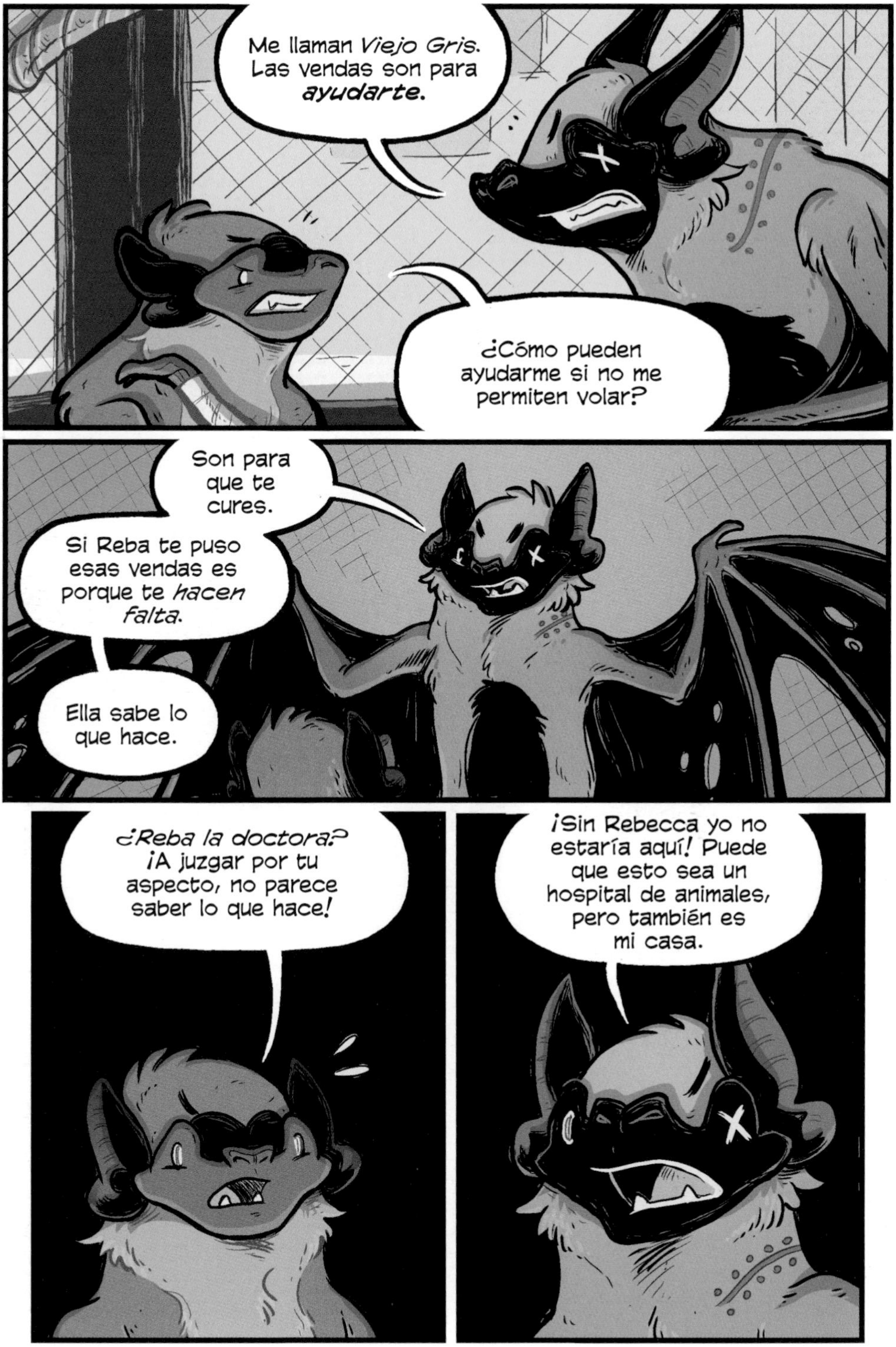
Me llaman *Viejo Gris*. Las vendas son para ***ayudarte***.
¿Cómo pueden ayudarme si no me permiten volar?
Son para que te cures.
Si Reba te puso esas vendas es porque te *hacen falta*.
Ella sabe lo que hace.
¿Reba la doctora? ¡A juzgar por tu aspecto, no parece saber lo que hace!
¡Sin Rebecca yo no estaría aquí! Puede que esto sea un hospital de animales, pero también es mi casa.

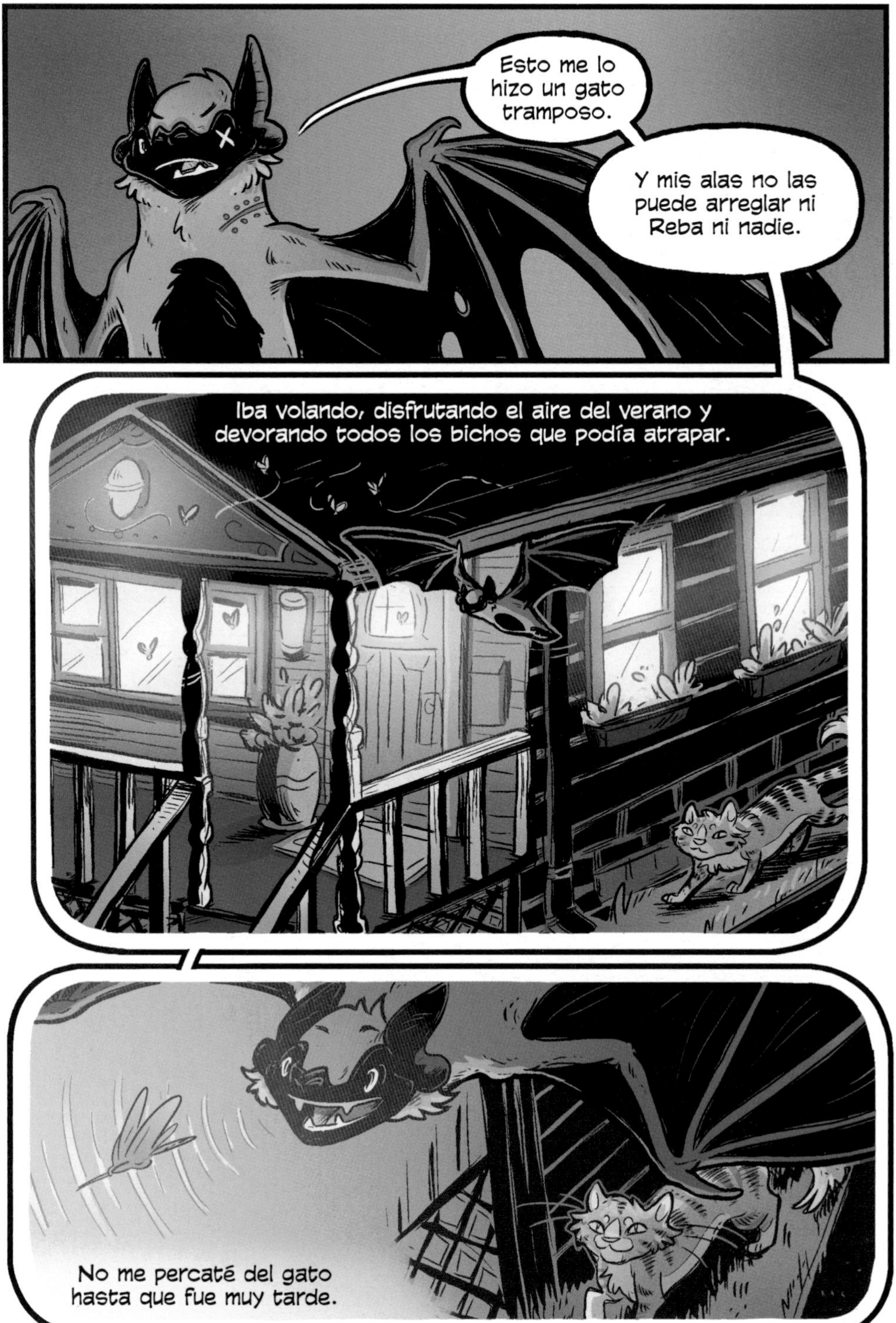

Esto me lo hizo un gato tramposo.
Y mis alas no las puede arreglar ni Reba ni nadie.
Iba volando, disfrutando el aire del verano y devorando todos los bichos que podía atrapar.
No me percaté del gato hasta que fue muy tarde.

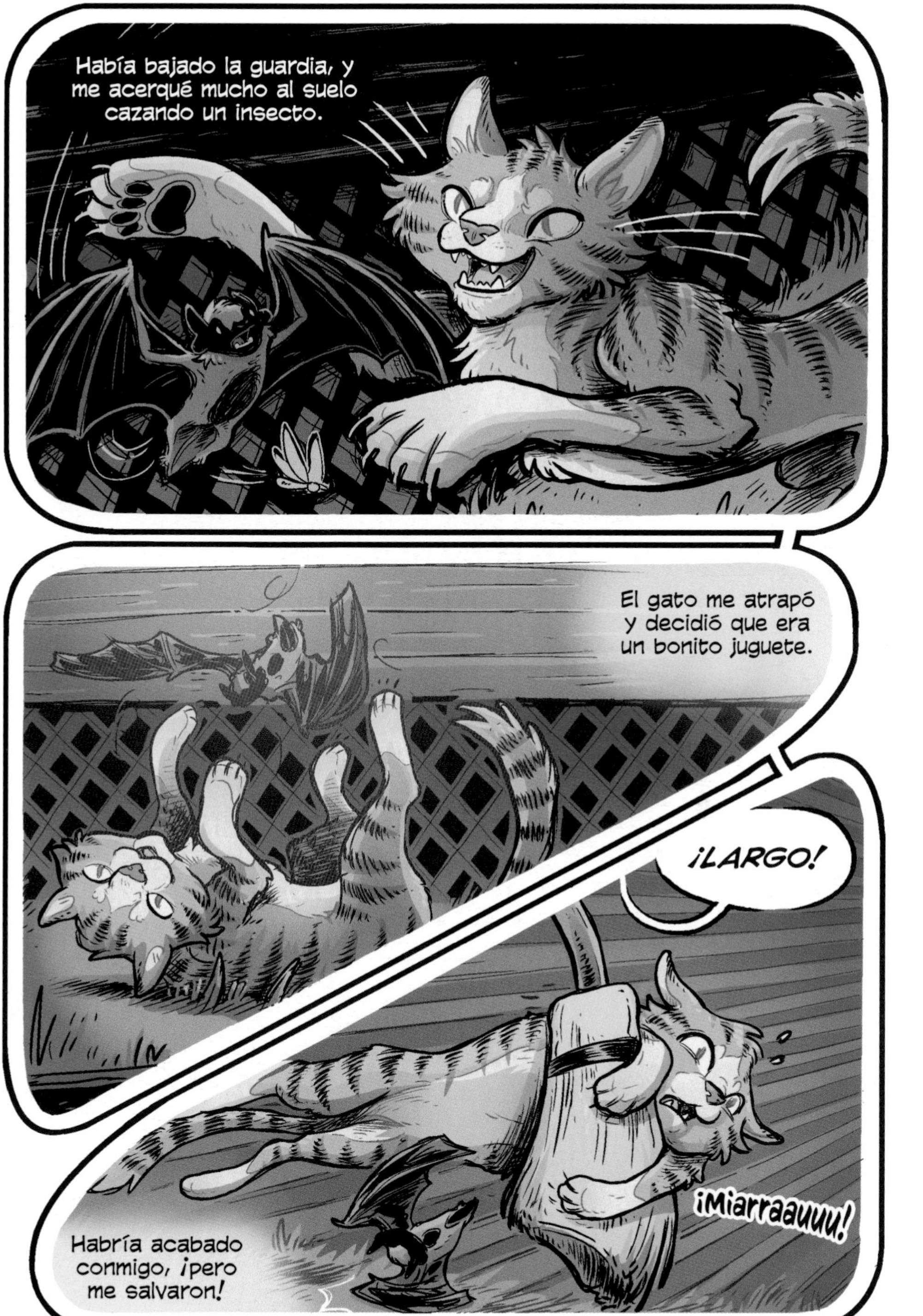
Había bajado la guardia, y me acerqué mucho al suelo cazando un insecto.
El gato me atrapó y decidió que era un bonito juguete.
¡LARGO!
¡Miarraauuu!
Habría acabado conmigo, ¡pero me salvaron!

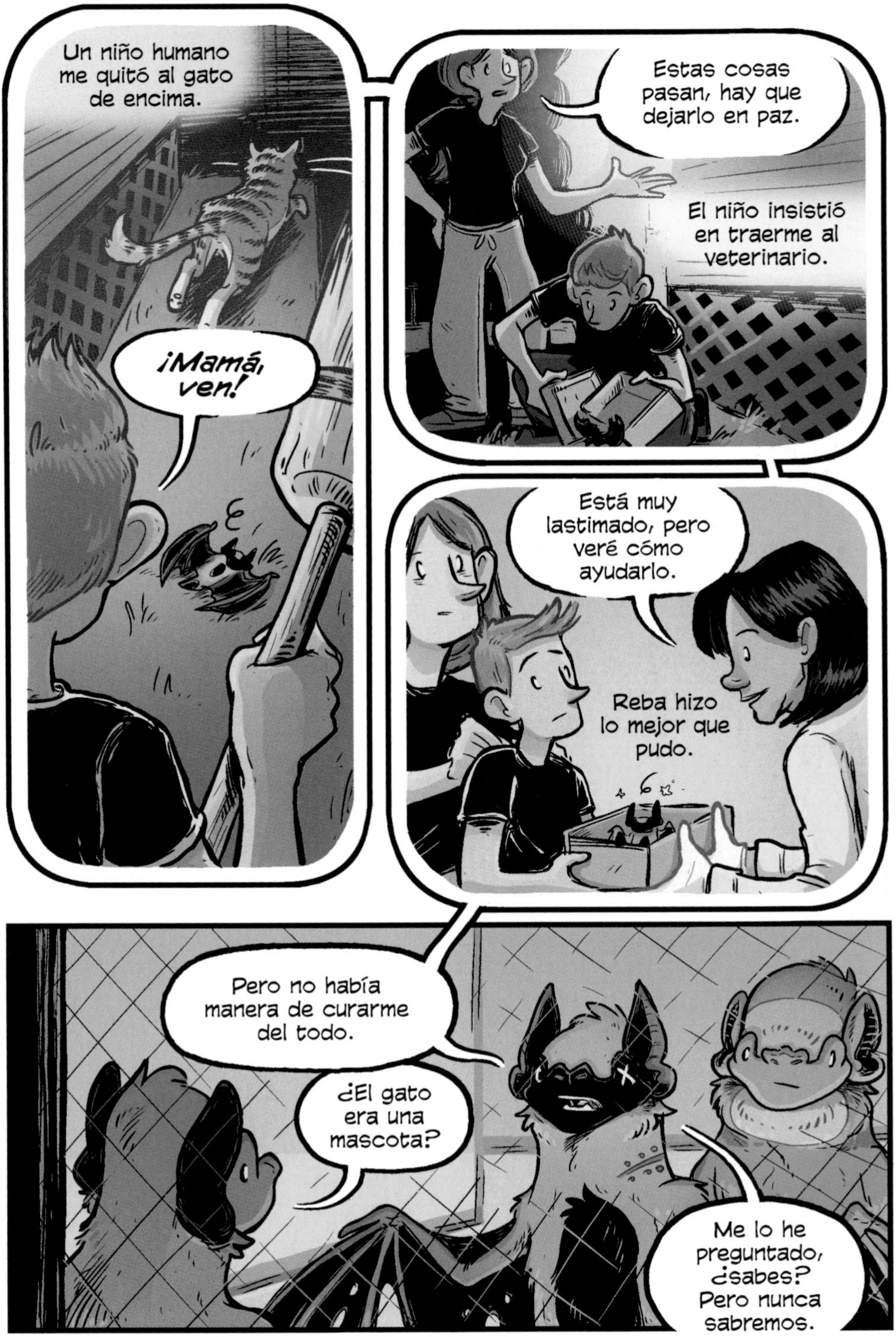

Un niño humano me quitó al gato de encima.
¡Mamá, ven!
Estas cosas pasan, hay que dejarlo en paz.
El niño insistió en traerme al veterinario.
Está muy lastimado, pero veré cómo ayudarlo.
Reba hizo lo mejor que pudo.
Pero no había manera de curarme del todo.
¿El gato era una mascota?
Me lo he preguntado, ¿sabes? Pero nunca sabremos.

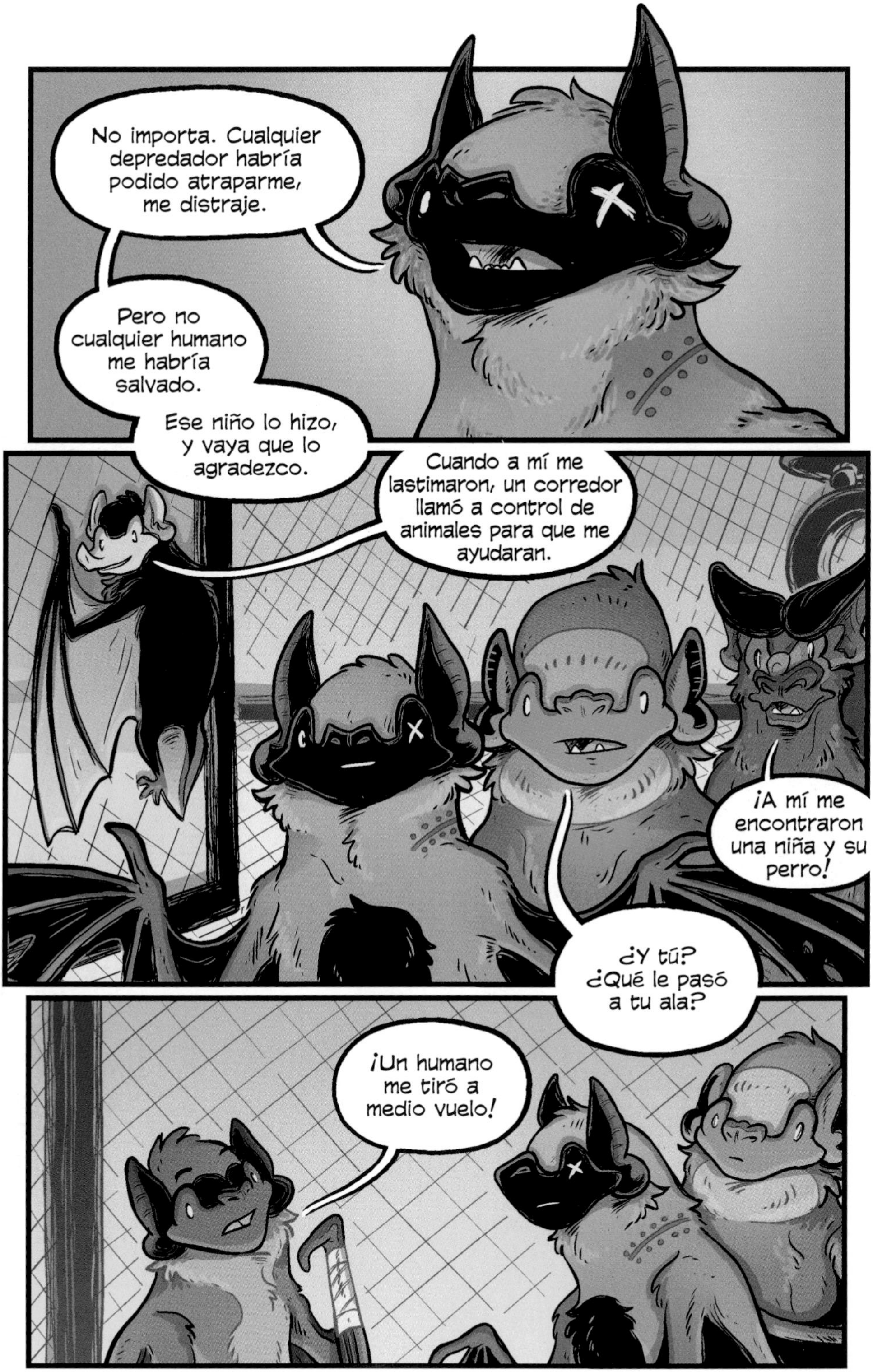
No importa. Cualquier depredador habría podido atraparme, me distraje.
Pero no cualquier humano me habría salvado.
Ese niño lo hizo, y vaya que lo agradezco.
Cuando a mí me lastimaron, un corredor llamó a control de animales para que me ayudaran.
¡A mí me encontraron una niña y su perro!
¿Y tú? ¿Qué le pasó a tu ala?
¡Un humano me tiró a medio vuelo!

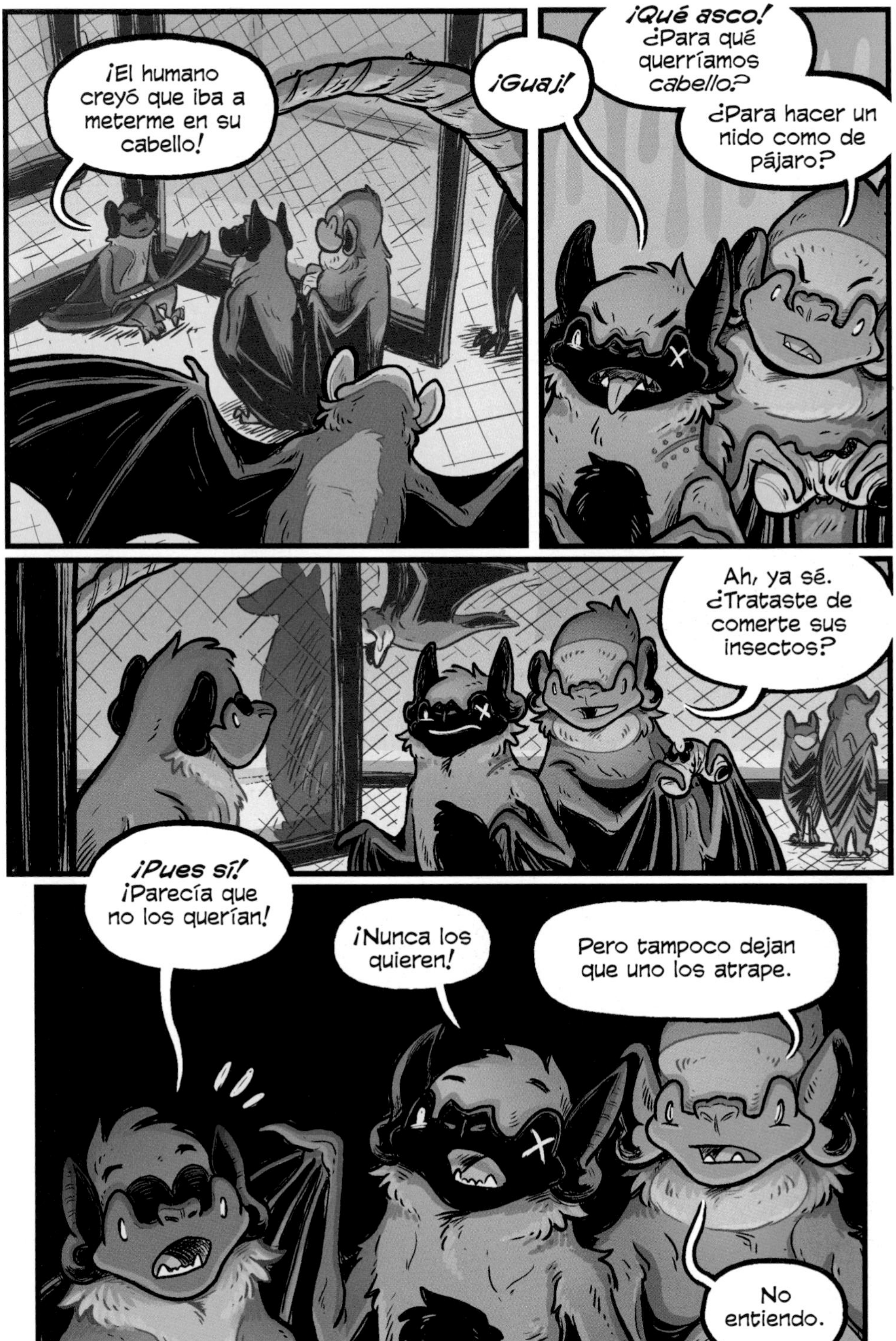
¡El humano creyó que iba a meterme en su cabello!
¡Guaj!
¡Qué asco! ¿Para qué querríamos cabello?
¿Para hacer un nido como de pájaro?
Ah, ya sé. ¿Trataste de comerte sus insectos?
¡Pues sí! ¡Parecía que no los querían!
¡Nunca los quieren!
Pero tampoco dejan que uno los atrape.
No entiendo.

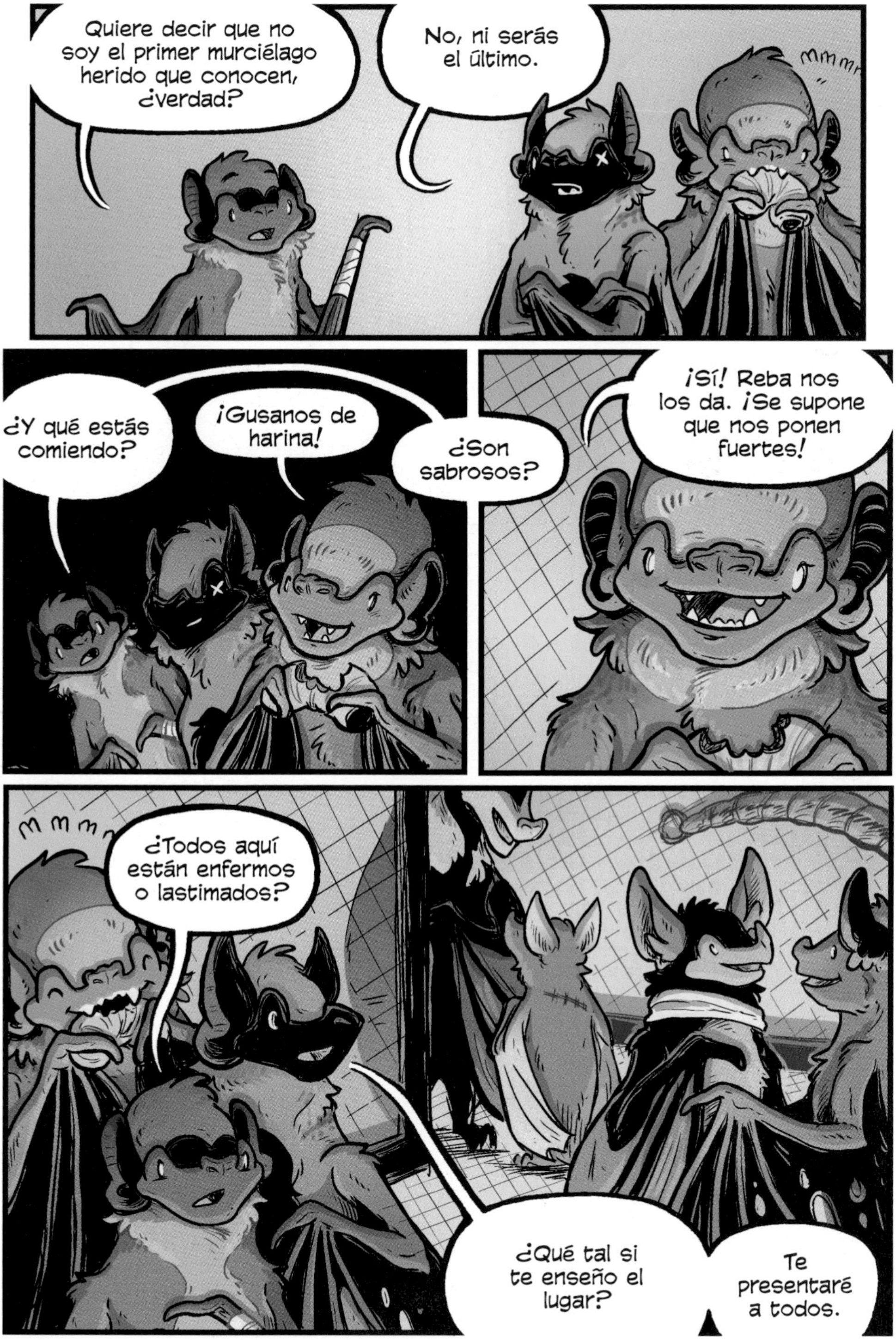
Quiere decir que no soy el primer murciélago herido que conocen, ¿verdad?
No, ni serás el último.
mmmr
¿Y qué estás comiendo?
¡Gusanos de harina!
¿Son sabrosos?
¡Sí! Reba nos los da. ¡Se supone que nos ponen fuertes!
mmmm
¿Todos aquí están enfermos o lastimados?
¿Qué tal si te enseño el lugar?
Te presentaré a todos.

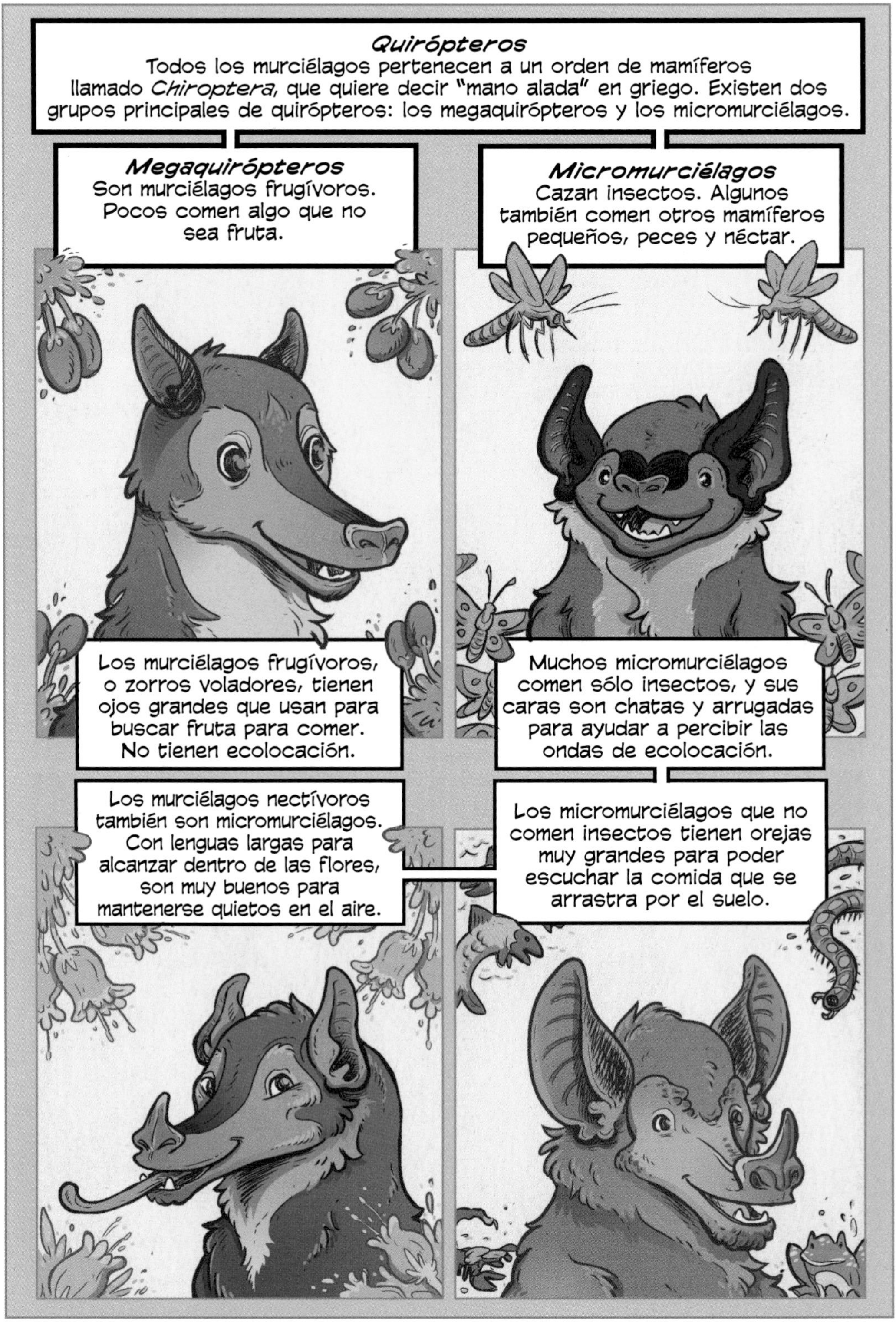

Quirópteros
Todos los murciélagos pertenecen a un orden de mamíferos llamado *Chiroptera*, que quiere decir "mano alada" en griego. Existen dos grupos principales de quirópteros: los megaquirópteros y los micromurciélagos.
Megaquirópteros
Son murciélagos frugívoros. Pocos comen algo que no sea fruta.
Micromurciélagos
Cazan insectos. Algunos también comen otros mamíferos pequeños, peces y néctar.
Los murciélagos frugívoros, o zorros voladores, tienen ojos grandes que usan para buscar fruta para comer. No tienen ecolocación.
Muchos micromurciélagos comen sólo insectos, y sus caras son chatas y arrugadas para ayudar a percibir las ondas de ecolocación.
Los murciélagos nectívoros también son micromurciélagos. Con lenguas largas para alcanzar dentro de las flores, son muy buenos para mantenerse quietos en el aire.
Los micromurciélagos que no comen insectos tienen orejas muy grandes para poder escuchar la comida que se arrastra por el suelo.

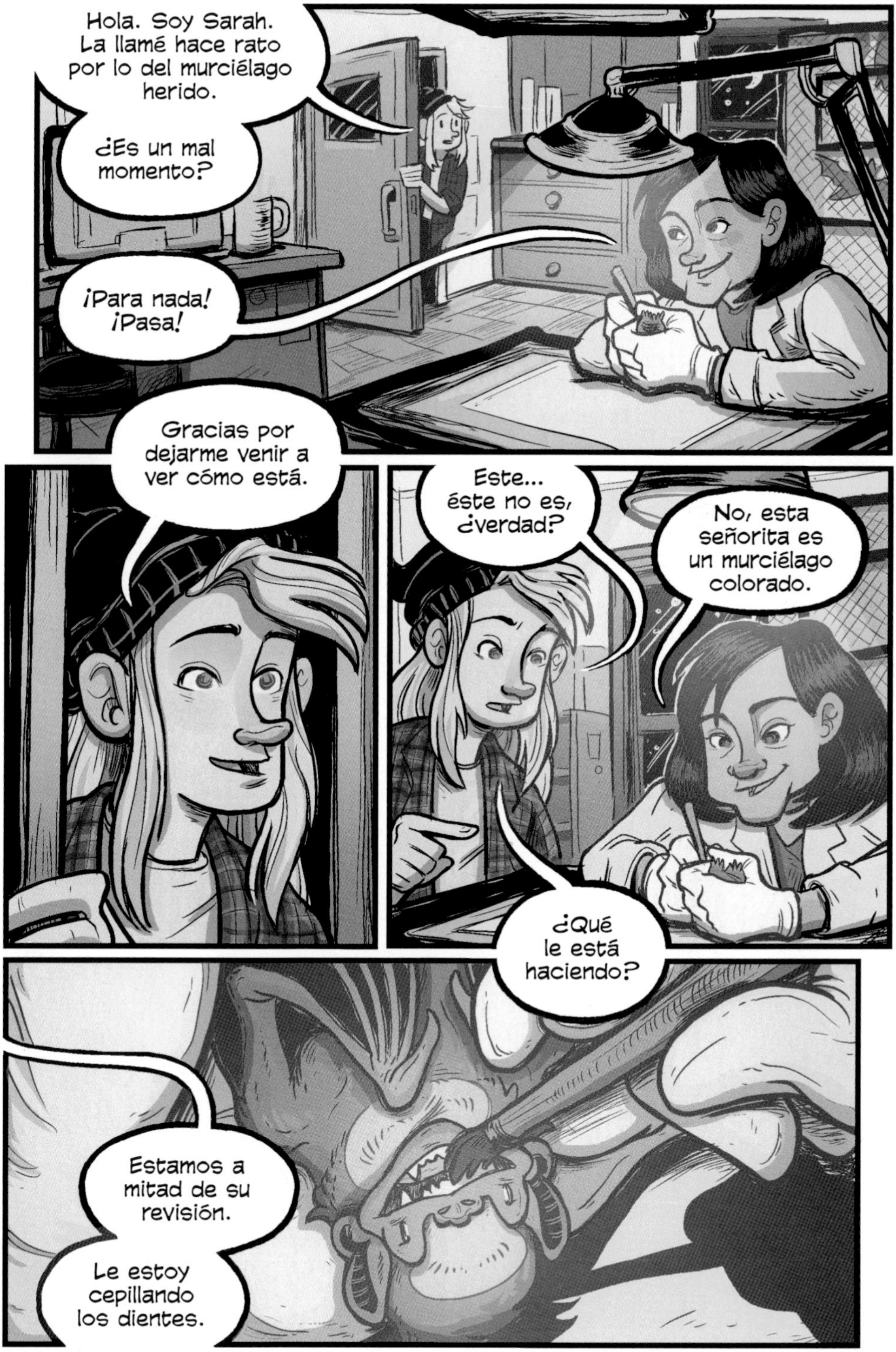
Hola. Soy Sarah. La llamé hace rato por lo del murciélago herido.
¿Es un mal momento?
¡Para nada! ¡Pasa!
Gracias por dejarme venir a ver cómo está.
Este... éste no es, ¿verdad?
No, esta señorita es un murciélago colorado.
¿Qué le está haciendo?
Estamos a mitad de su revisión.
Le estoy cepillando los dientes.

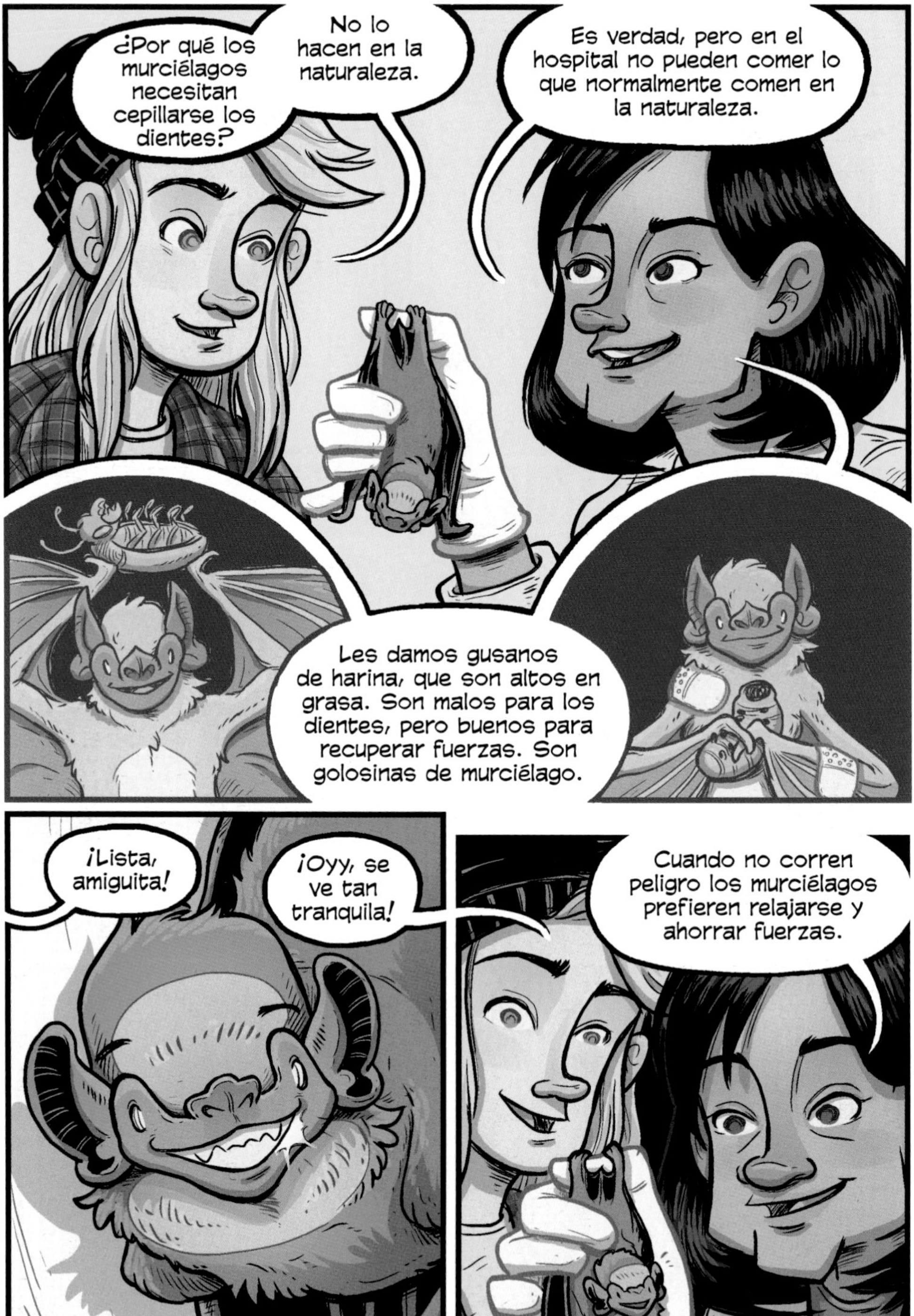
¿Por qué los murciélagos necesitan cepillarse los dientes?
No lo hacen en la naturaleza.
Es verdad, pero en el hospital no pueden comer lo que normalmente comen en la naturaleza.
Les damos gusanos de harina, que son altos en grasa. Son malos para los dientes, pero buenos para recuperar fuerzas. Son golosinas de murciélago.
¡Lista, amiguita!
¡Oyy, se ve tan tranquila!
Cuando no corren peligro los murciélagos prefieren relajarse y ahorrar fuerzas.

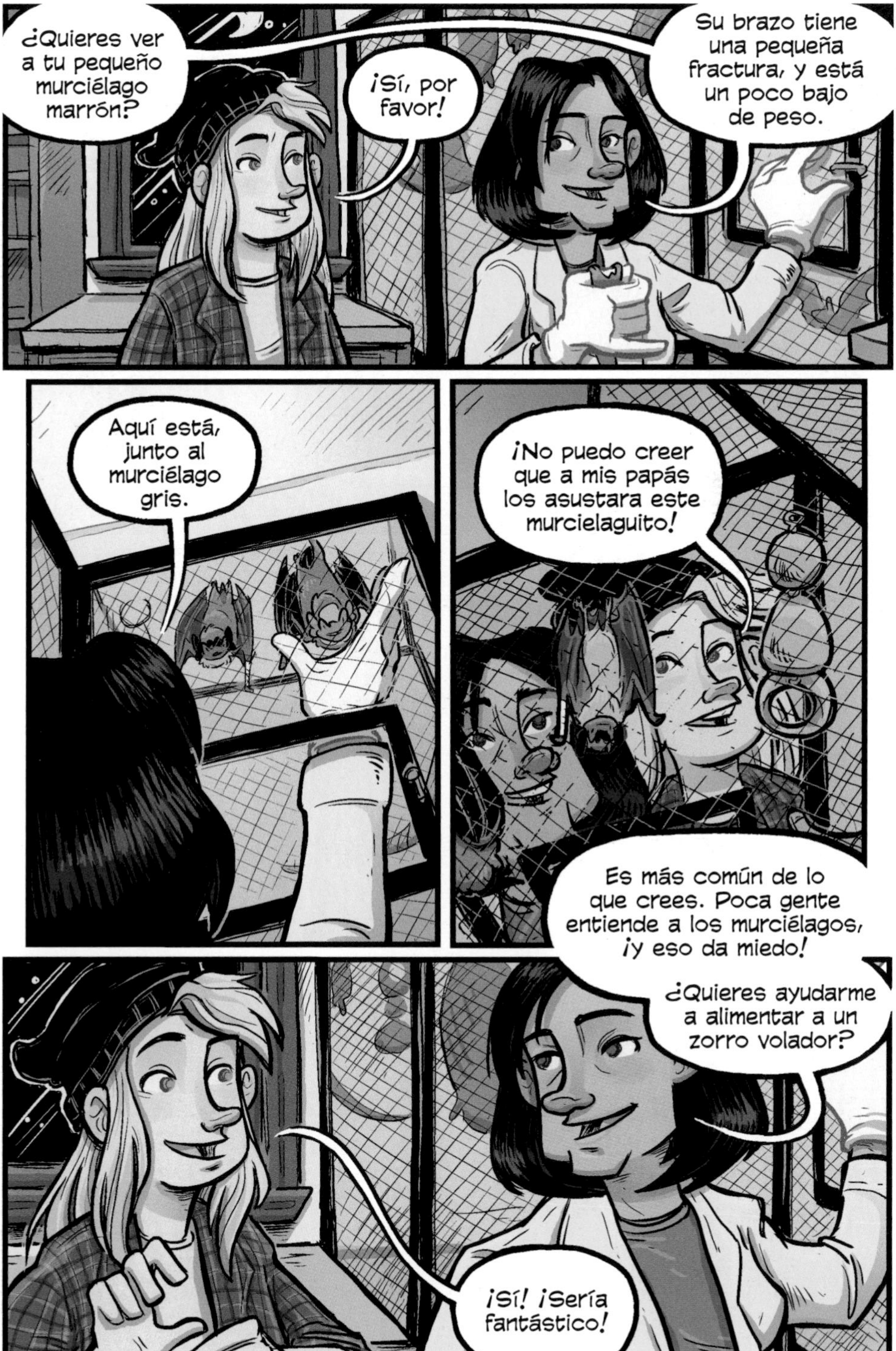

¿Quieres ver a tu pequeño murciélago marrón?
¡Sí, por favor!
Su brazo tiene una pequeña fractura, y está un poco bajo de peso.
Aquí está, junto al murciélago gris.
¡No puedo creer que a mis papás los asustara este murcielaguito!
Es más común de lo que crees. Poca gente entiende a los murciélagos, ¡y eso da miedo!
¿Quieres ayudarme a alimentar a un zorro volador?
¡Sí! ¡Sería fantástico!

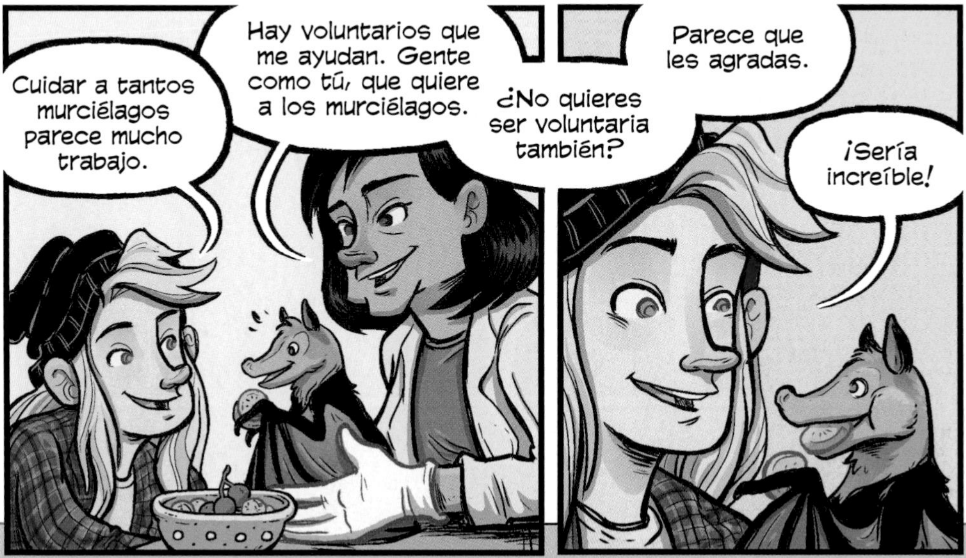
Cuidar a tantos murciélagos parece mucho trabajo.
Hay voluntarios que me ayudan. Gente como tú, que quiere a los murciélagos.
¿No quieres ser voluntaria también?
Parece que les agradas.
¡Sería increíble!

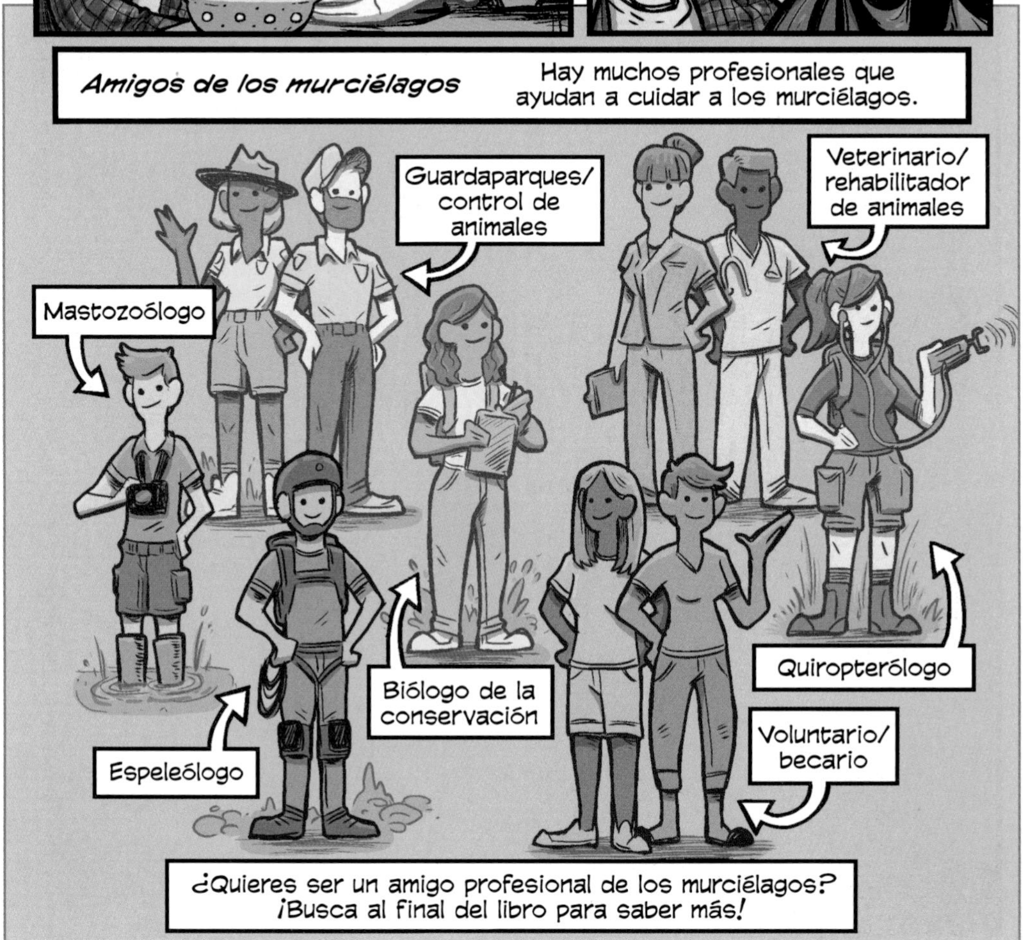
Amigos de los murciélagos
Hay muchos profesionales que ayudan a cuidar a los murciélagos.
Guardaparques/ control de animales
Veterinario/ rehabilitador de animales
Mastozoólogo
Quiropterólogo
Biólogo de la conservación
Espeleólogo
Voluntario/ becario
¿Quieres ser un amigo profesional de los murciélagos? ¡Busca al final del libro para saber más!

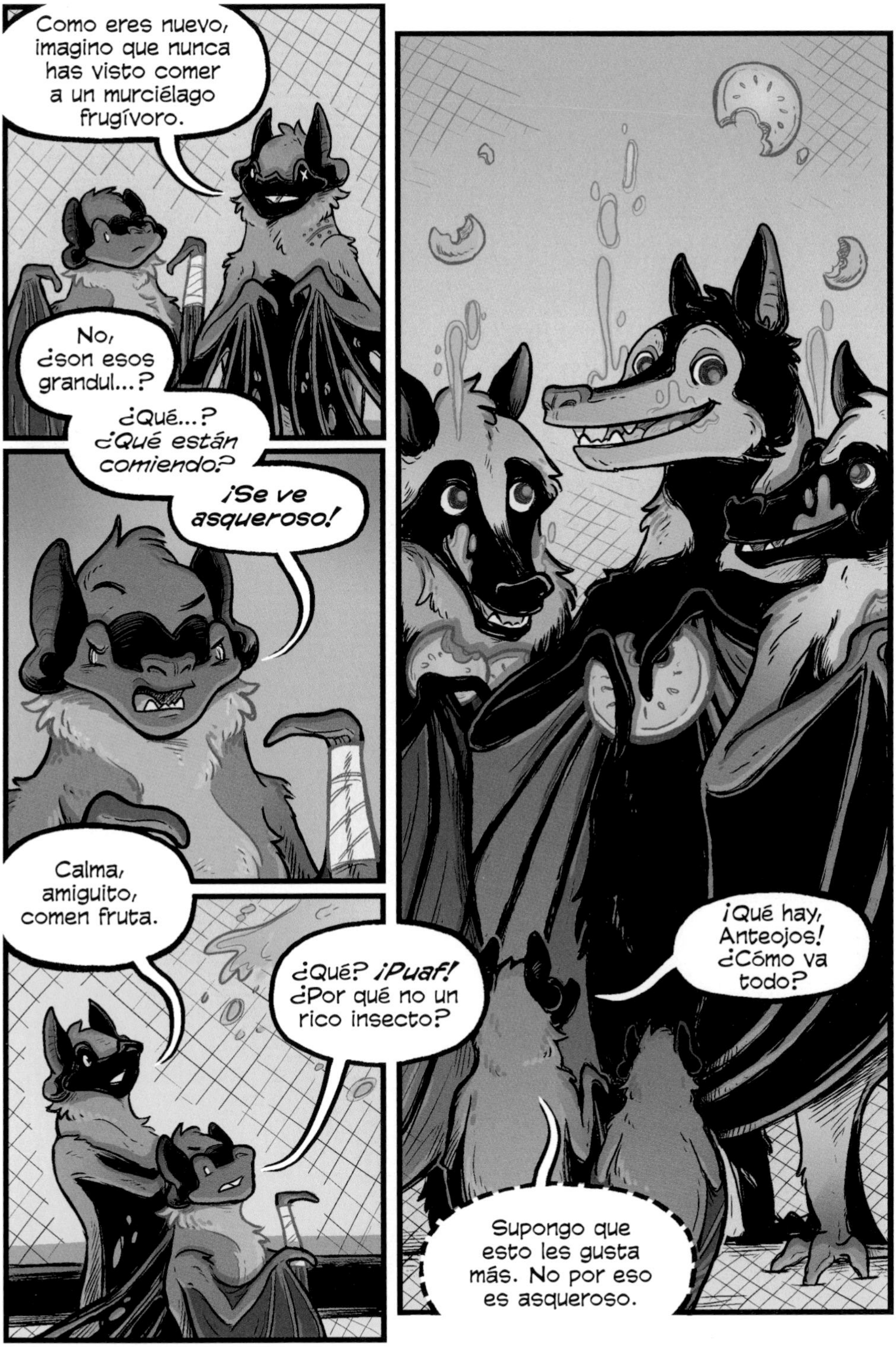

Como eres nuevo, imagino que nunca has visto comer a un murciélago frugívoro.
No, ¿son esos grandul...?
¿Qué...? ¿Qué están comiendo?
¡Se ve asqueroso!
Calma, amiguito, comen fruta.
¿Qué? ¡Puaf! ¿Por qué no un rico insecto?
¡Qué hay, Anteojos! ¿Cómo va todo?
Supongo que esto les gusta más. No por eso es asqueroso.

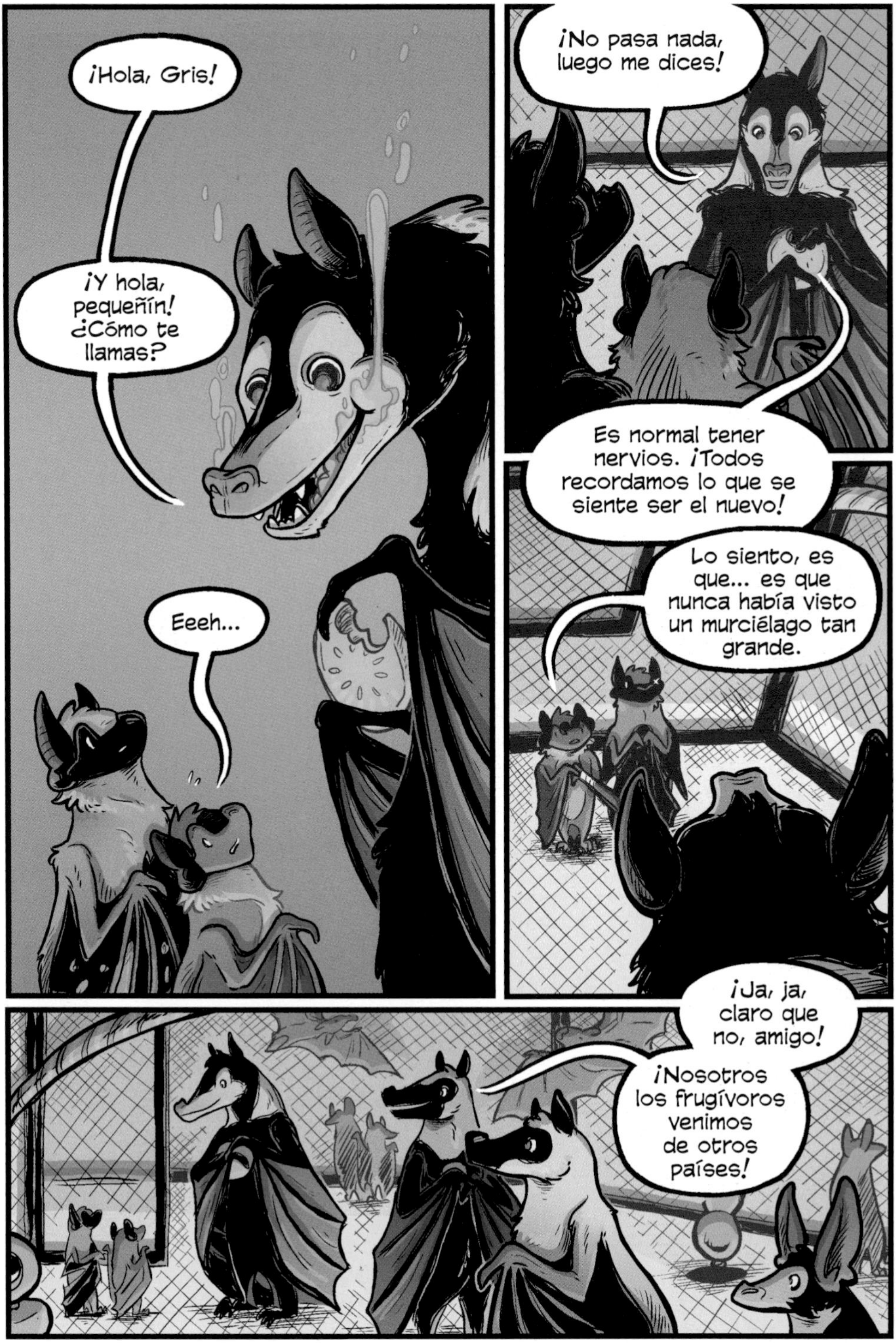
¡Hola, Gris!
¡Y hola, pequeñín! ¿Cómo te llamas?
Eeeh...
¡No pasa nada, luego me dices!
Es normal tener nervios. ¡Todos recordamos lo que se siente ser el nuevo!
Lo siento, es que... es que nunca había visto un murciélago tan grande.
¡Ja, ja, claro que no, amigo!
¡Nosotros los frugívoros venimos de otros países!

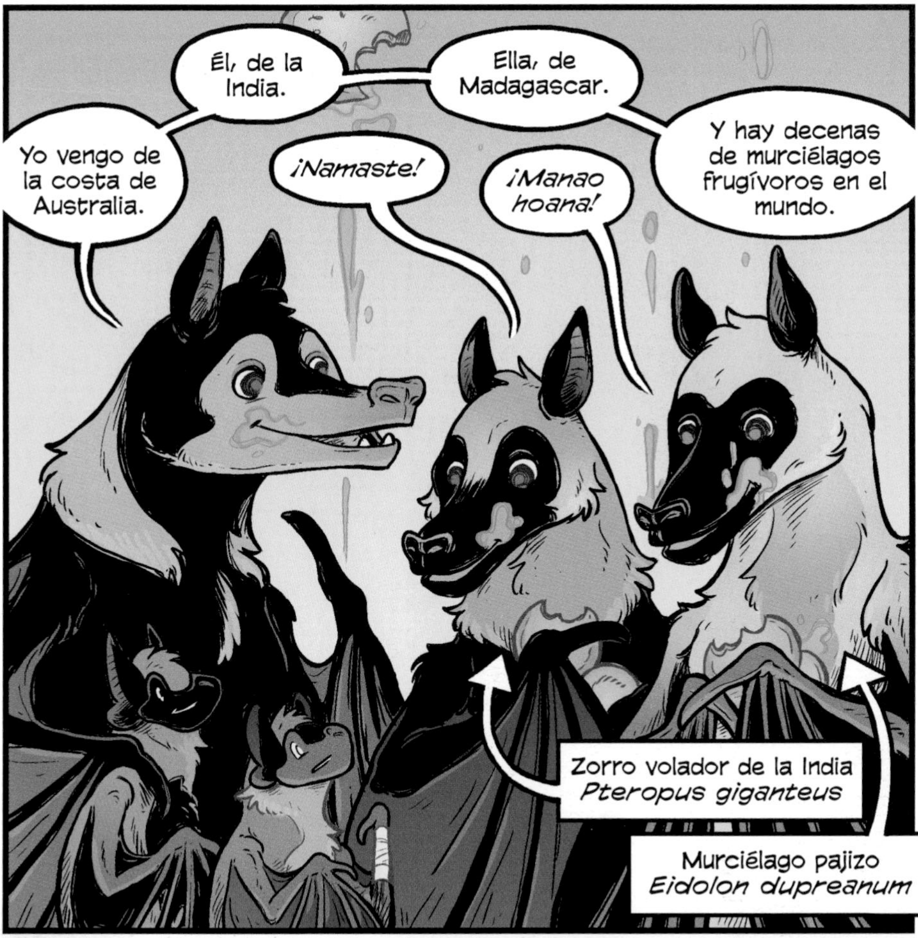
Yo vengo de la costa de Australia.
Él, de la India.
Ella, de Madagascar.
¡Namaste!
¡Manao hoana!
Y hay decenas de murciélagos frugívoros en el mundo.
Zorro volador de la India *Pteropus giganteus*
Murciélago pajizo *Eidolon dupreanum*

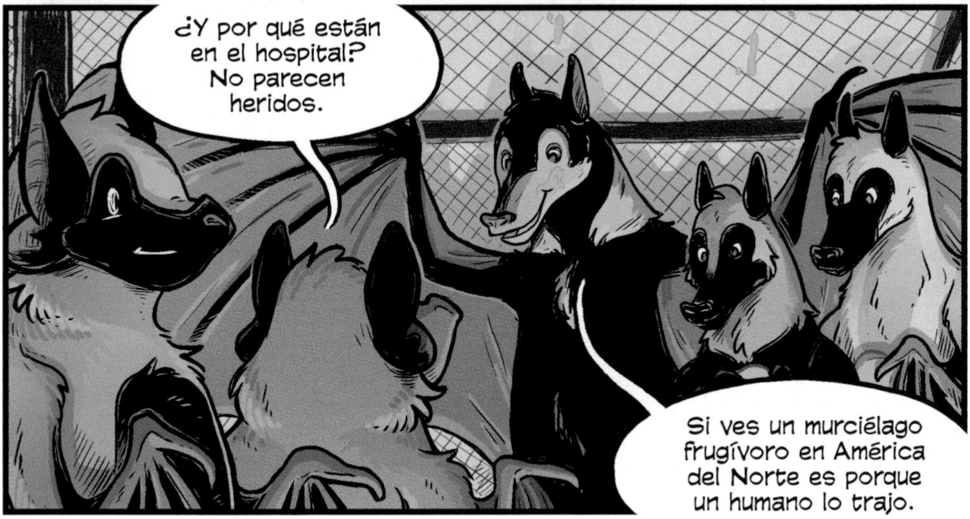
¿Y por qué están en el hospital? No parecen heridos.
Si ves un murciélago frugívoro en América del Norte es porque un humano lo trajo.

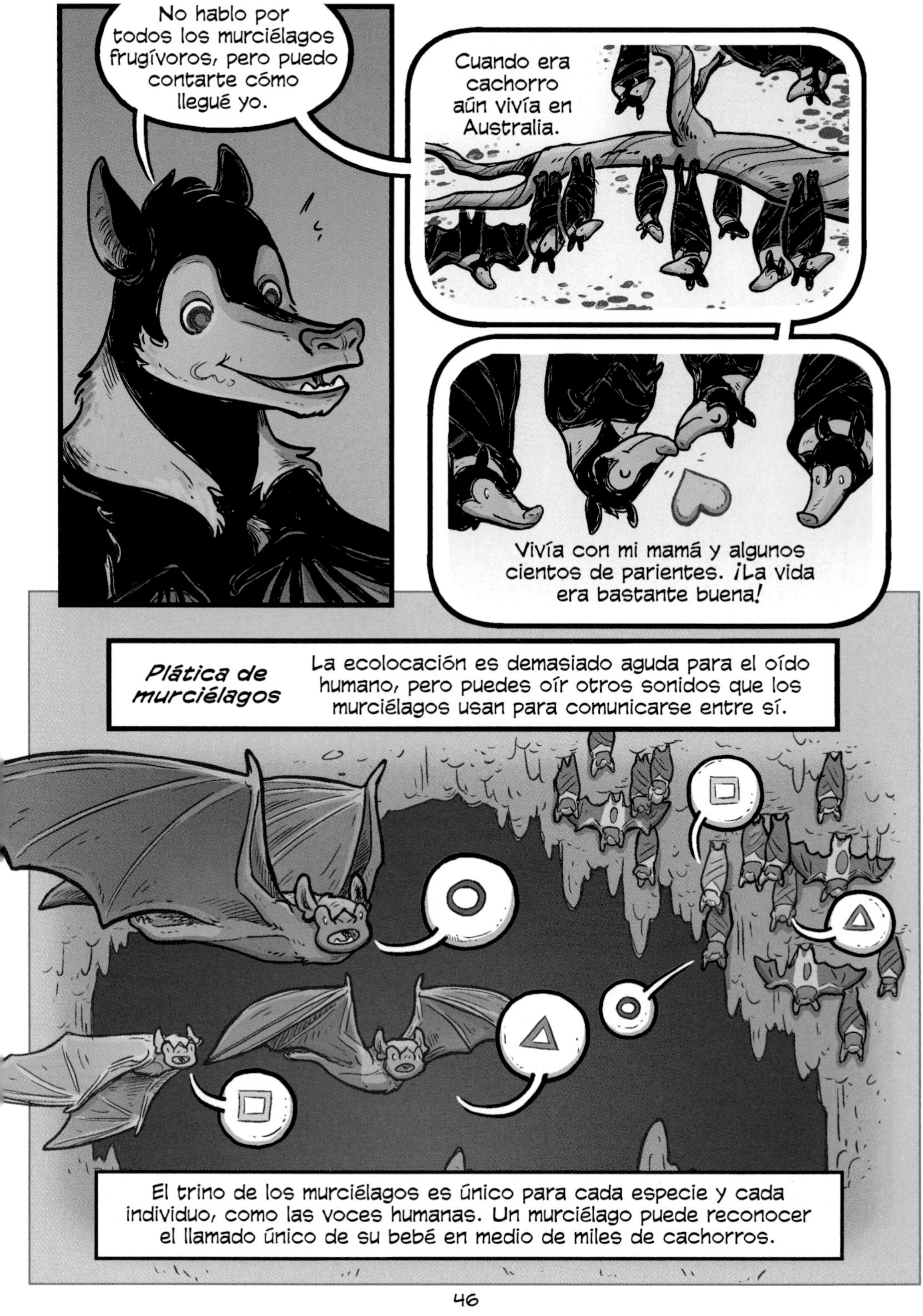
No hablo por todos los murciélagos frugívoros, pero puedo contarte cómo llegué yo.
Cuando era cachorro aún vivía en Australia.
Vivía con mi mamá y algunos cientos de parientes. ¡La vida era bastante buena!
Plática de murciélagos
La ecolocación es demasiado aguda para el oído humano, pero puedes oír otros sonidos que los murciélagos usan para comunicarse entre sí.
El trino de los murciélagos es único para cada especie y cada individuo, como las voces humanas. Un murciélago puede reconocer el llamado único de su bebé en medio de miles de cachorros.

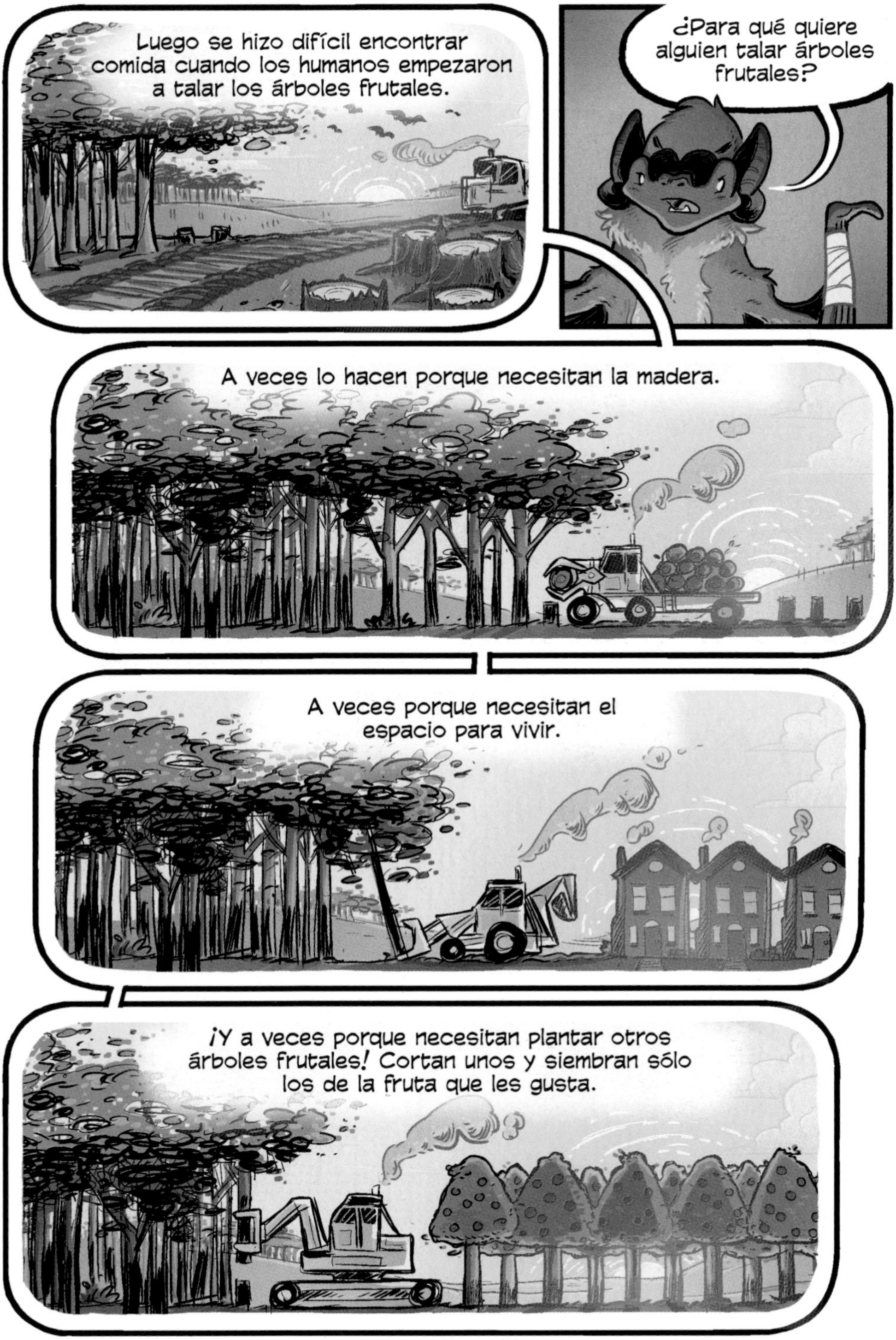
Luego se hizo difícil encontrar comida cuando los humanos empezaron a talar los árboles frutales.
¿Para qué quiere alguien talar árboles frutales?
A veces lo hacen porque necesitan la madera.
A veces porque necesitan el espacio para vivir.
¡Y a veces porque necesitan plantar otros árboles frutales! Cortan unos y siembran sólo los de la fruta que les gusta.

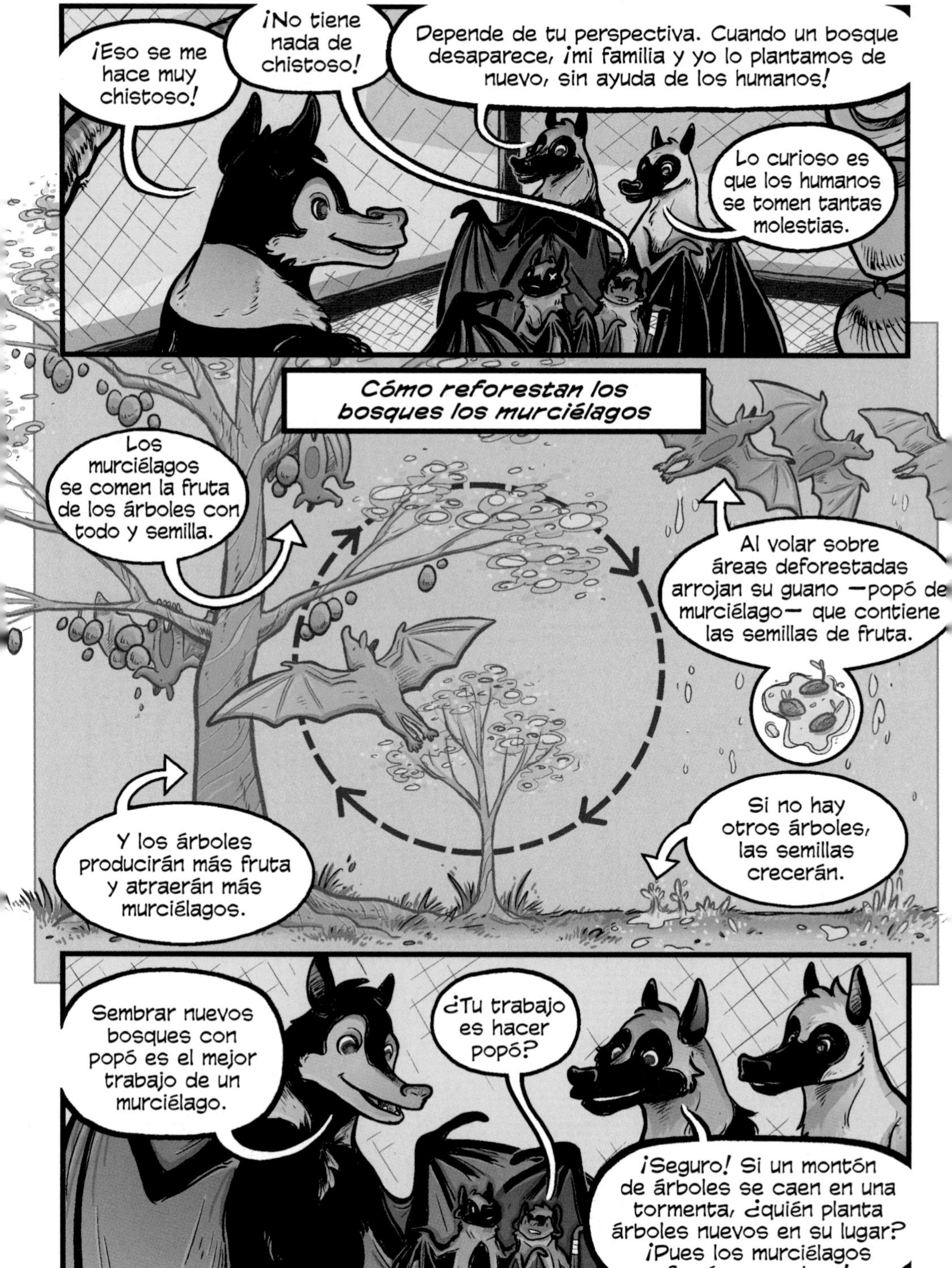
¡Eso se me hace muy chistoso!
¡No tiene nada de chistoso!
Depende de tu perspectiva. Cuando un bosque desaparece, ¡mi familia y yo lo plantamos de nuevo, sin ayuda de los humanos!
Lo curioso es que los humanos se tomen tantas molestias.
Cómo reforestan los bosques los murciélagos
Los murciélagos se comen la fruta de los árboles con todo y semilla.
Al volar sobre áreas deforestadas arrojan su guano —popó de murciélago— que contiene las semillas de fruta.
Si no hay otros árboles, las semillas crecerán.
Y los árboles producirán más fruta y atraerán más murciélagos.
Sembrar nuevos bosques con popó es el mejor trabajo de un murciélago.
¿Tu trabajo es hacer popó?
¡Seguro! Si un montón de árboles se caen en una tormenta, ¿quién planta árboles nuevos en su lugar? ¡Pues los murciélagos frugívoros, claro!

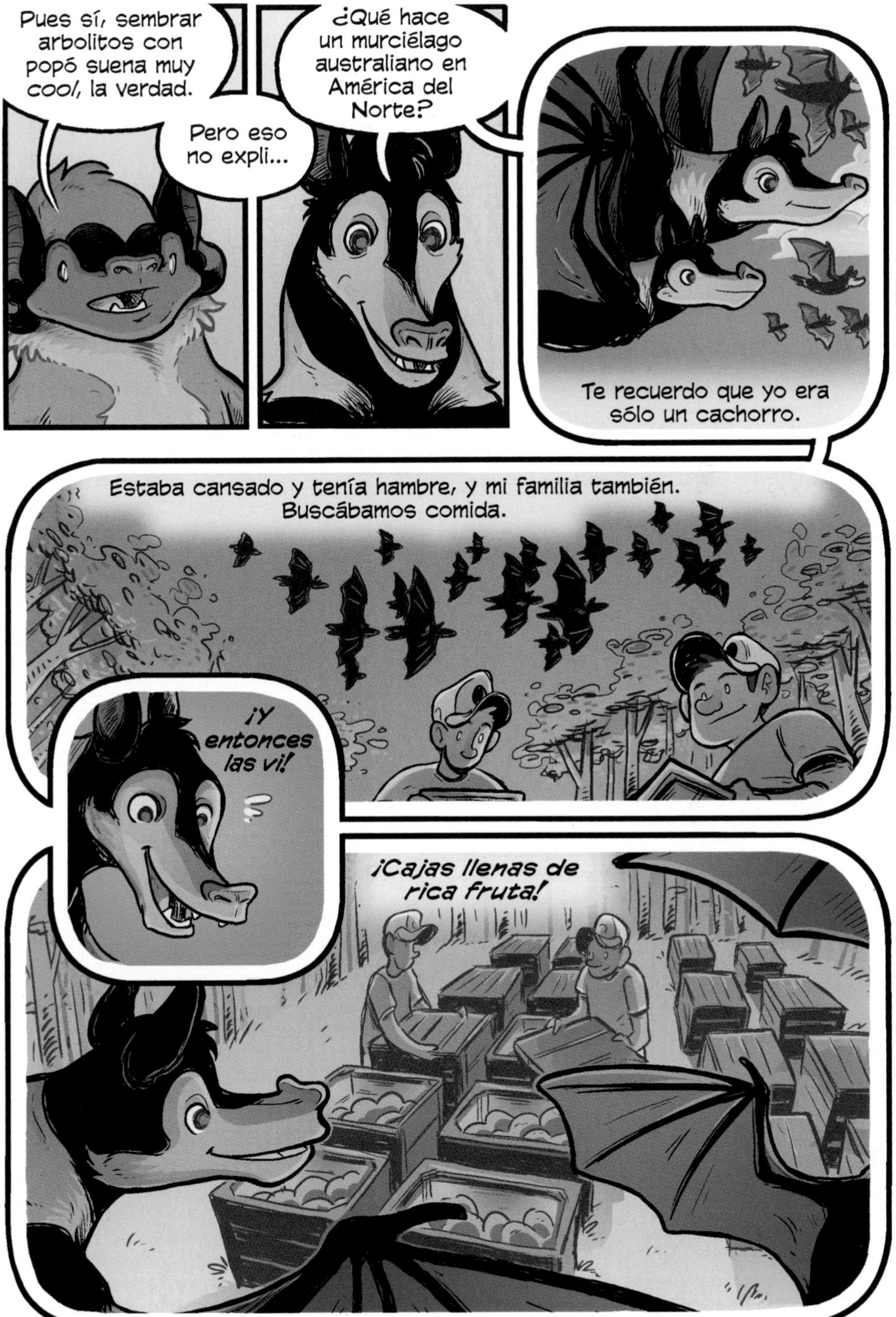
Pues sí, sembrar arbolitos con popó suena muy *cool*, la verdad.
Pero eso no expli...
¿Qué hace un murciélago australiano en América del Norte?
Te recuerdo que yo era sólo un cachorro.
Estaba cansado y tenía hambre, y mi familia también. Buscábamos comida.
¡Y entonces las vi!
¡Cajas llenas de rica fruta!

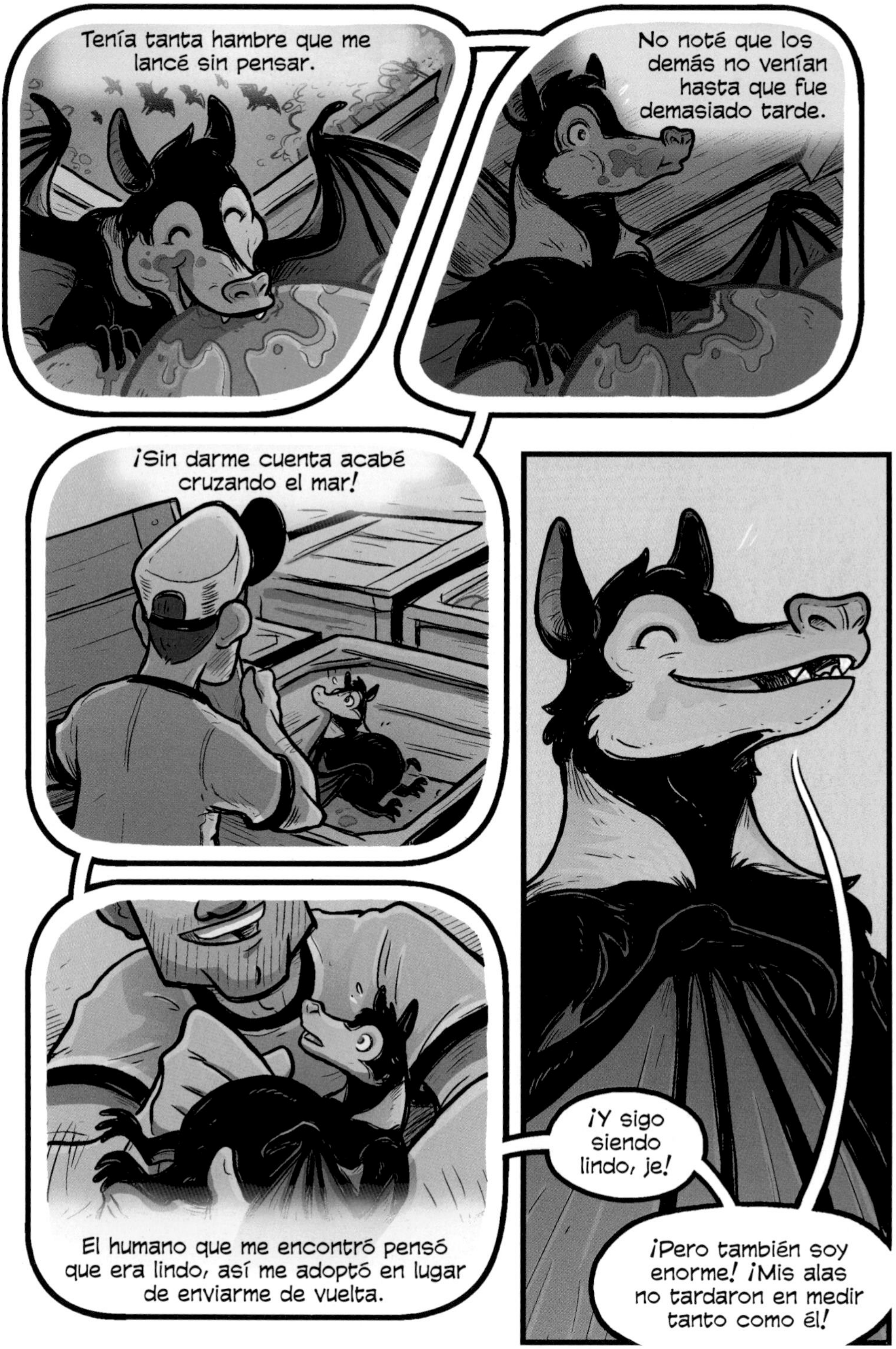
Tenía tanta hambre que me lancé sin pensar.
No noté que los demás no venían hasta que fue demasiado tarde.
¡Sin darme cuenta acabé cruzando el mar!
El humano que me encontró pensó que era lindo, así me adoptó en lugar de enviarme de vuelta.
¡Y sigo siendo lindo, je!
¡Pero también soy enorme! ¡Mis alas no tardaron en medir tanto como él!

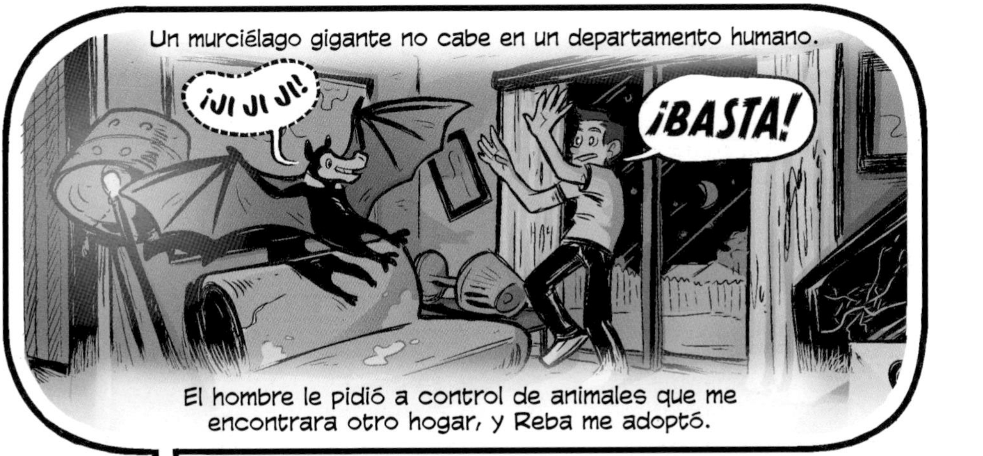
Un murciélago gigante no cabe en un departamento humano.
¡JI JI JI!
¡BASTA!
El hombre le pidió a control de animales que me encontrara otro hogar, y Reba me adoptó.

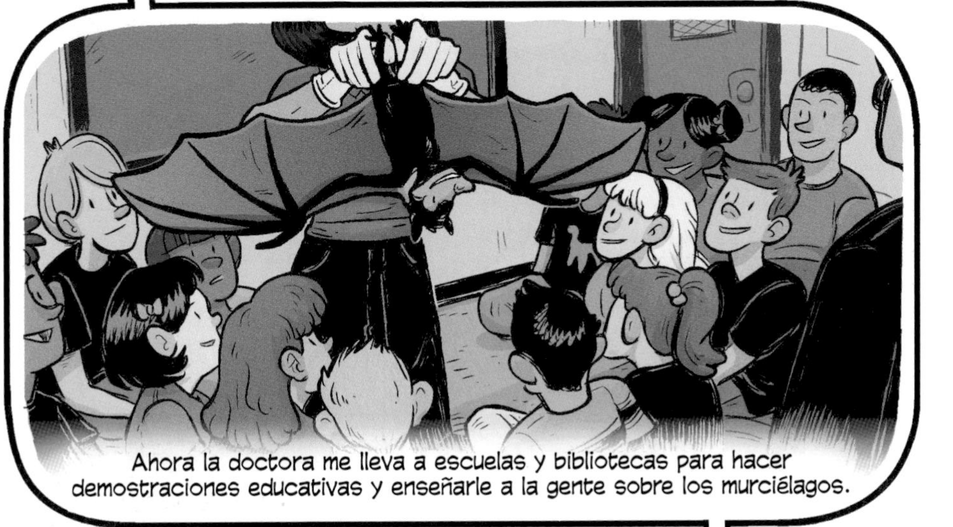
Ahora la doctora me lleva a escuelas y bibliotecas para hacer demostraciones educativas y enseñarle a la gente sobre los murciélagos.

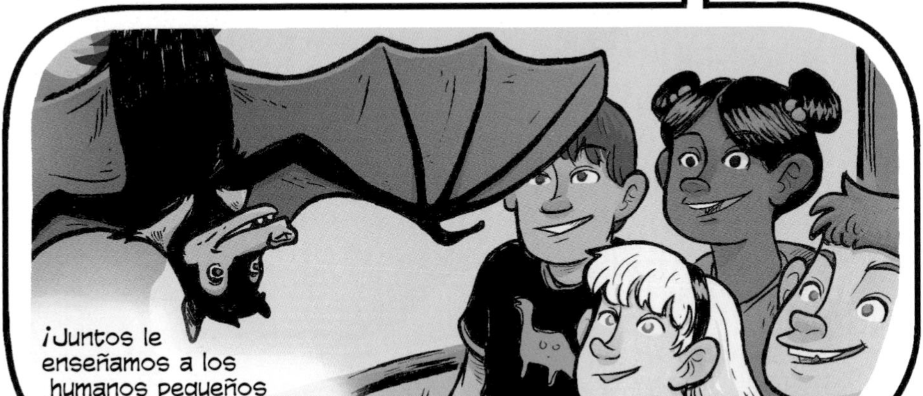
¡Juntos le enseñamos a los humanos pequeños que somos geniales!

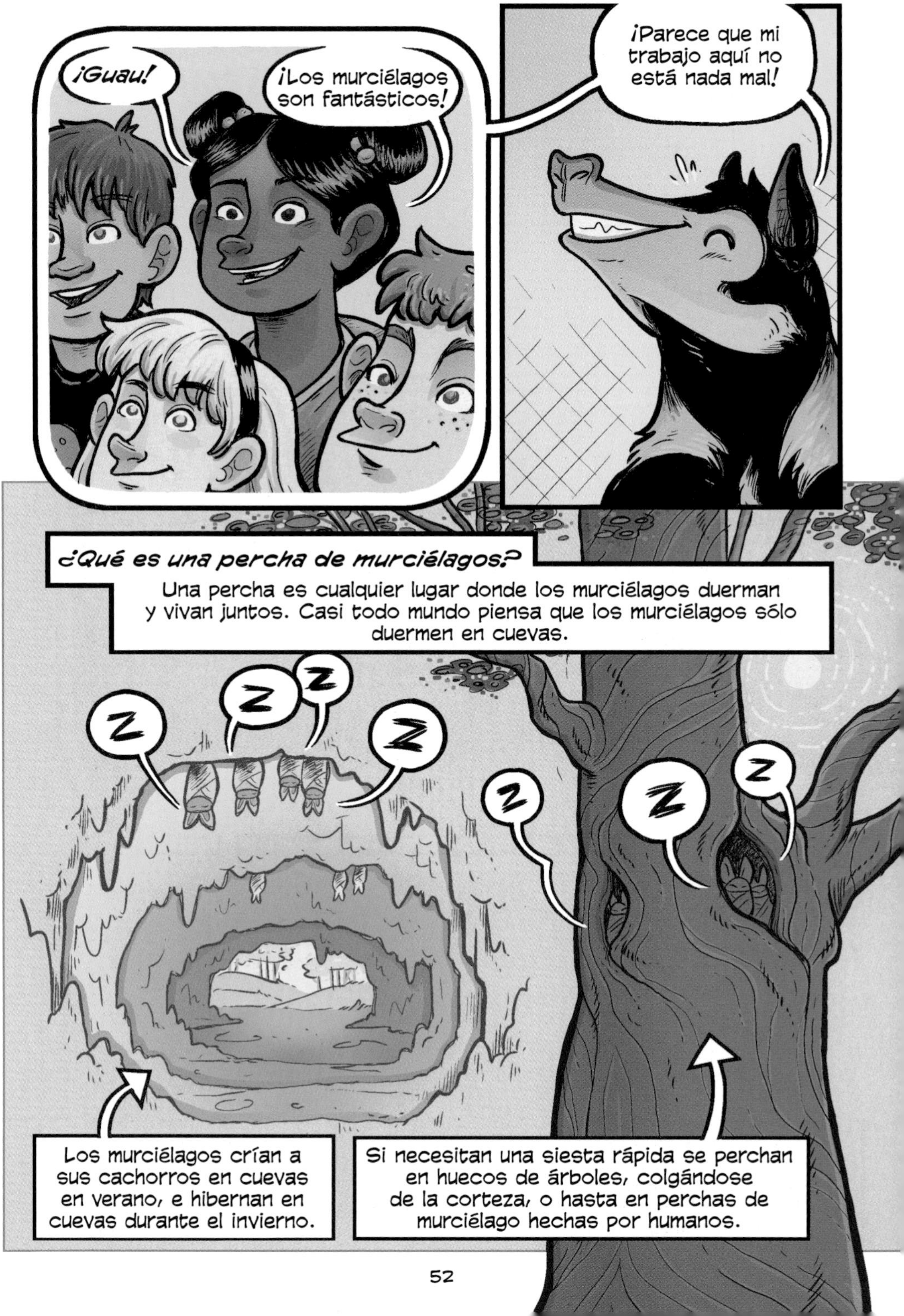
¡Guau!
¡Los murciélagos son fantásticos!
¡Parece que mi trabajo aquí no está nada mal!
¿Qué es una percha de murciélagos?
Una percha es cualquier lugar donde los murciélagos duerman y vivan juntos. Casi todo mundo piensa que los murciélagos sólo duermen en cuevas.
Z
Z
Z
Z
Z
Z
Z
Los murciélagos crían a sus cachorros en cuevas en verano, e hibernan en cuevas durante el invierno.
Si necesitan una siesta rápida se perchan en huecos de árboles, colgándose de la corteza, o hasta en perchas de murciélago hechas por humanos.

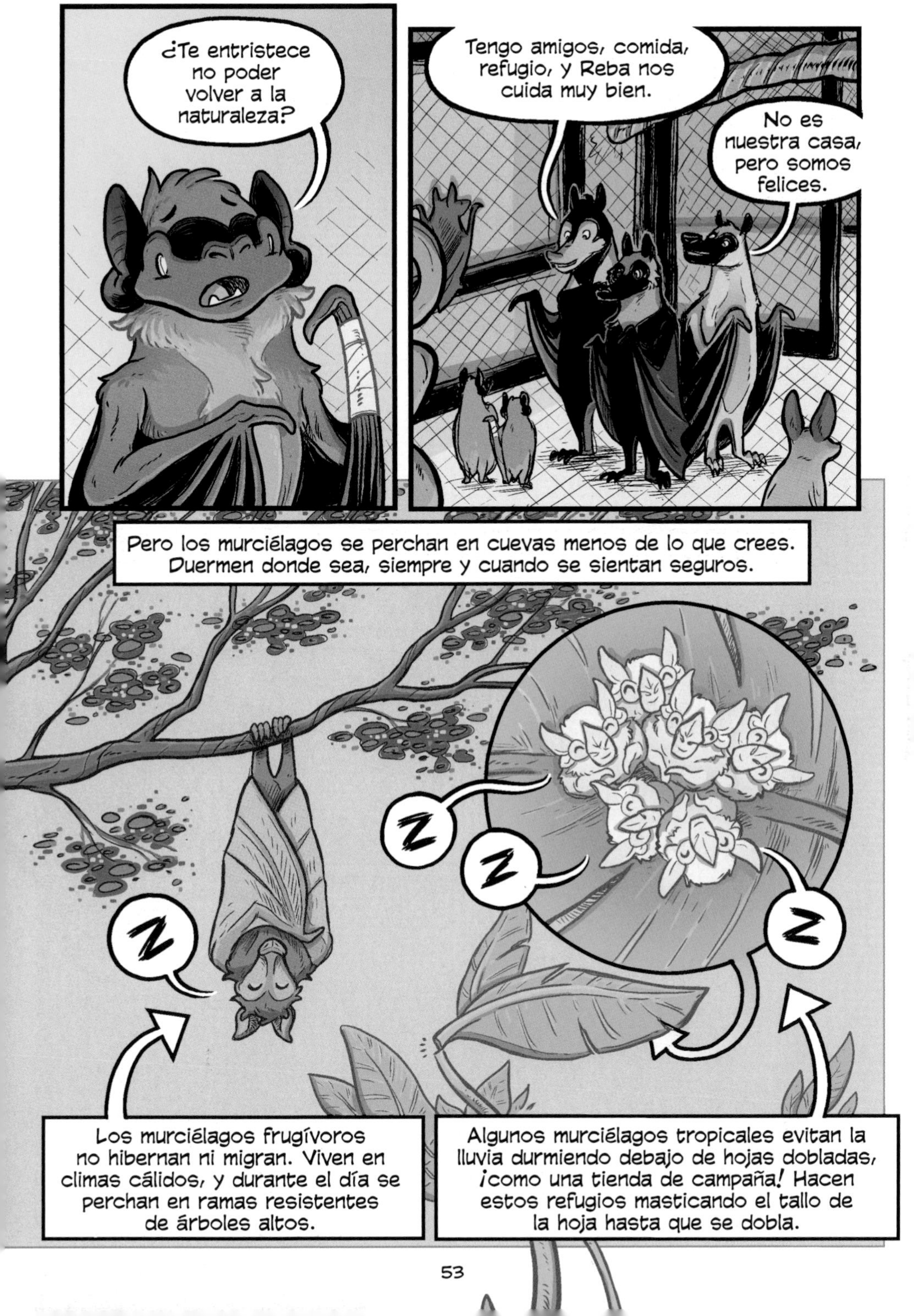

¿Te entristece no poder volver a la naturaleza?
Tengo amigos, comida, refugio, y Reba nos cuida muy bien.
No es nuestra casa, pero somos felices.
Pero los murciélagos se perchan en cuevas menos de lo que crees. Duermen donde sea, siempre y cuando se sientan seguros.
Z
Z
Z
Z
Los murciélagos frugívoros no hibernan ni migran. Viven en climas cálidos, y durante el día se perchan en ramas resistentes de árboles altos.
Algunos murciélagos tropicales evitan la lluvia durmiendo debajo de hojas dobladas, ¡como una tienda de campaña! Hacen estos refugios masticando el tallo de la hoja hasta que se dobla.

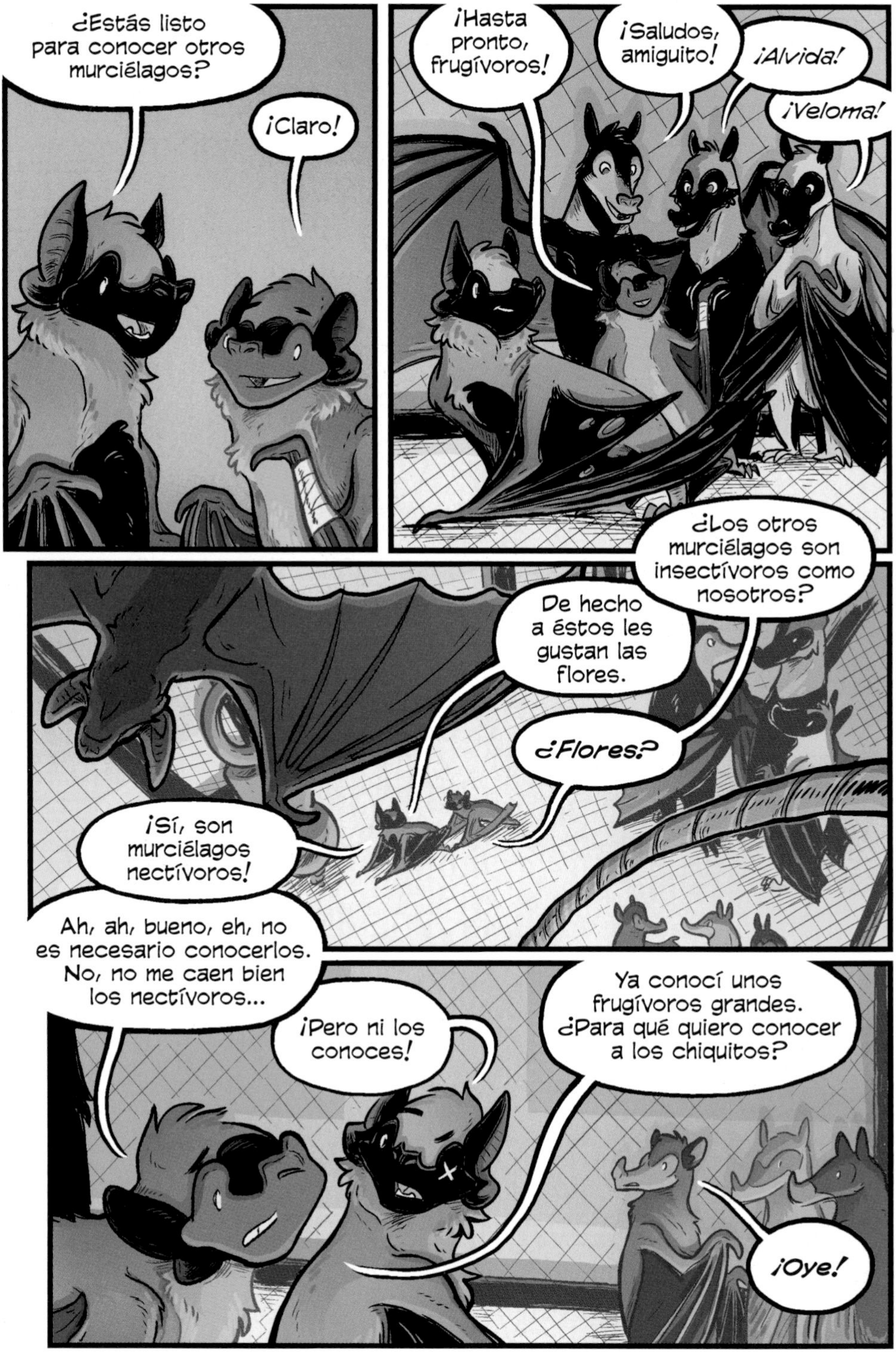
¿Estás listo para conocer otros murciélagos?
¡Claro!
¡Hasta pronto, frugívoros!
¡Saludos, amiguito!
¡Alvida!
¡Veloma!
¿Los otros murciélagos son insectívoros como nosotros?
De hecho a éstos les gustan las flores.
¿Flores?
¡Sí, son murciélagos nectívoros!
Ah, ah, bueno, eh, no es necesario conocerlos. No, no me caen bien los nectívoros...
¡Pero ni los conoces!
Ya conocí unos frugívoros grandes. ¿Para qué quiero conocer a los chiquitos?
¡Oye!

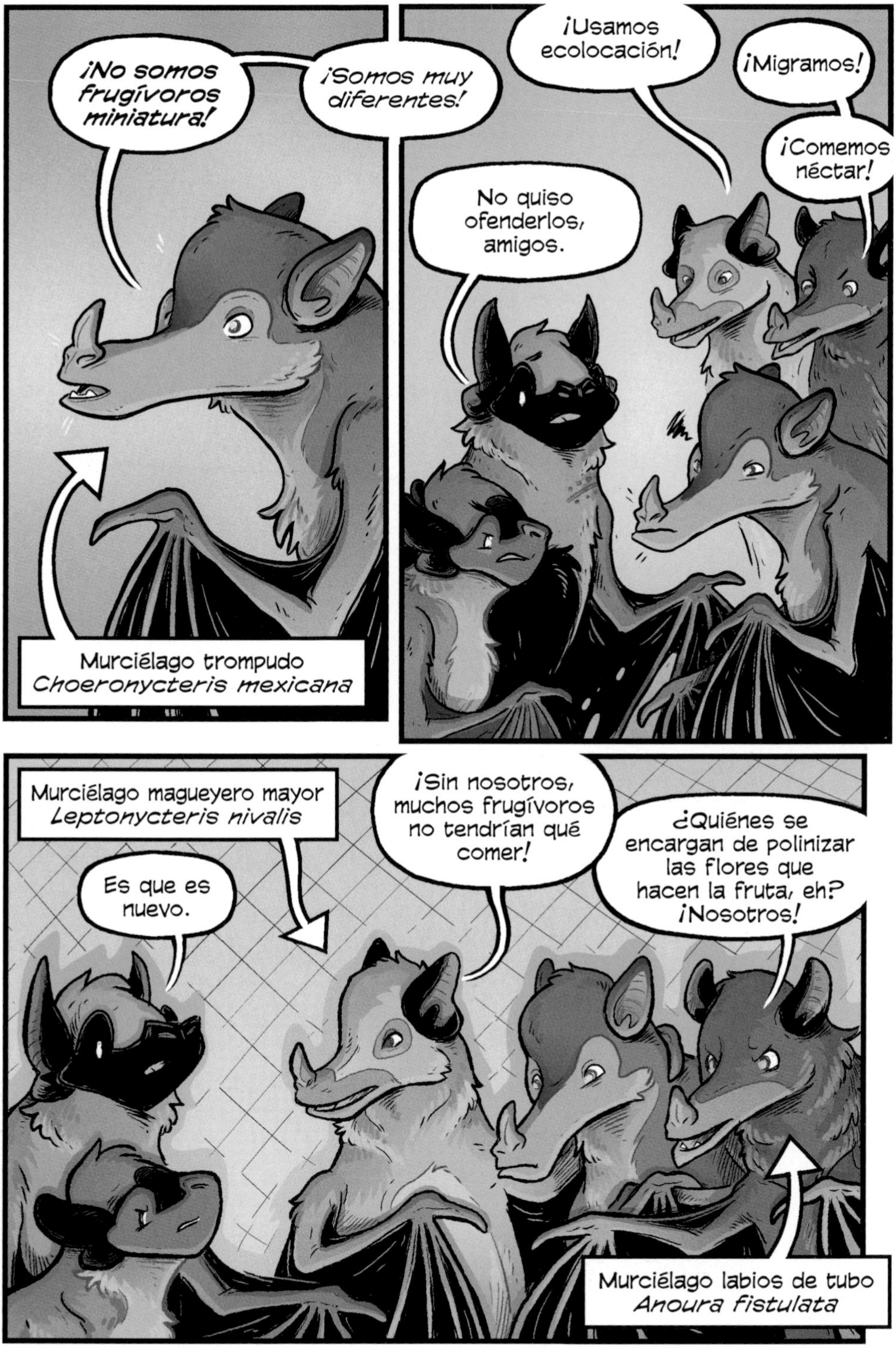
¡No somos frugívoros miniatura!
¡Somos muy diferentes!
Murciélago trompudo *Choeronycteris mexicana*
¡Usamos ecolocación!
¡Migramos!
¡Comemos néctar!
No quiso ofenderlos, amigos.
Murciélago magueyero mayor *Leptonycteris nivalis*
Es que es nuevo.
¡Sin nosotros, muchos frugívoros no tendrían qué comer!
¿Quiénes se encargan de polinizar las flores que hacen la fruta, eh? ¡Nosotros!
Murciélago labios de tubo *Anoura fistulata*

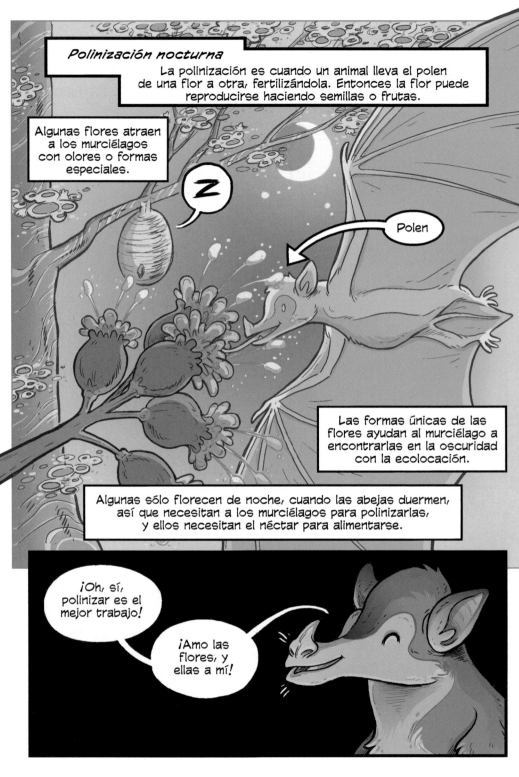

Polinización nocturna

La polinización es cuando un animal lleva el polen de una flor a otra, fertilizándola. Entonces la flor puede reproducirse haciendo semillas o frutas.

Algunas flores atraen a los murciélagos con olores o formas especiales.

Polen

Las formas únicas de las flores ayudan al murciélago a encontrarlas en la oscuridad con la ecolocación.

Algunas sólo florecen de noche, cuando las abejas duermen, así que necesitan a los murciélagos para polinizarlas, y ellos necesitan el néctar para alimentarse.

¡Oh, sí, polinizar es el mejor trabajo!

¡Amo las flores, y ellas a mí!

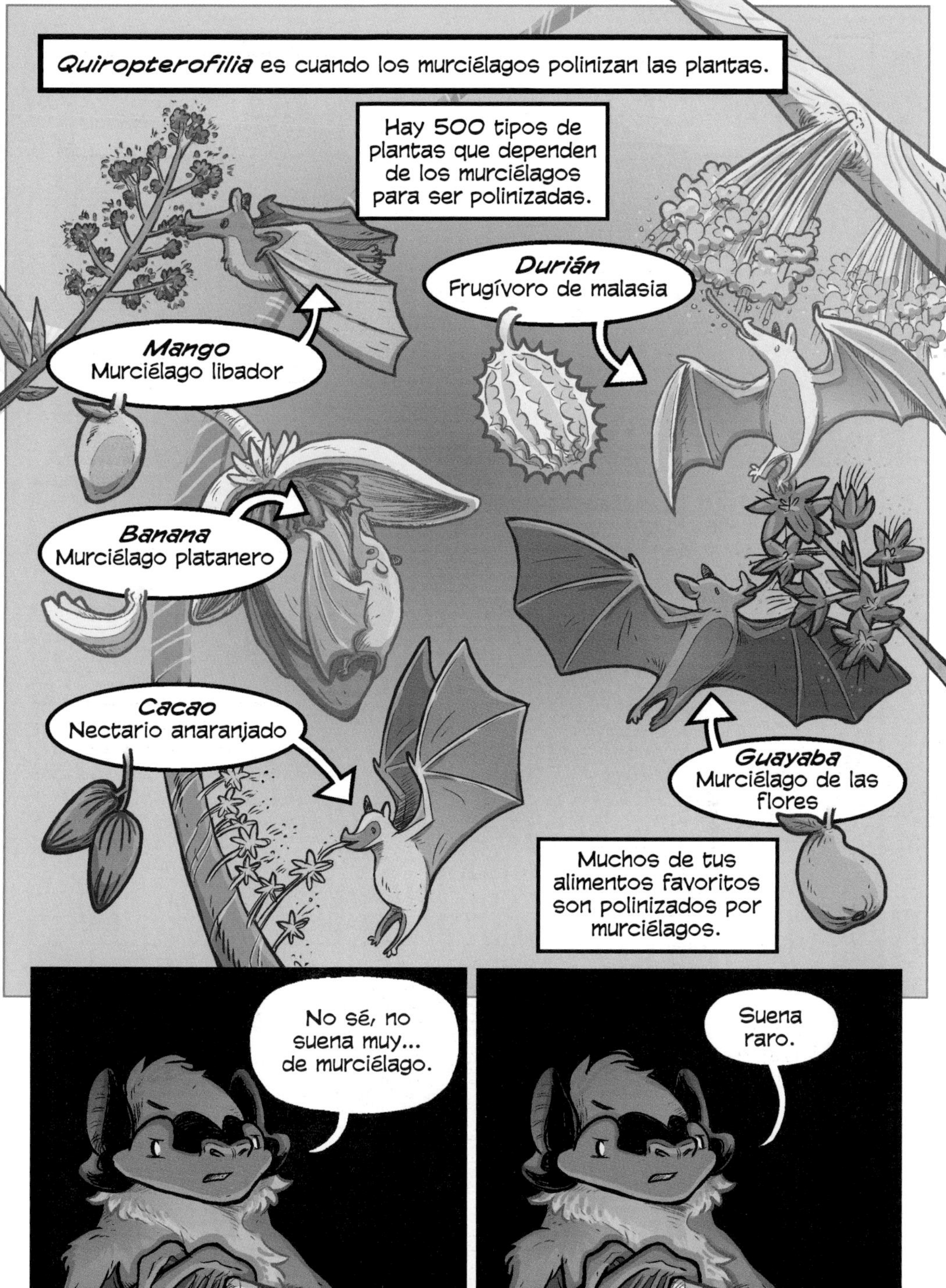
Quiropterofilia es cuando los murciélagos polinizan las plantas.
Hay 500 tipos de plantas que dependen de los murciélagos para ser polinizadas.
Mango Murciélago libador
Durián Frugívoro de malasia
Banana Murciélago platanero
Cacao Nectario anaranjado
Guayaba Murciélago de las flores
Muchos de tus alimentos favoritos son polinizados por murciélagos.
No sé, no suena muy... de murciélago.
Suena raro.

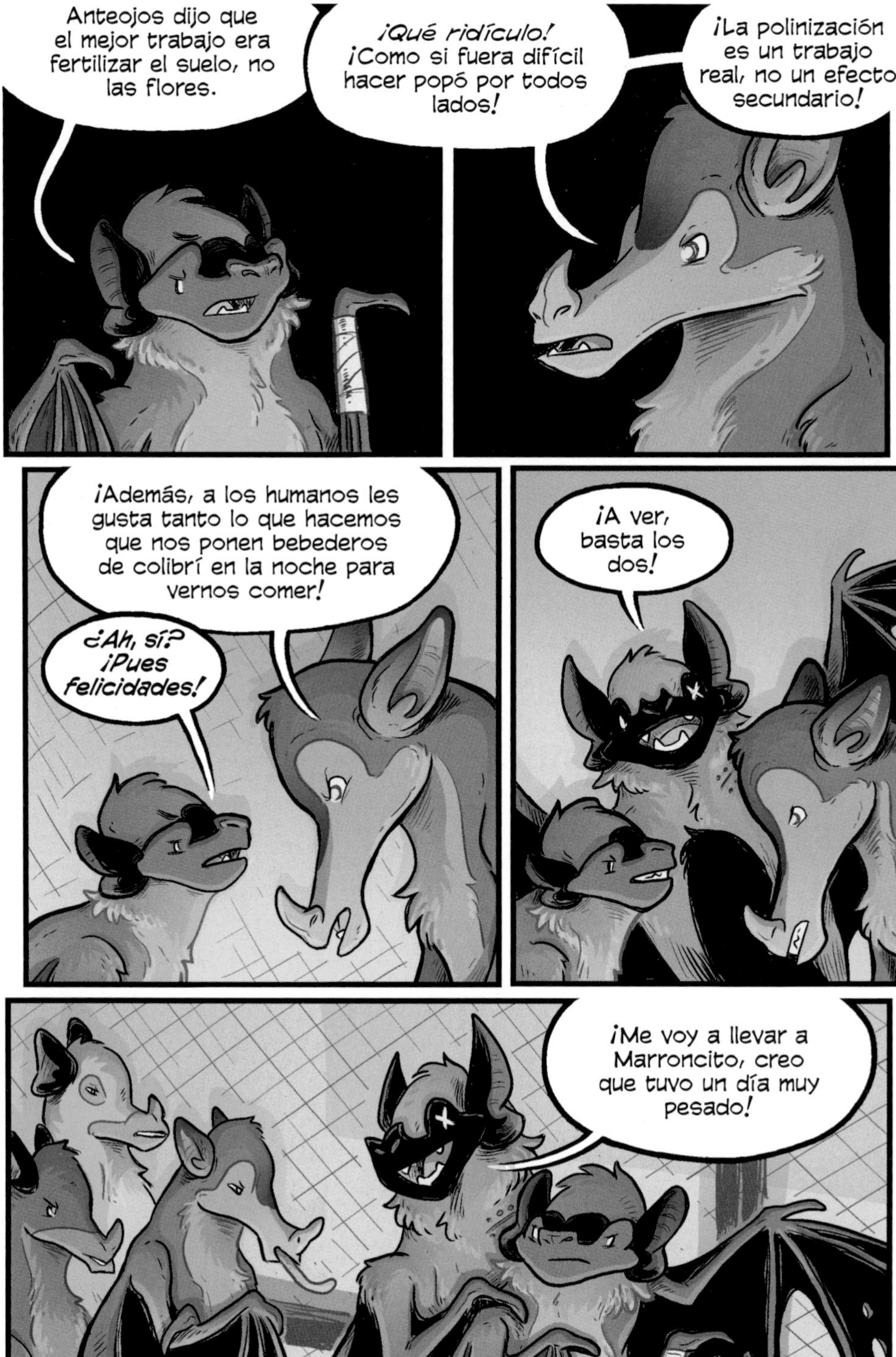
Anteojos dijo que el mejor trabajo era fertilizar el suelo, no las flores.
¡Qué ridículo! ¡Como si fuera difícil hacer popó por todos lados!
¡La polinización es un trabajo real, no un efecto secundario!
¡Además, a los humanos les gusta tanto lo que hacemos que nos ponen bebederos de colibrí en la noche para vernos comer!
¿Ah, sí? ¡Pues felicidades!
¡A ver, basta los dos!
¡Me voy a llevar a Marroncito, creo que tuvo un día muy pesado!

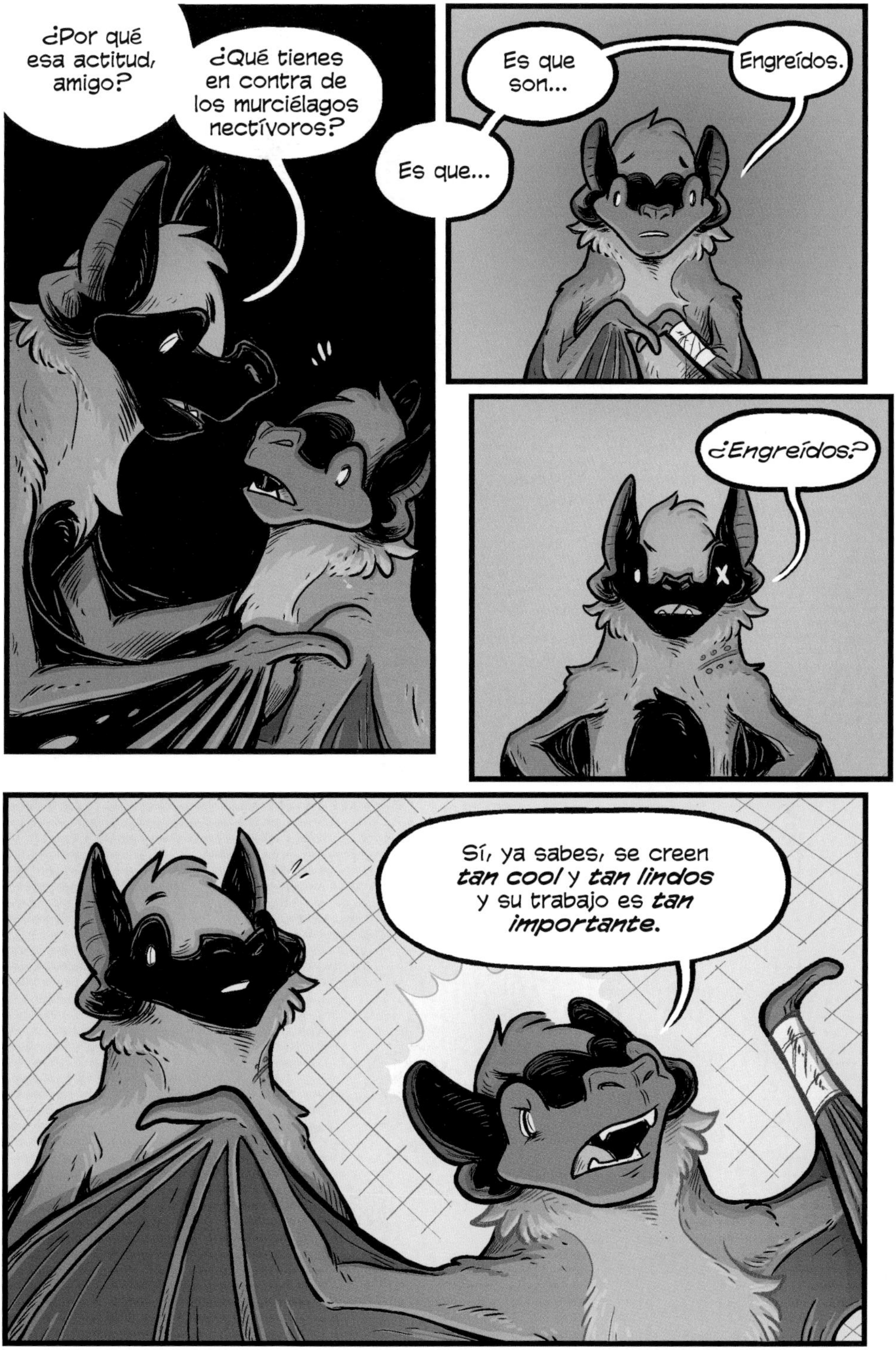
¿Por qué esa actitud, amigo?
¿Qué tienes en contra de los murciélagos nectívoros?
Es que...
Es que son...
Engreídos.
¿Engreídos?
Sí, ya sabes, se creen *tan cool* y *tan lindos* y su trabajo es *tan importante*.

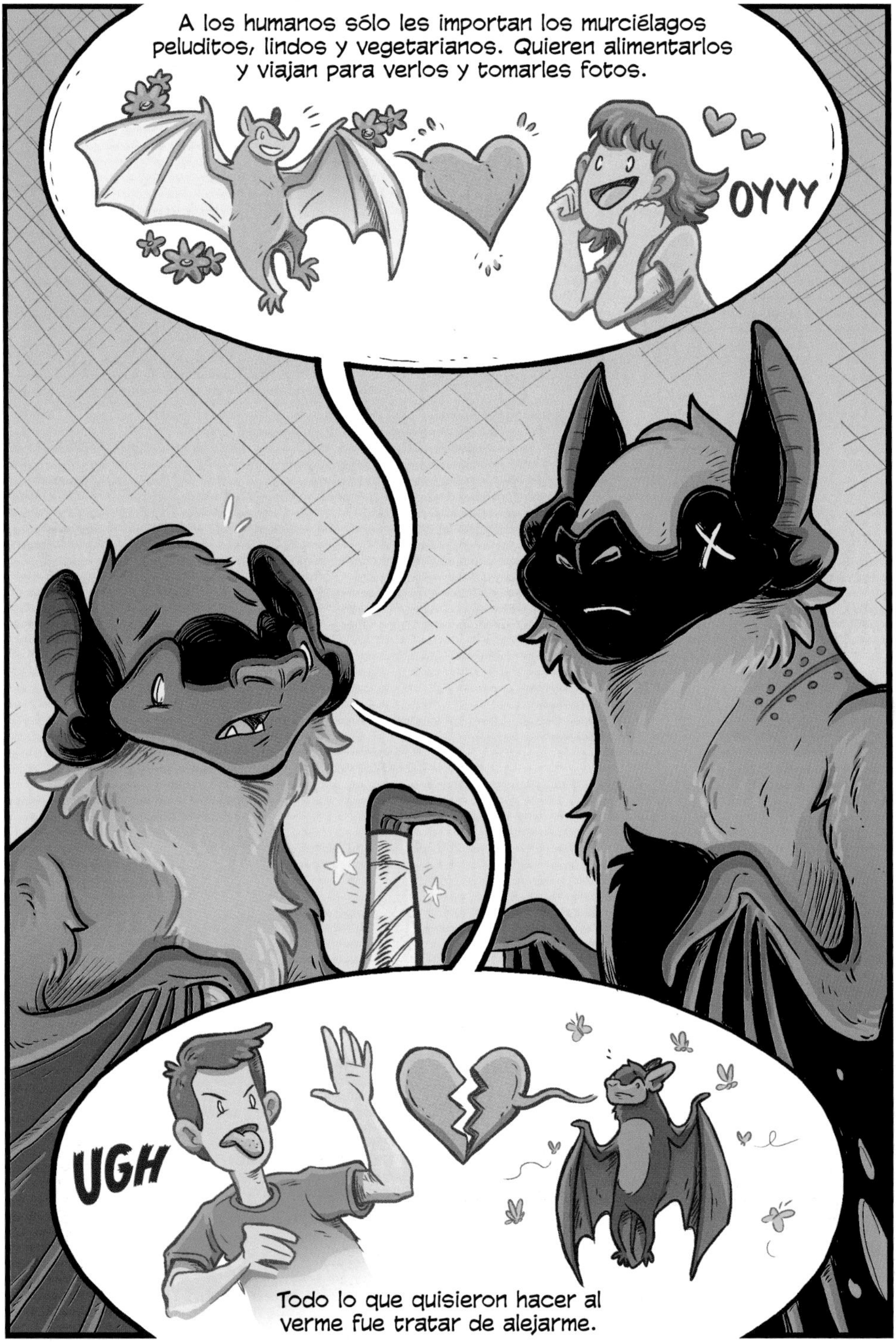
A los humanos sólo les importan los murciélagos peluditos, lindos y vegetarianos. Quieren alimentarlos y viajan para verlos y tomarles fotos.
OYYY
UGH
Todo lo que quisieron hacer al verme fue tratar de alejarme.

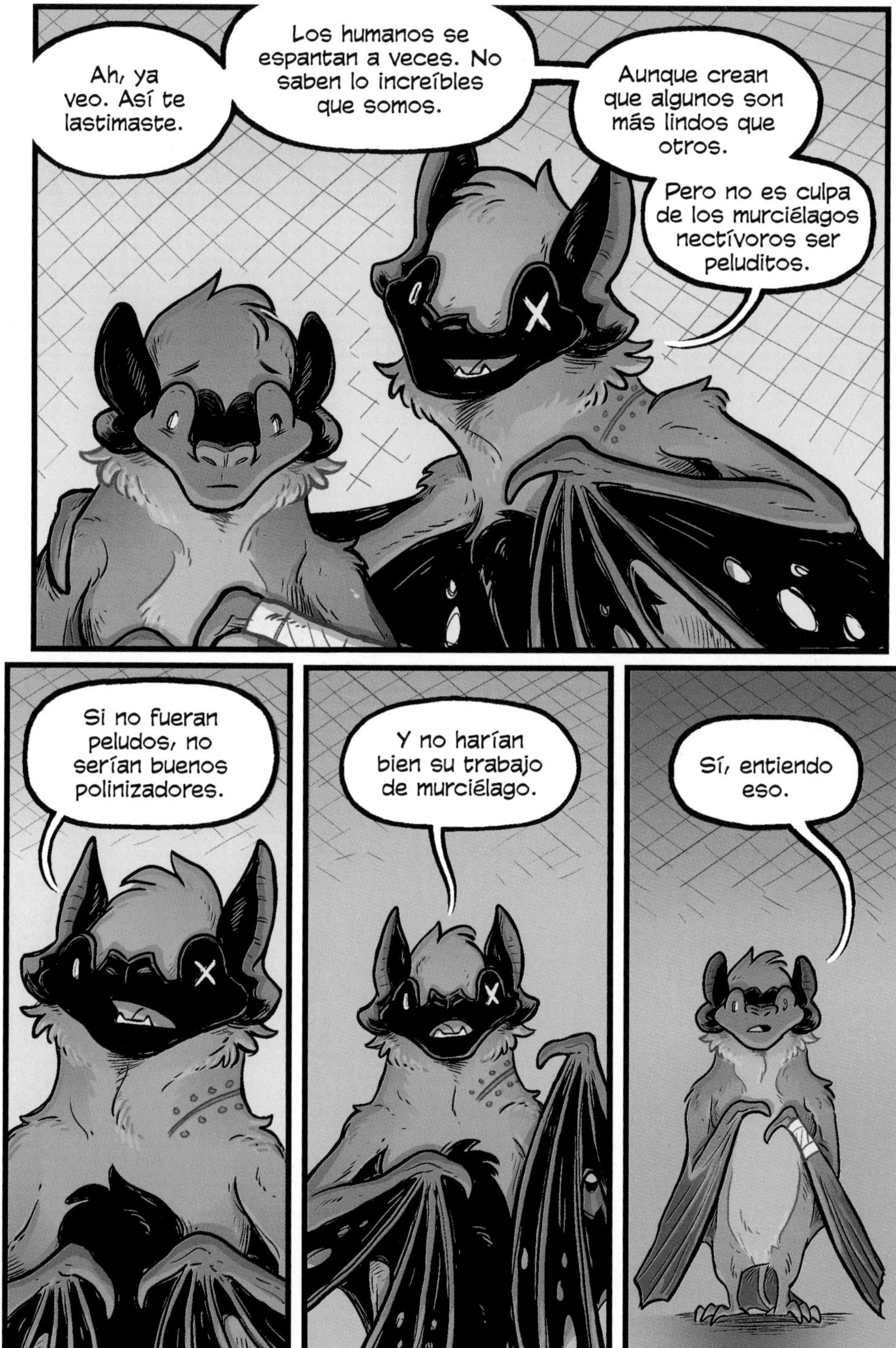
Ah, ya veo. Así te lastimaste.
Los humanos se espantan a veces. No saben lo increíbles que somos.
Aunque crean que algunos son más lindos que otros.
Pero no es culpa de los murciélagos nectívoros ser peluditos.
Si no fueran peludos, no serían buenos polinizadores.
Y no harían bien su trabajo de murciélago.
Sí, entiendo eso.

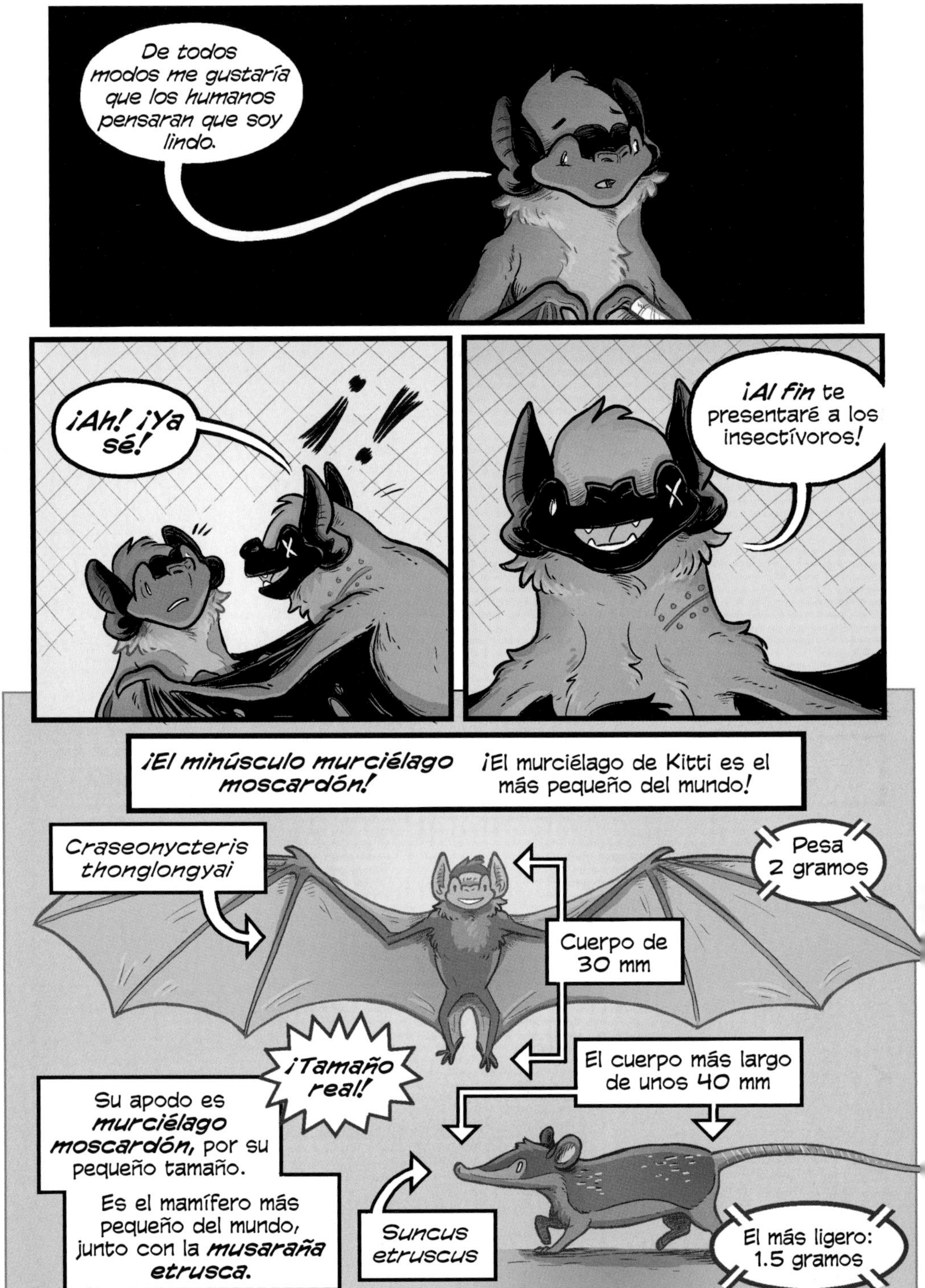
De todos modos me gustaría que los humanos pensaran que soy lindo.
¡Ah! ¡Ya sé!
¡!
¡Al fin te presentaré a los insectívoros!
¡El minúsculo murciélago moscardón!
¡El murciélago de Kitti es el más pequeño del mundo!
Craseonycteris thonglongyai
Pesa 2 gramos
Cuerpo de 30 mm
¡Tamaño real!
El cuerpo más largo de unos 40 mm
Su apodo es murciélago moscardón, por su pequeño tamaño.
Es el mamífero más pequeño del mundo, junto con la musaraña etrusca.
Suncus etruscus
El más ligero: 1.5 gramos

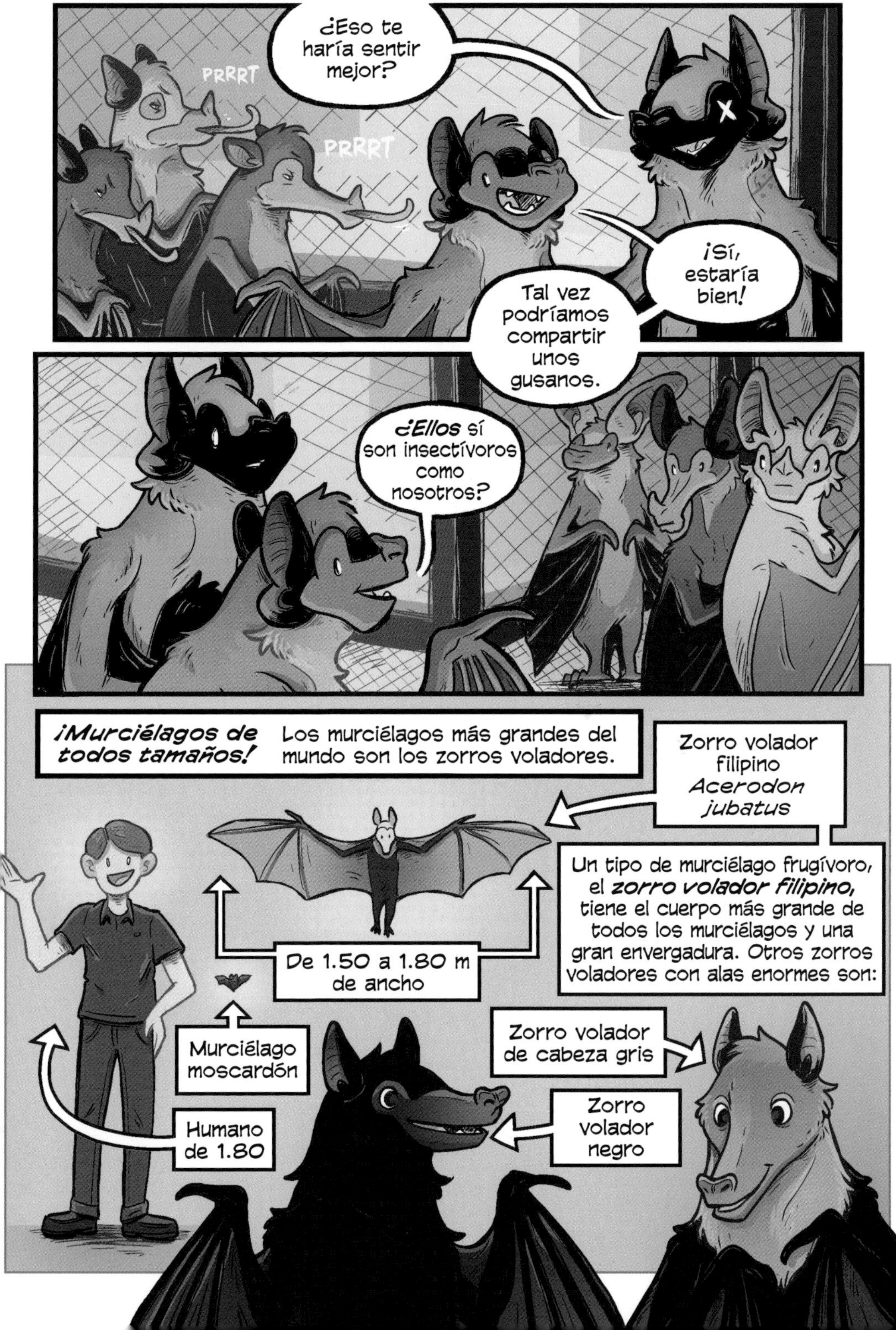
PRRRT
PRRRT
¿Eso te haría sentir mejor?
¡Sí, estaría bien!
Tal vez podríamos compartir unos gusanos.
¿*Ellos* sí son insectívoros como nosotros?
¡Murciélagos de todos tamaños!
Los murciélagos más grandes del mundo son los zorros voladores.
Zorro volador filipino *Acerodon jubatus*
Un tipo de murciélago frugívoro, el ***zorro volador filipino***, tiene el cuerpo más grande de todos los murciélagos y una gran envergadura. Otros zorros voladores con alas enormes son:
De 1.50 a 1.80 m de ancho
Murciélago moscardón
Humano de 1.80
Zorro volador de cabeza gris
Zorro volador negro

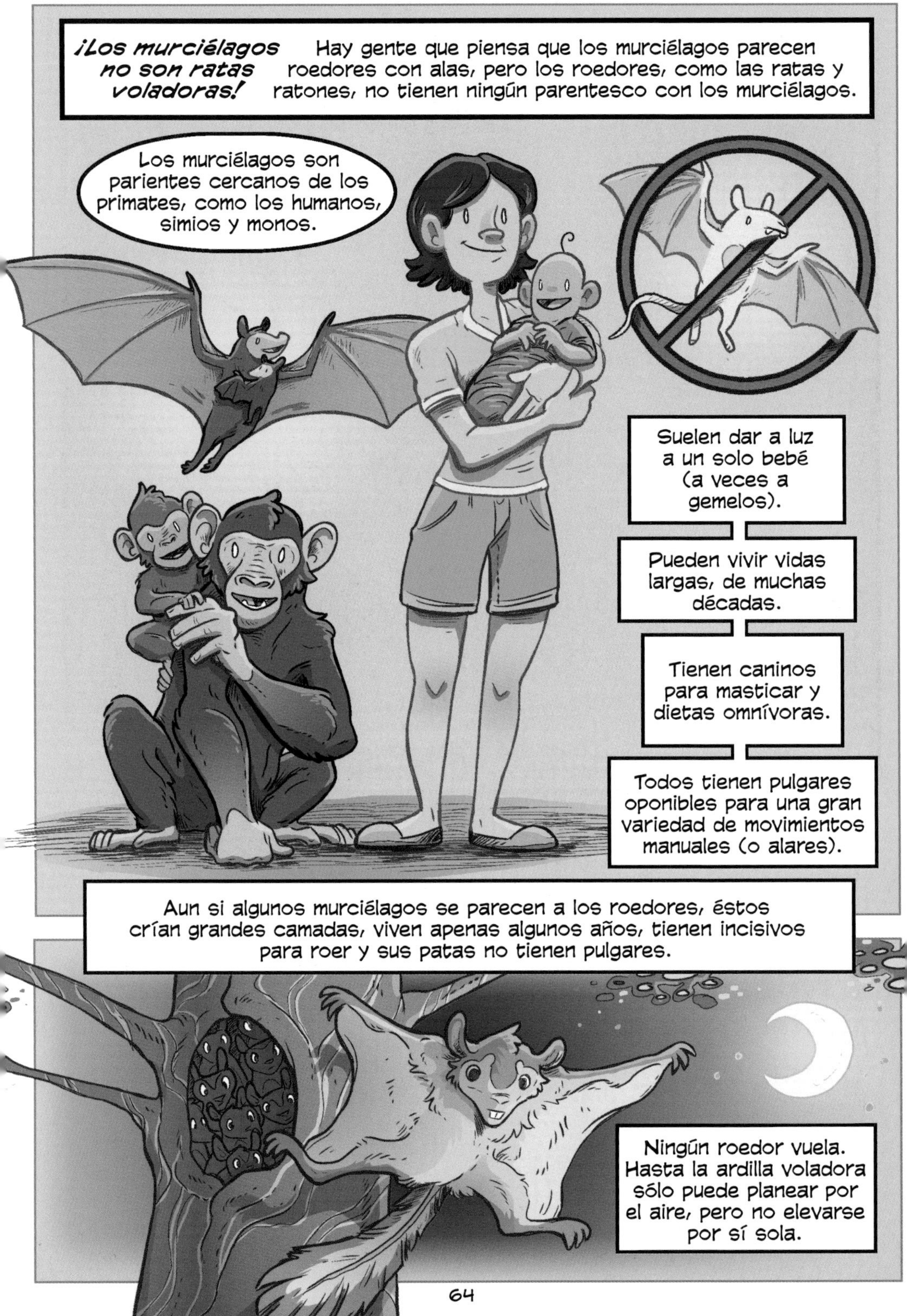

¡Los murciélagos no son ratas voladoras!
Hay gente que piensa que los murciélagos parecen roedores con alas, pero los roedores, como las ratas y ratones, no tienen ningún parentesco con los murciélagos.
Los murciélagos son parientes cercanos de los primates, como los humanos, simios y monos.
Suelen dar a luz a un solo bebé (a veces a gemelos).
Pueden vivir vidas largas, de muchas décadas.
Tienen caninos para masticar y dietas omnívoras.
Todos tienen pulgares oponibles para una gran variedad de movimientos manuales (o alares).
Aun si algunos murciélagos se parecen a los roedores, éstos crían grandes camadas, viven apenas algunos años, tienen incisivos para roer y sus patas no tienen pulgares.
Ningún roedor vuela. Hasta la ardilla voladora sólo puede planear por el aire, pero no elevarse por sí sola.

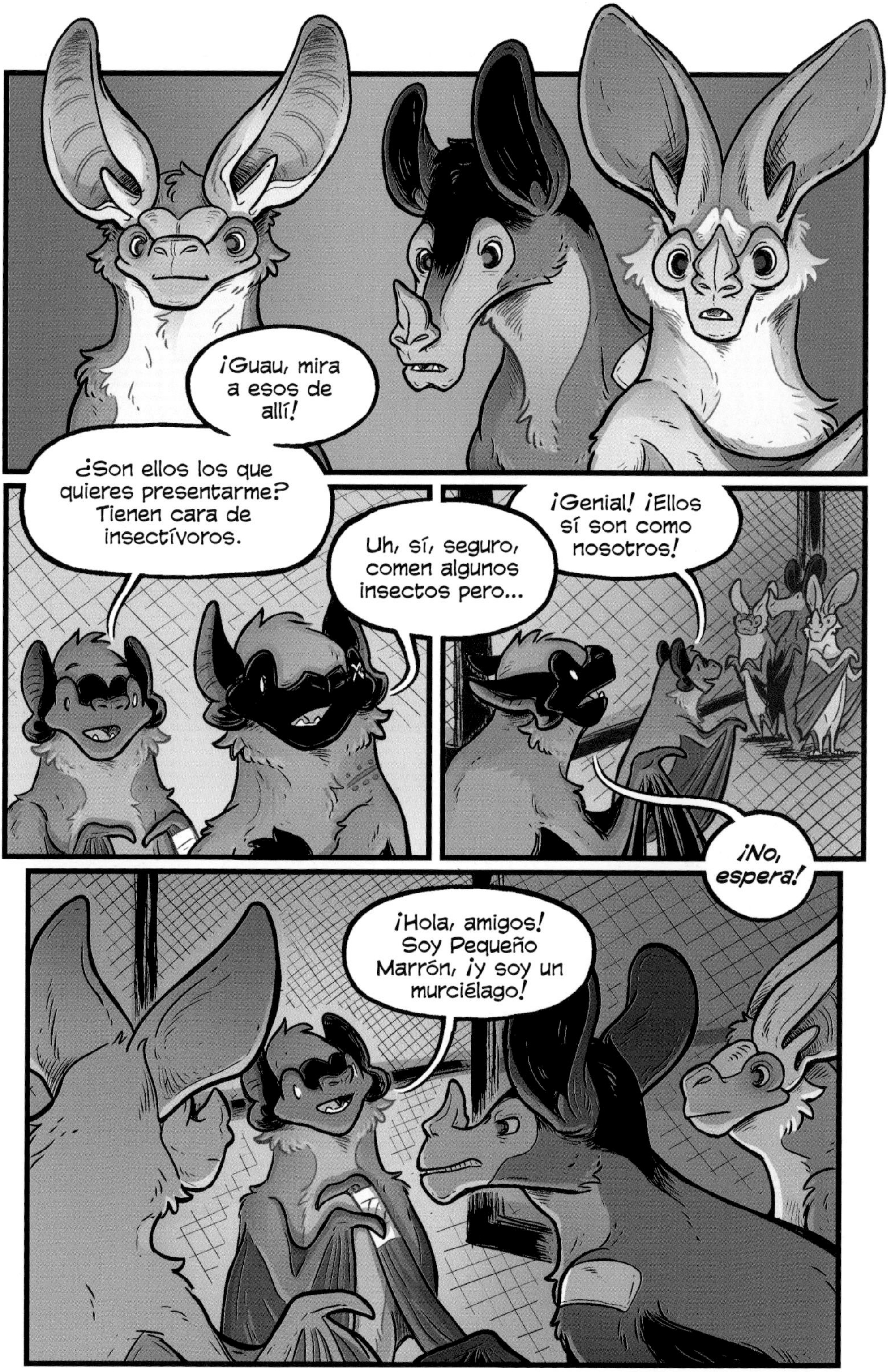
¡Guau, mira a esos de allí!
¿Son ellos los que quieres presentarme? Tienen cara de insectívoros.
Uh, sí, seguro, comen algunos insectos pero...
¡Genial! ¡Ellos sí son como nosotros!
¡No, espera!
¡Hola, amigos! Soy Pequeño Marrón, ¡y soy un murciélago!

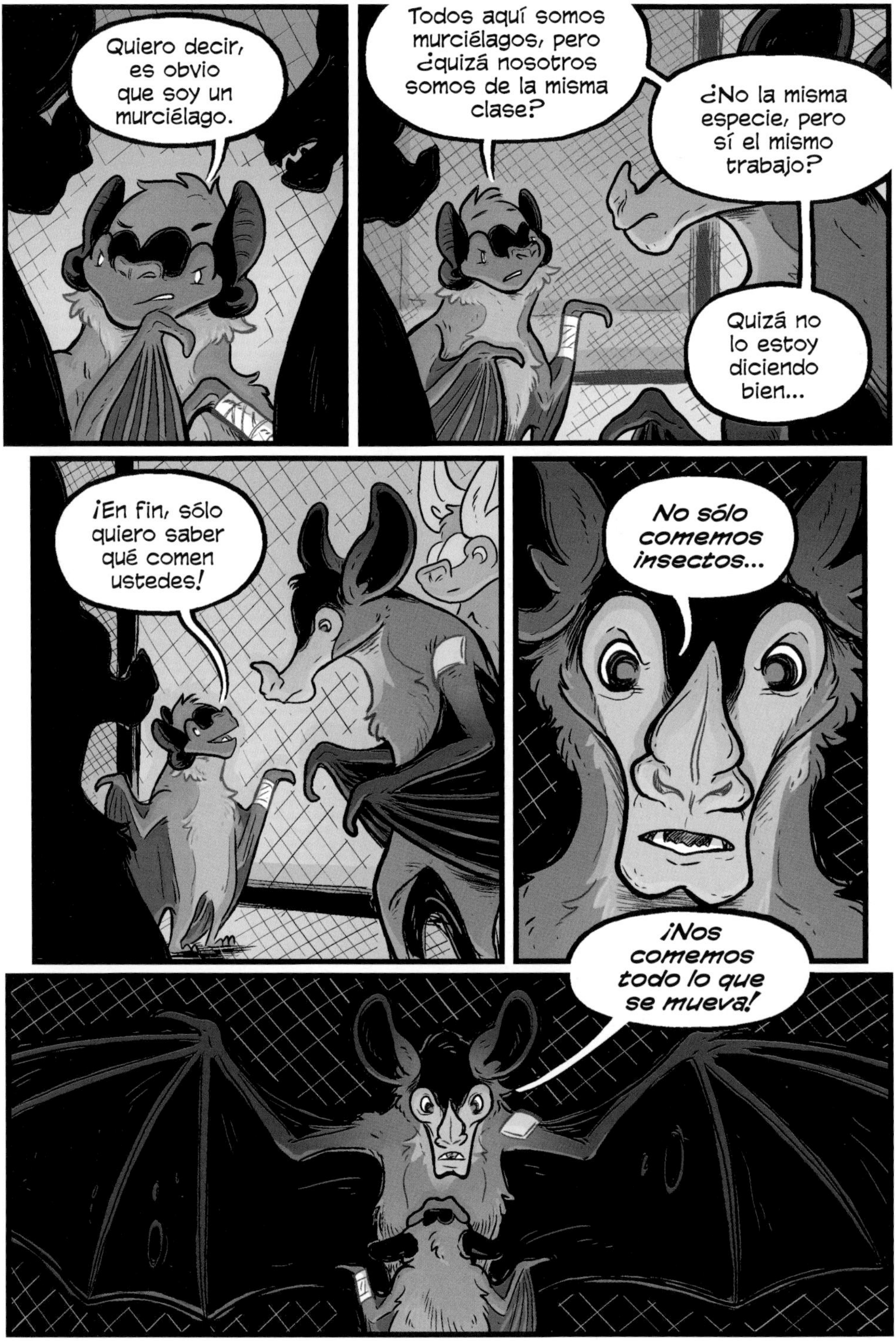

Quiero decir, es obvio que soy un murciélago.
Todos aquí somos murciélagos, pero ¿quizá nosotros somos de la misma clase?
¿No la misma especie, pero sí el mismo trabajo?
Quizá no lo estoy diciendo bien...
¡En fin, sólo quiero saber qué comen ustedes!
No sólo comemos insectos...
¡Nos comemos todo lo que se mueva!

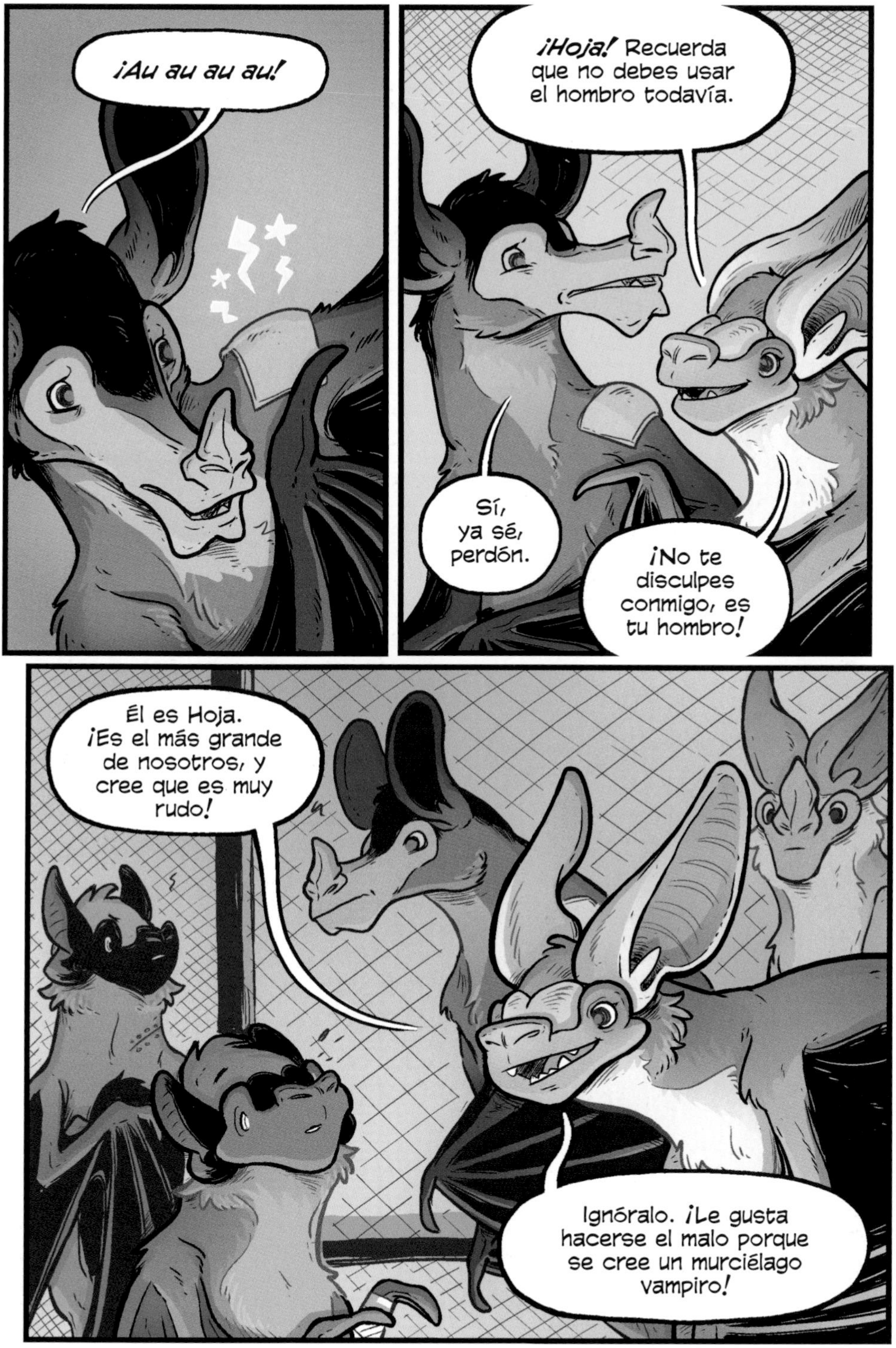
¡Au au au au!
¡Hoja! Recuerda que no debes usar el hombro todavía.
Sí, ya sé, perdón.
¡No te disculpes conmigo, es tu hombro!
Él es Hoja. ¡Es el más grande de nosotros, y cree que es muy rudo!
Ignóralo. ¡Le gusta hacerse el malo porque se cree un murciélago vampiro!

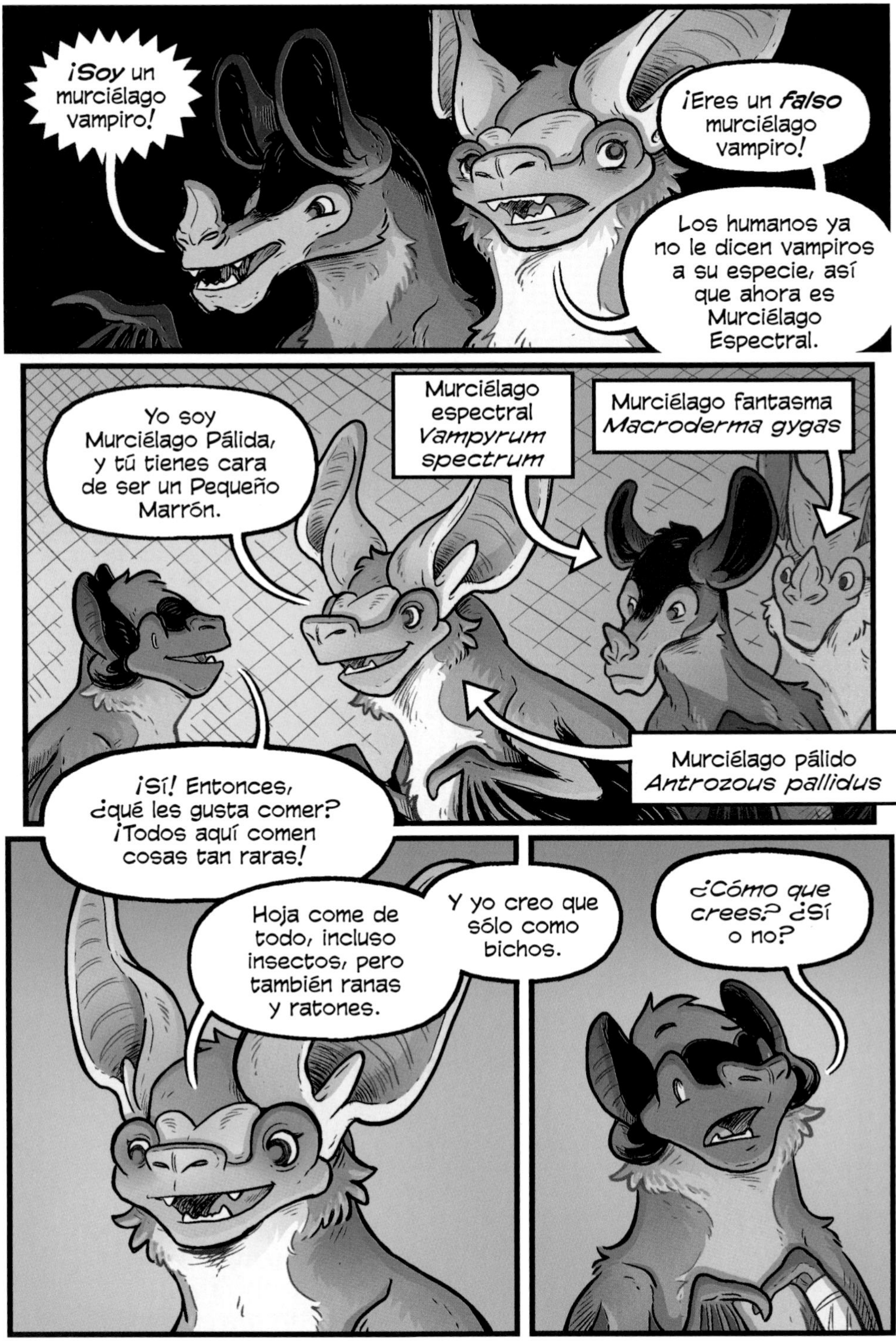
¡*Soy* un murciélago vampiro!
¡Eres un ***falso*** murciélago vampiro!
Los humanos ya no le dicen vampiros a su especie, así que ahora es Murciélago Espectral.
Yo soy Murciélago Pálida, y tú tienes cara de ser un Pequeño Marrón.
Murciélago espectral *Vampyrum spectrum*
Murciélago fantasma *Macroderma gygas*
Murciélago pálido *Antrozous pallidus*
¡Sí! Entonces, ¿qué les gusta comer? ¡Todos aquí comen cosas tan raras!
Hoja come de todo, incluso insectos, pero también ranas y ratones.
Y yo creo que sólo como bichos.
¿Cómo que crees? ¿Sí o no?

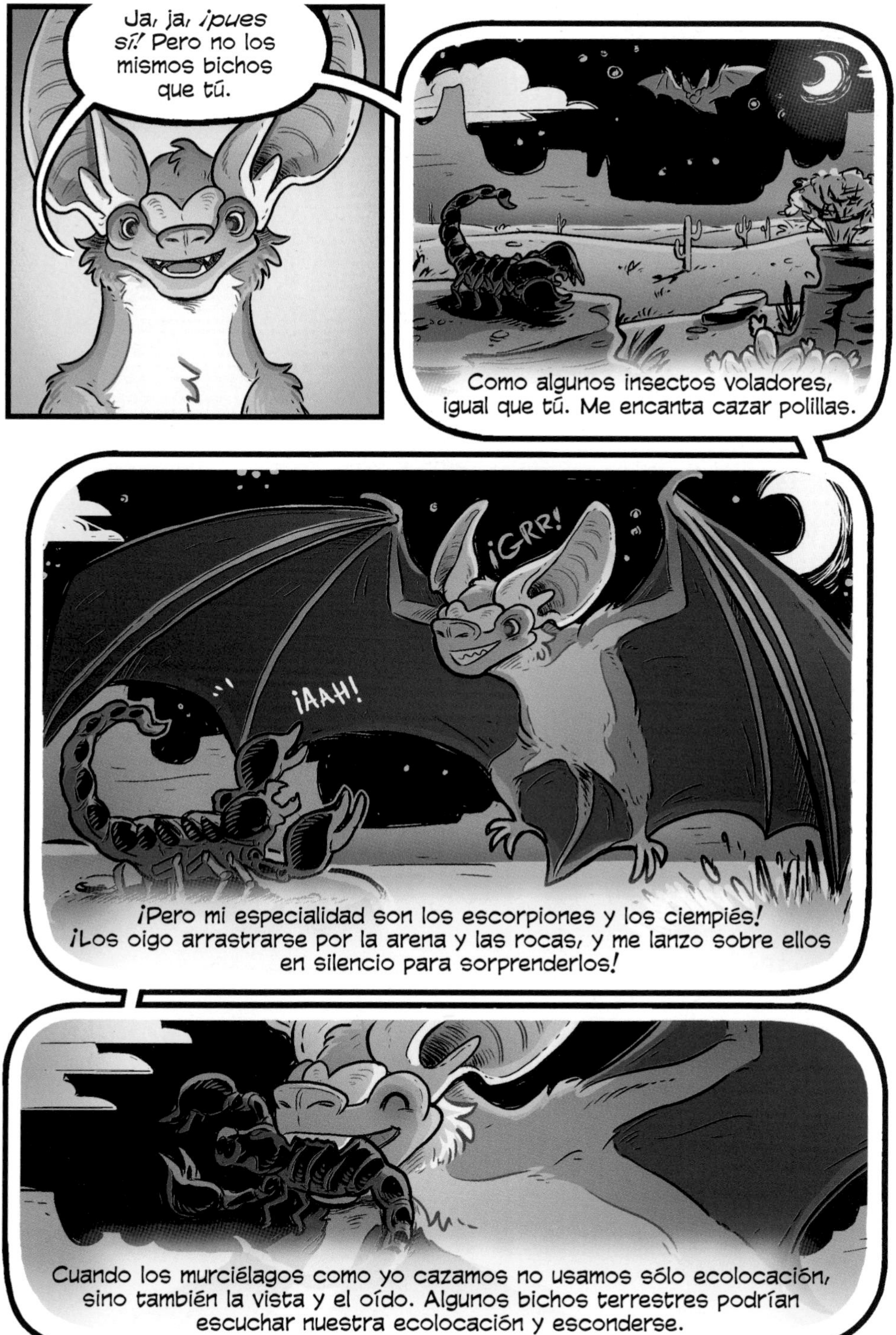
Ja, ja, ¡pues sí! Pero no los mismos bichos que tú.
Como algunos insectos voladores, igual que tú. Me encanta cazar polillas.
¡GRR!
¡AAH!
¡Pero mi especialidad son los escorpiones y los ciempiés! ¡Los oigo arrastrarse por la arena y las rocas, y me lanzo sobre ellos en silencio para sorprenderlos!
Cuando los murciélagos como yo cazamos no usamos sólo ecolocación, sino también la vista y el oído. Algunos bichos terrestres podrían escuchar nuestra ecolocación y esconderse.

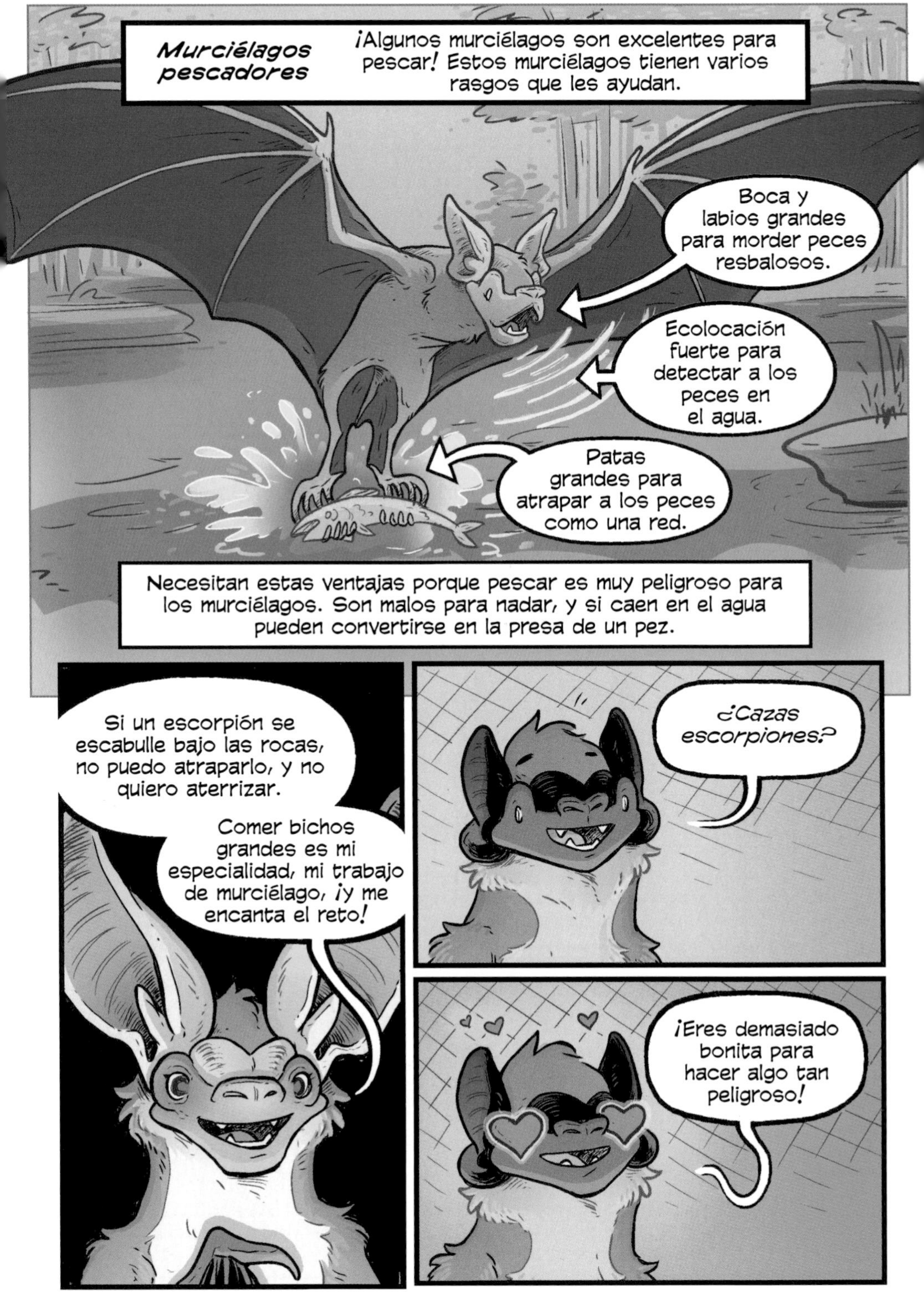
Murciélagos pescadores
¡Algunos murciélagos son excelentes para pescar! Estos murciélagos tienen varios rasgos que les ayudan.
Boca y labios grandes para morder peces resbalosos.
Ecolocación fuerte para detectar a los peces en el agua.
Patas grandes para atrapar a los peces como una red.
Necesitan estas ventajas porque pescar es muy peligroso para los murciélagos. Son malos para nadar, y si caen en el agua pueden convertirse en la presa de un pez.
Si un escorpión se escabulle bajo las rocas, no puedo atraparlo, y no quiero aterrizar.
Comer bichos grandes es mi especialidad, mi trabajo de murciélago, ¡y me encanta el reto!
¿Cazas escorpiones?
¡Eres demasiado bonita para hacer algo tan peligroso!

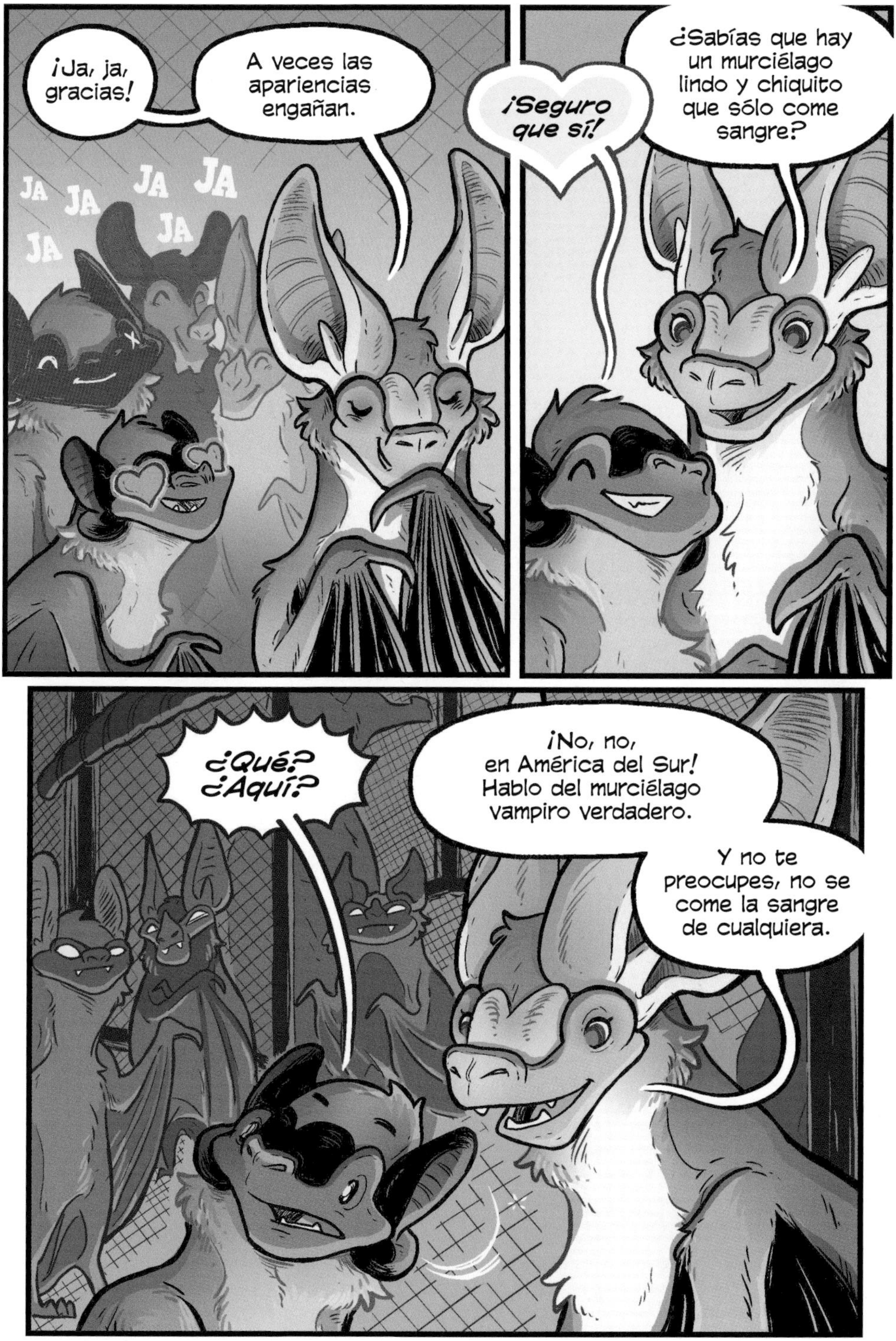
¡Ja, ja, gracias!
A veces las apariencias engañan.
JA JA JA JA JA JA
¡Seguro que sí!
¿Sabías que hay un murciélago lindo y chiquito que sólo come sangre?
¿Qué? ¿Aquí?
¡No, no, en América del Sur! Hablo del murciélago vampiro verdadero.
Y no te preocupes, no se come la sangre de cualquiera.

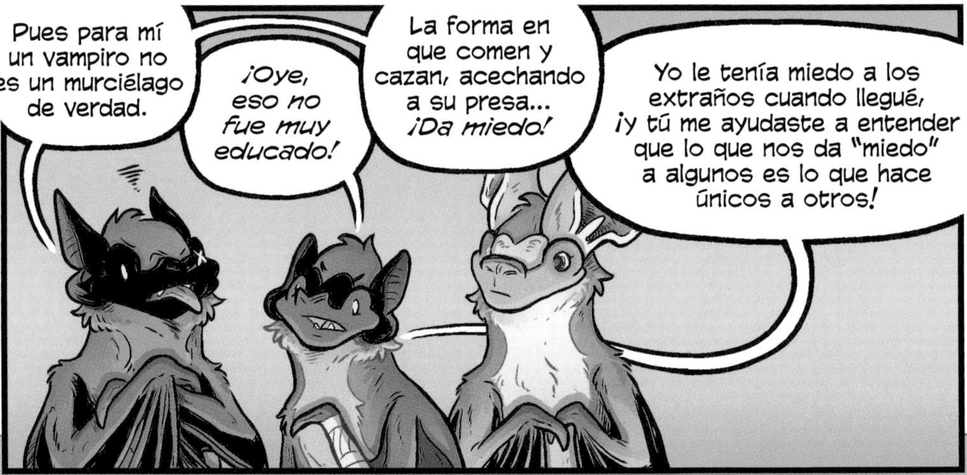
Pues para mí un vampiro no es un murciélago de verdad.
¡Oye, eso no fue muy educado!
La forma en que comen y cazan, acechando a su presa... ¡Da miedo!
Yo le tenía miedo a los extraños cuando llegué, ¡y tú me ayudaste a entender que lo que nos da "miedo" a algunos es lo que hace únicos a otros!

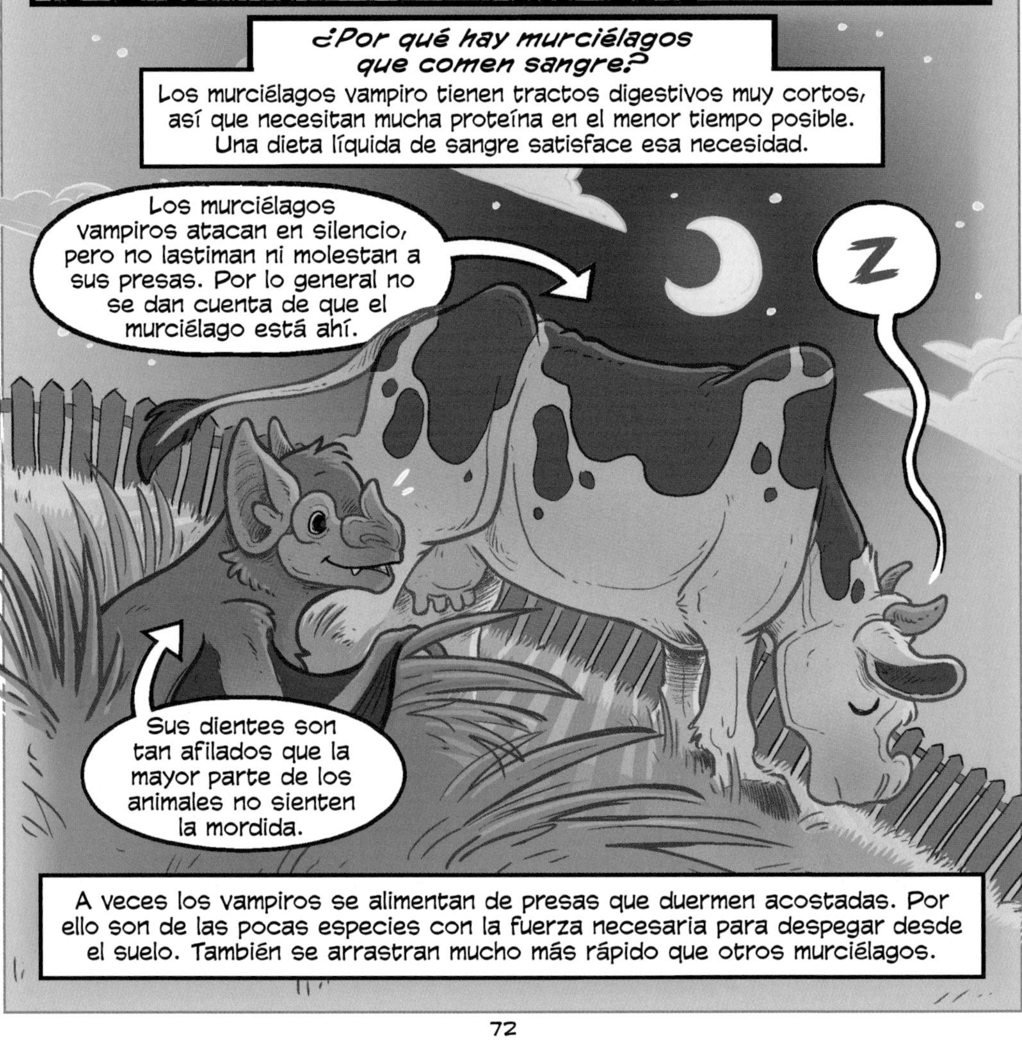
¿Por qué hay murciélagos que comen sangre?
Los murciélagos vampiro tienen tractos digestivos muy cortos, así que necesitan mucha proteína en el menor tiempo posible. Una dieta líquida de sangre satisface esa necesidad.
Los murciélagos vampiros atacan en silencio, pero no lastiman ni molestan a sus presas. Por lo general no se dan cuenta de que el murciélago está ahí.
Z
Sus dientes son tan afilados que la mayor parte de los animales no sienten la mordida.
A veces los vampiros se alimentan de presas que duermen acostadas. Por ello son de las pocas especies con la fuerza necesaria para despegar desde el suelo. También se arrastran mucho más rápido que otros murciélagos.

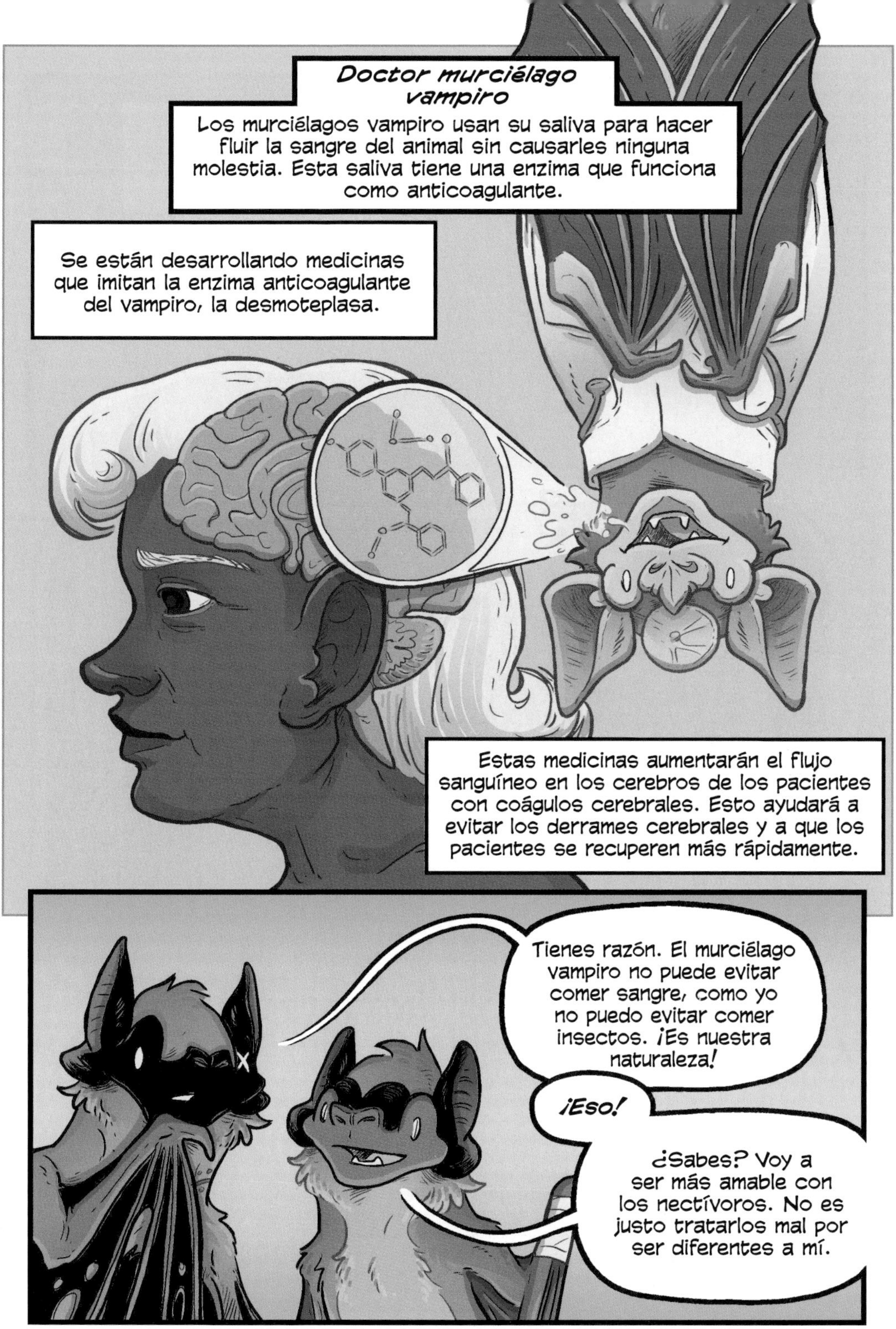

Doctor murciélago vampiro
Los murciélagos vampiro usan su saliva para hacer fluir la sangre del animal sin causarles ninguna molestia. Esta saliva tiene una enzima que funciona como anticoagulante.
Se están desarrollando medicinas que imitan la enzima anticoagulante del vampiro, la desmoteplasa.
Estas medicinas aumentarán el flujo sanguíneo en los cerebros de los pacientes con coágulos cerebrales. Esto ayudará a evitar los derrames cerebrales y a que los pacientes se recuperen más rápidamente.
Tienes razón. El murciélago vampiro no puede evitar comer sangre, como yo no puedo evitar comer insectos. ¡Es nuestra naturaleza!
¡Eso!
¿Sabes? Voy a ser más amable con los nectívoros. No es justo tratarlos mal por ser diferentes a mí.

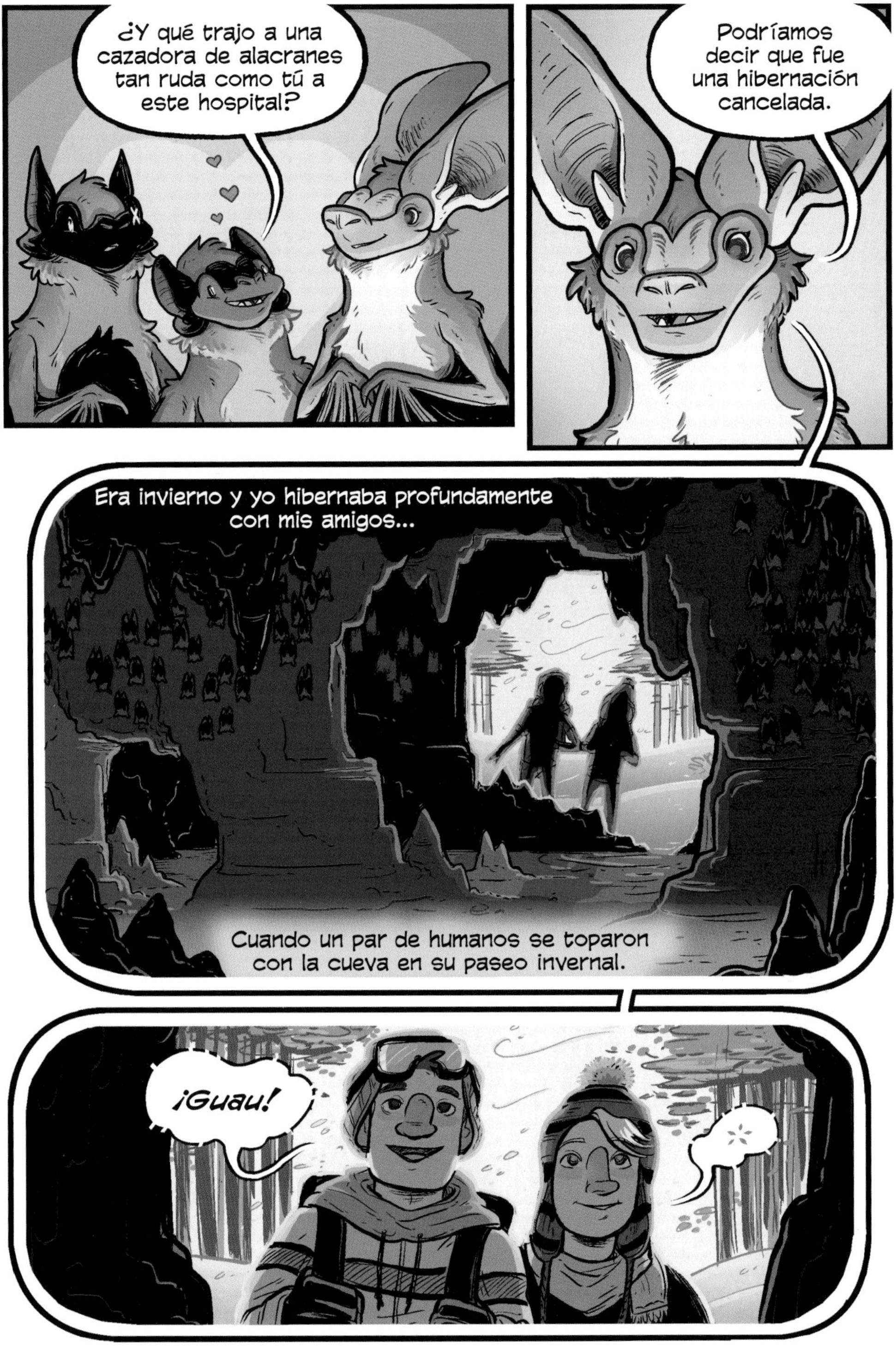
¿Y qué trajo a una cazadora de alacranes tan ruda como tú a este hospital?
Podríamos decir que fue una hibernación cancelada.
Era invierno y yo hibernaba profundamente con mis amigos...
Cuando un par de humanos se toparon con la cueva en su paseo invernal.
¡Guau!

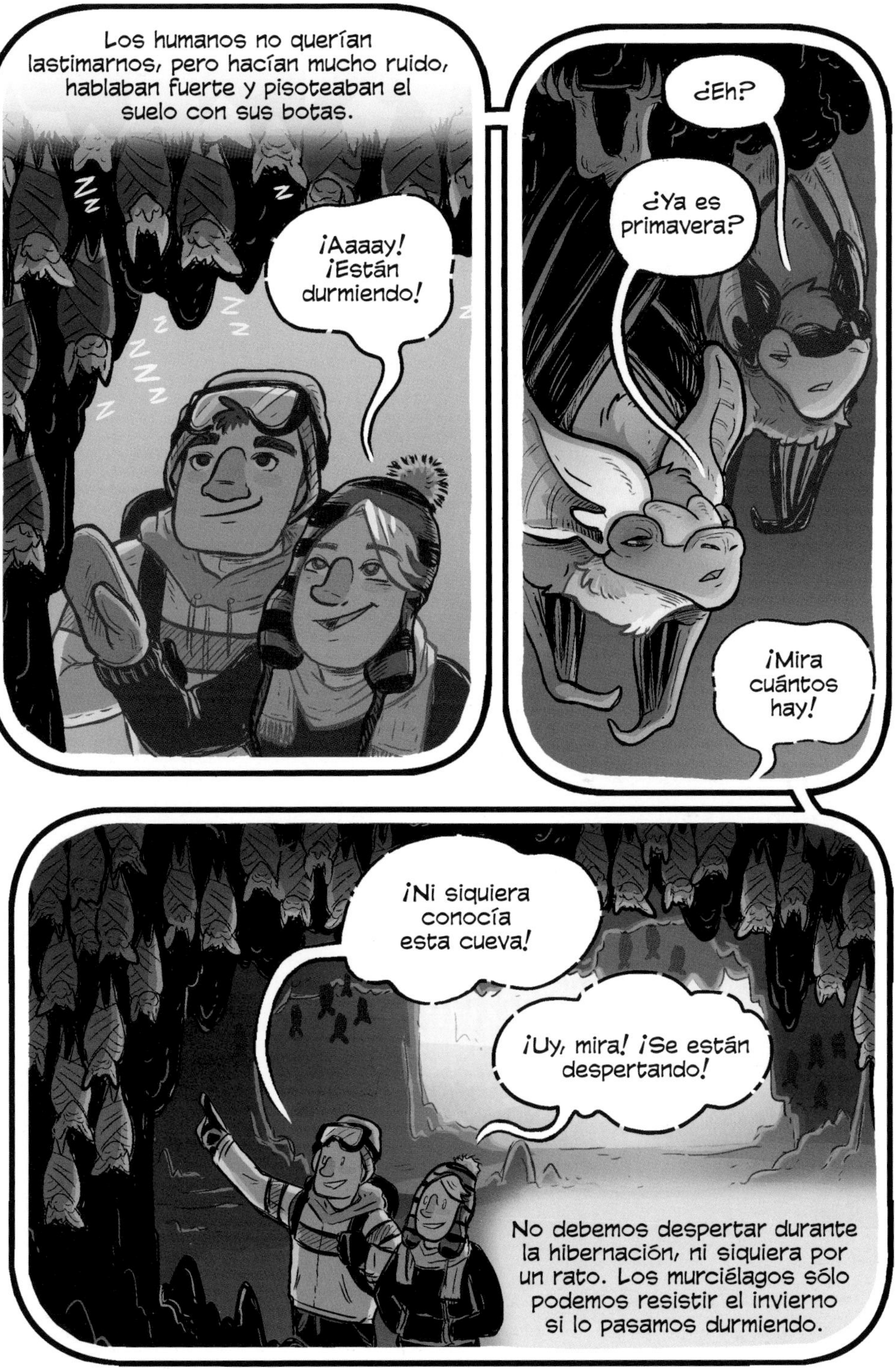
Los humanos no querían lastimarnos, pero hacían mucho ruido, hablaban fuerte y pisoteaban el suelo con sus botas.
¡Aaaay! ¡Están durmiendo!
¿Eh?
¿Ya es primavera?
¡Mira cuántos hay!
¡Ni siquiera conocía esta cueva!
¡Uy, mira! ¡Se están despertando!
No debemos despertar durante la hibernación, ni siquiera por un rato. Los murciélagos sólo podemos resistir el invierno si lo pasamos durmiendo.

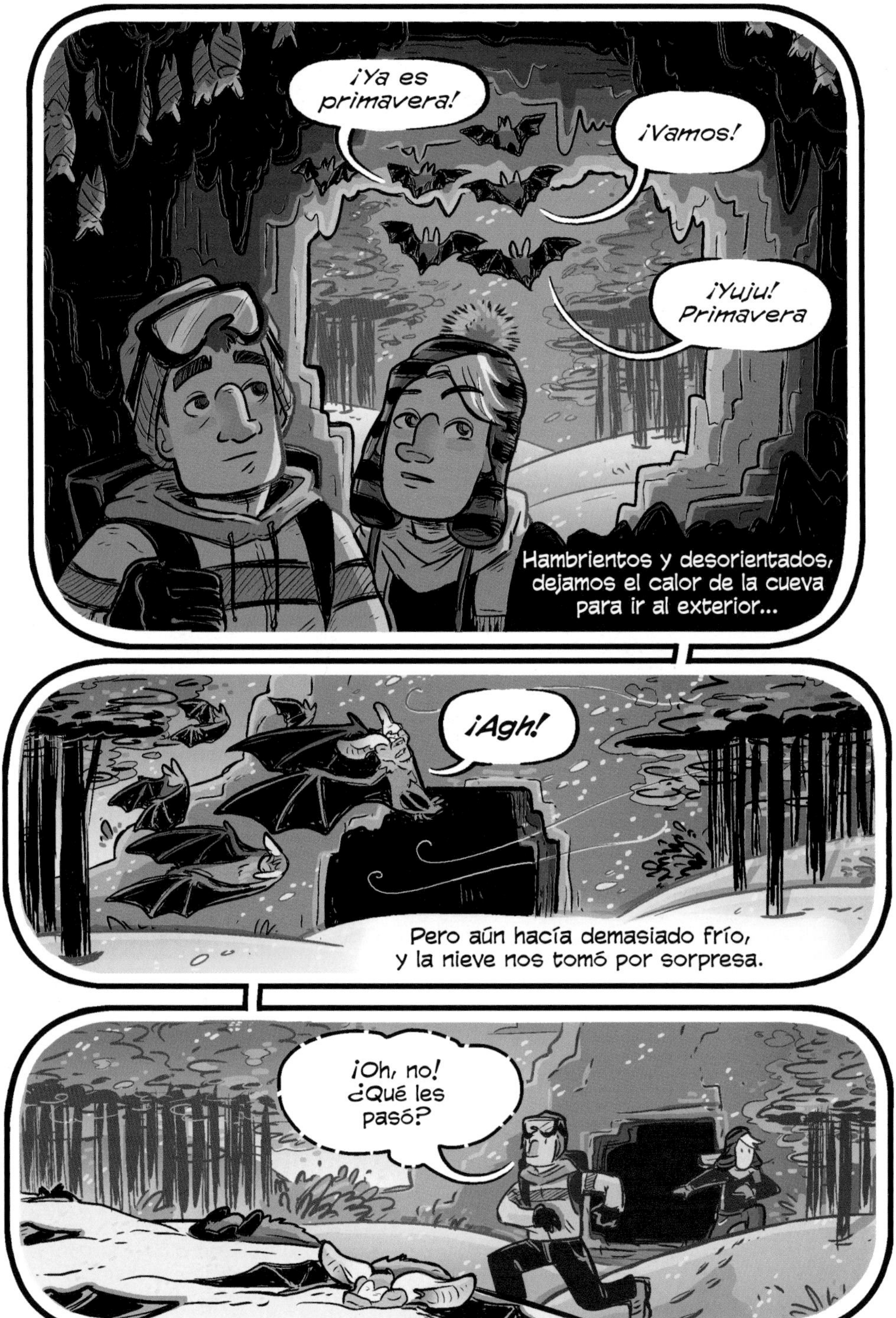
¡Ya es primavera!
¡Vamos!
¡Yuju! Primavera
Hambrientos y desorientados, dejamos el calor de la cueva para ir al exterior...
¡Agh!
Pero aún hacía demasiado frío, y la nieve nos tomó por sorpresa.
¡Oh, no! ¿Qué les pasó?

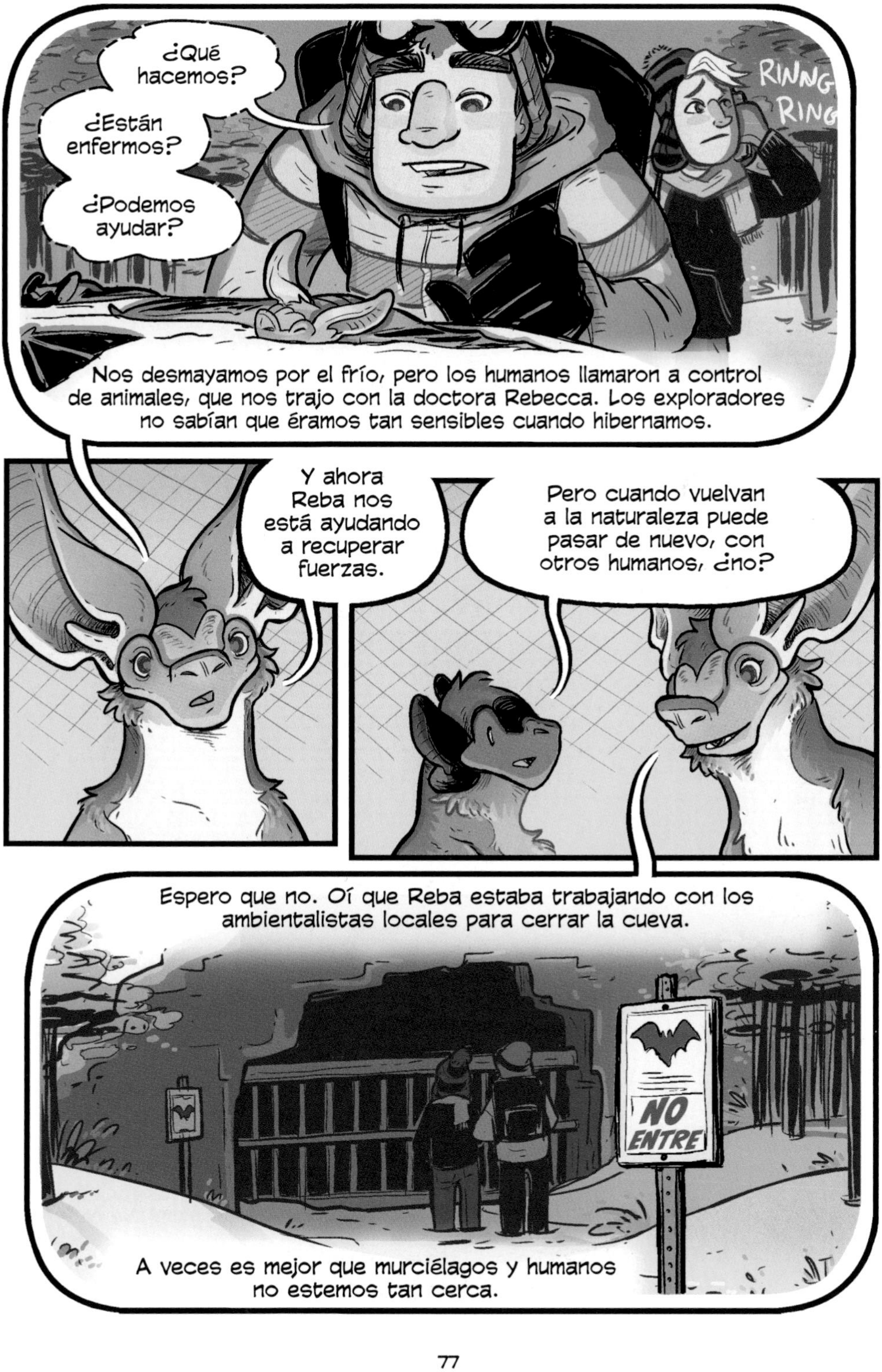
¿Qué hacemos?
¿Están enfermos?
¿Podemos ayudar?
RINNG
RING
Nos desmayamos por el frío, pero los humanos llamaron a control de animales, que nos trajo con la doctora Rebecca. Los exploradores no sabían que éramos tan sensibles cuando hibernamos.
Y ahora Reba nos está ayudando a recuperar fuerzas.
Pero cuando vuelvan a la naturaleza puede pasar de nuevo, con otros humanos, ¿no?
Espero que no. Oí que Reba estaba trabajando con los ambientalistas locales para cerrar la cueva.
NO ENTRE
A veces es mejor que murciélagos y humanos no estemos tan cerca.

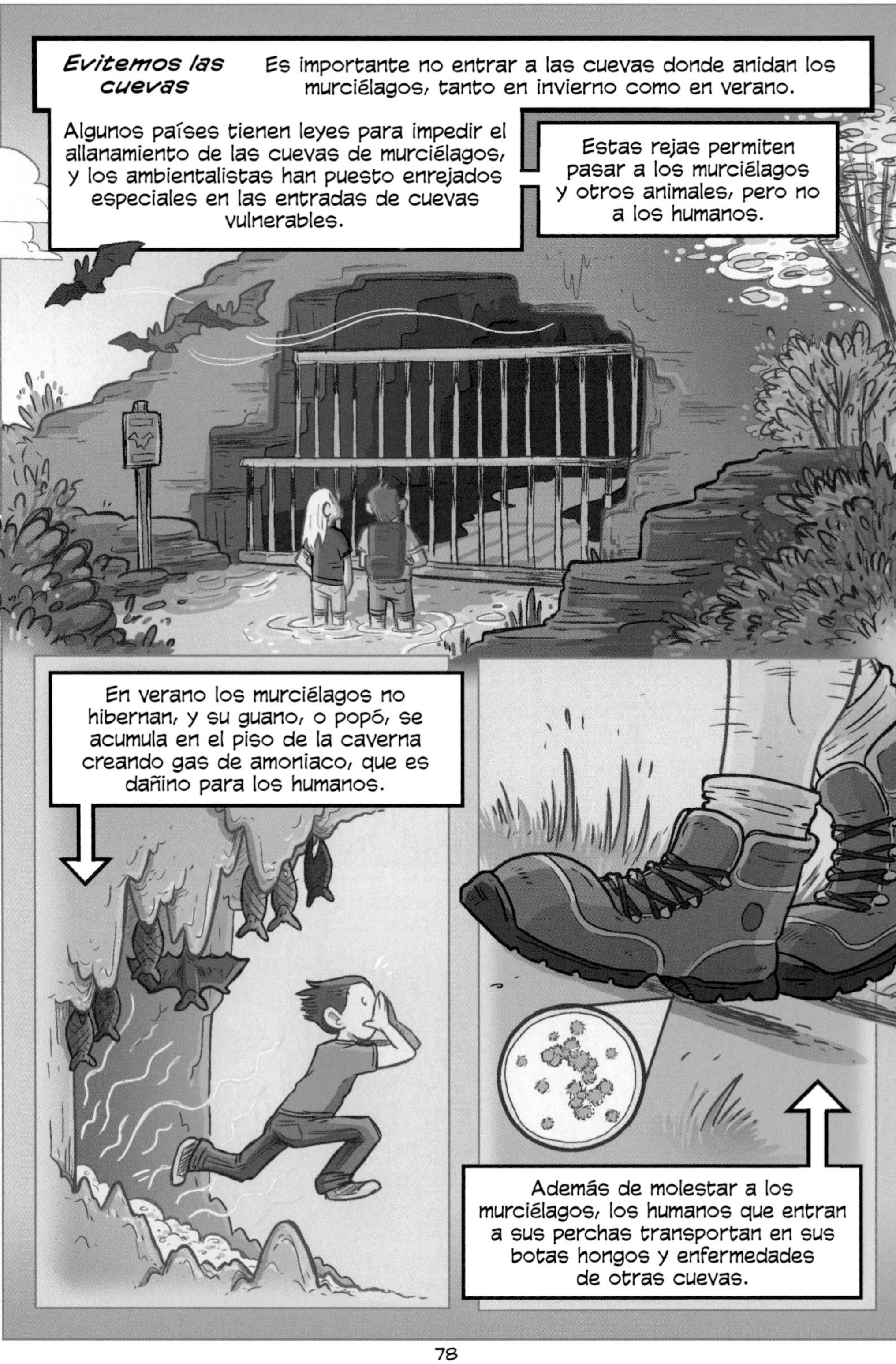
Evitemos las cuevas
Es importante no entrar a las cuevas donde anidan los murciélagos, tanto en invierno como en verano.
Algunos países tienen leyes para impedir el allanamiento de las cuevas de murciélagos, y los ambientalistas han puesto enrejados especiales en las entradas de cuevas vulnerables.
Estas rejas permiten pasar a los murciélagos y otros animales, pero no a los humanos.
En verano los murciélagos no hibernan, y su guano, o popó, se acumula en el piso de la caverna creando gas de amoniaco, que es dañino para los humanos.
Además de molestar a los murciélagos, los humanos que entran a sus perchas transportan en sus botas hongos y enfermedades de otras cuevas.

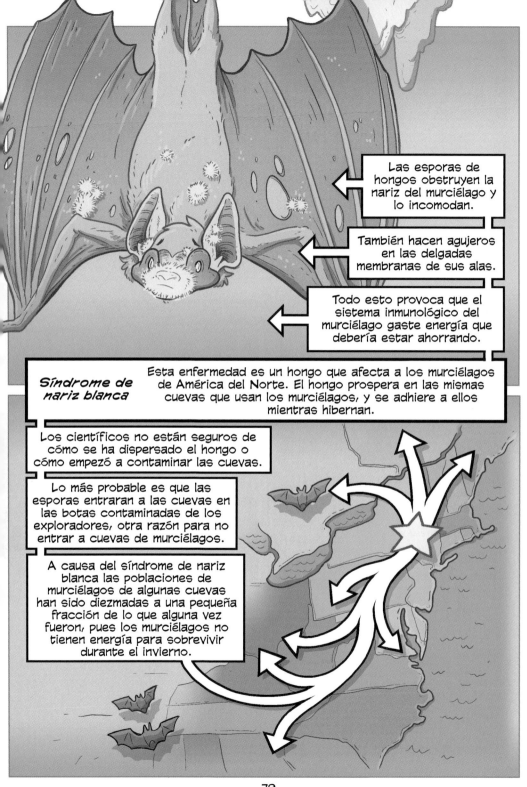

Las esporas de hongos obstruyen la nariz del murciélago y lo incomodan.

También hacen agujeros en las delgadas membranas de sus alas.

Todo esto provoca que el sistema inmunológico del murciélago gaste energía que debería estar ahorrando.

Síndrome de nariz blanca

Esta enfermedad es un hongo que afecta a los murciélagos de América del Norte. El hongo prospera en las mismas cuevas que usan los murciélagos, y se adhiere a ellos mientras hibernan.

Los científicos no están seguros de cómo se ha dispersado el hongo o cómo empezó a contaminar las cuevas.

Lo más probable es que las esporas entraran a las cuevas en las botas contaminadas de los exploradores, otra razón para no entrar a cuevas de murciélagos.

A causa del síndrome de nariz blanca las poblaciones de murciélagos de algunas cuevas han sido diezmadas a una pequeña fracción de lo que alguna vez fueron, pues los murciélagos no tienen energía para sobrevivir durante el invierno.

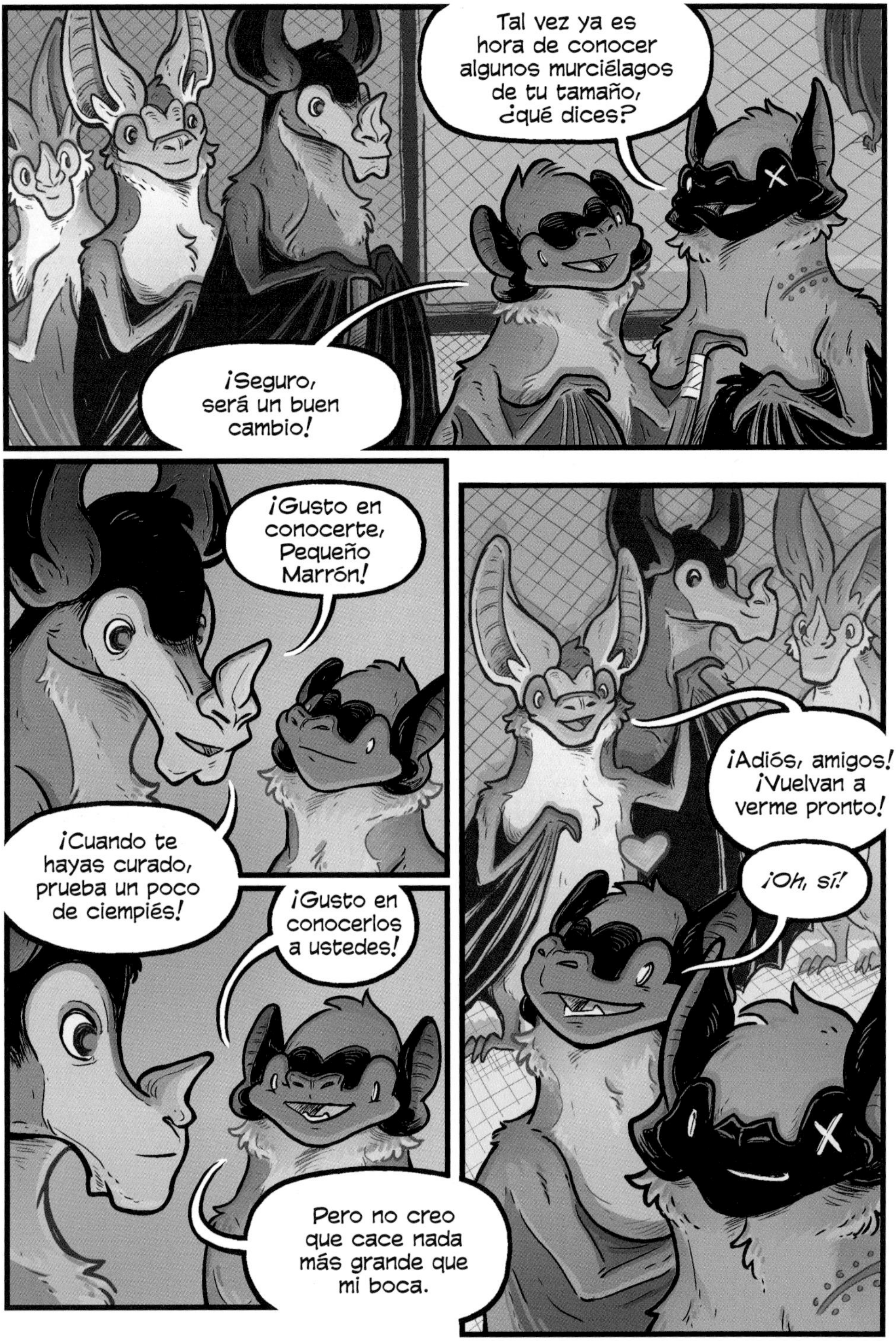
Tal vez ya es hora de conocer algunos murciélagos de tu tamaño, ¿qué dices?
¡Seguro, será un buen cambio!
¡Gusto en conocerte, Pequeño Marrón!
¡Cuando te hayas curado, prueba un poco de ciempiés!
¡Gusto en conocerlos a ustedes!
Pero no creo que cace nada más grande que mi boca.
¡Adiós, amigos! ¡Vuelvan a verme pronto!
¡Oh, sí!

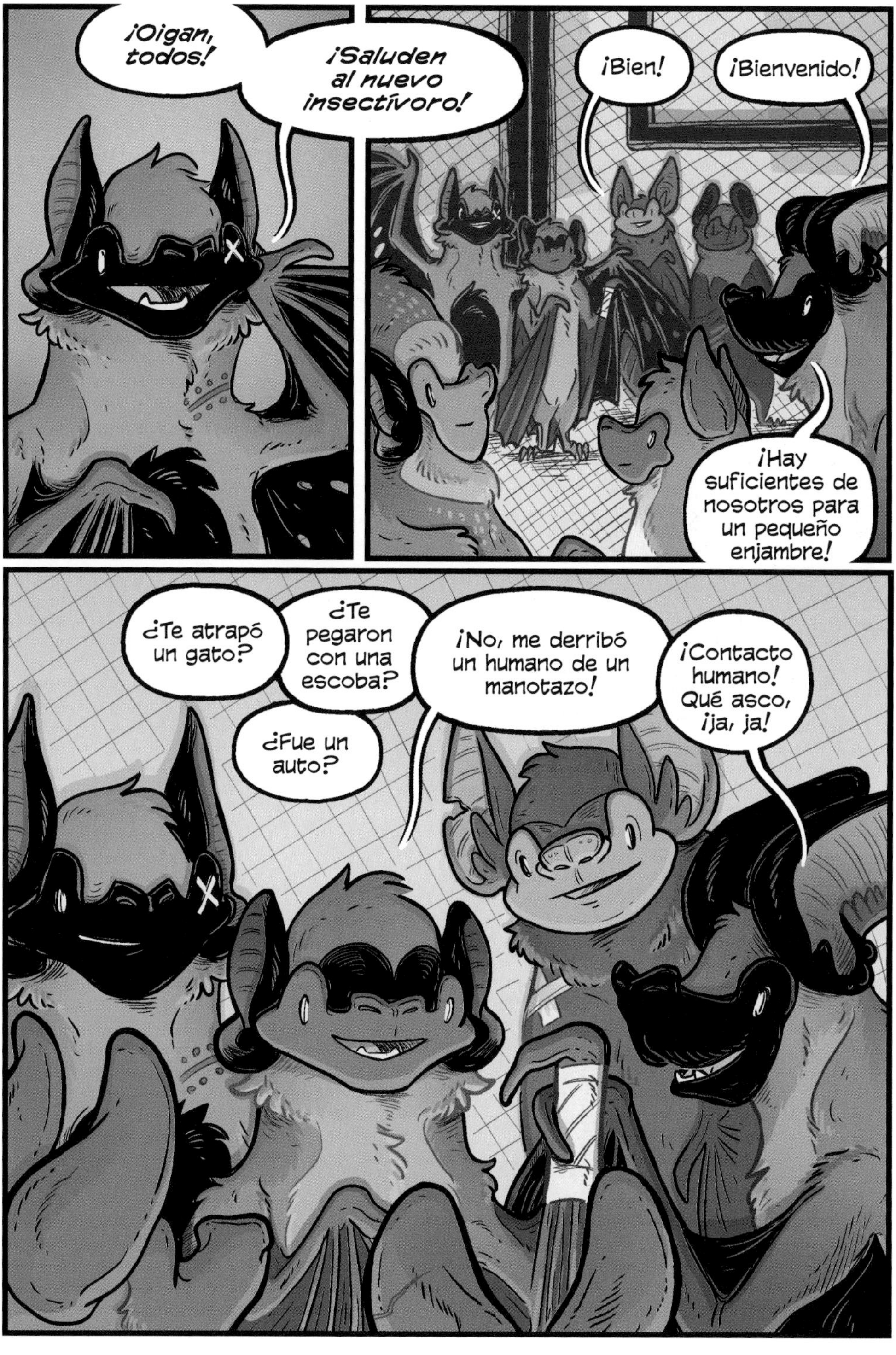
¡Oigan, todos!
¡Saluden al nuevo insectívoro!
¡Bien!
¡Bienvenido!
¡Hay suficientes de nosotros para un pequeño enjambre!
¿Te atrapó un gato?
¿Te pegaron con una escoba?
¿Fue un auto?
¡No, me derribó un humano de un manotazo!
¡Contacto humano! Qué asco, ¡ja, ja!

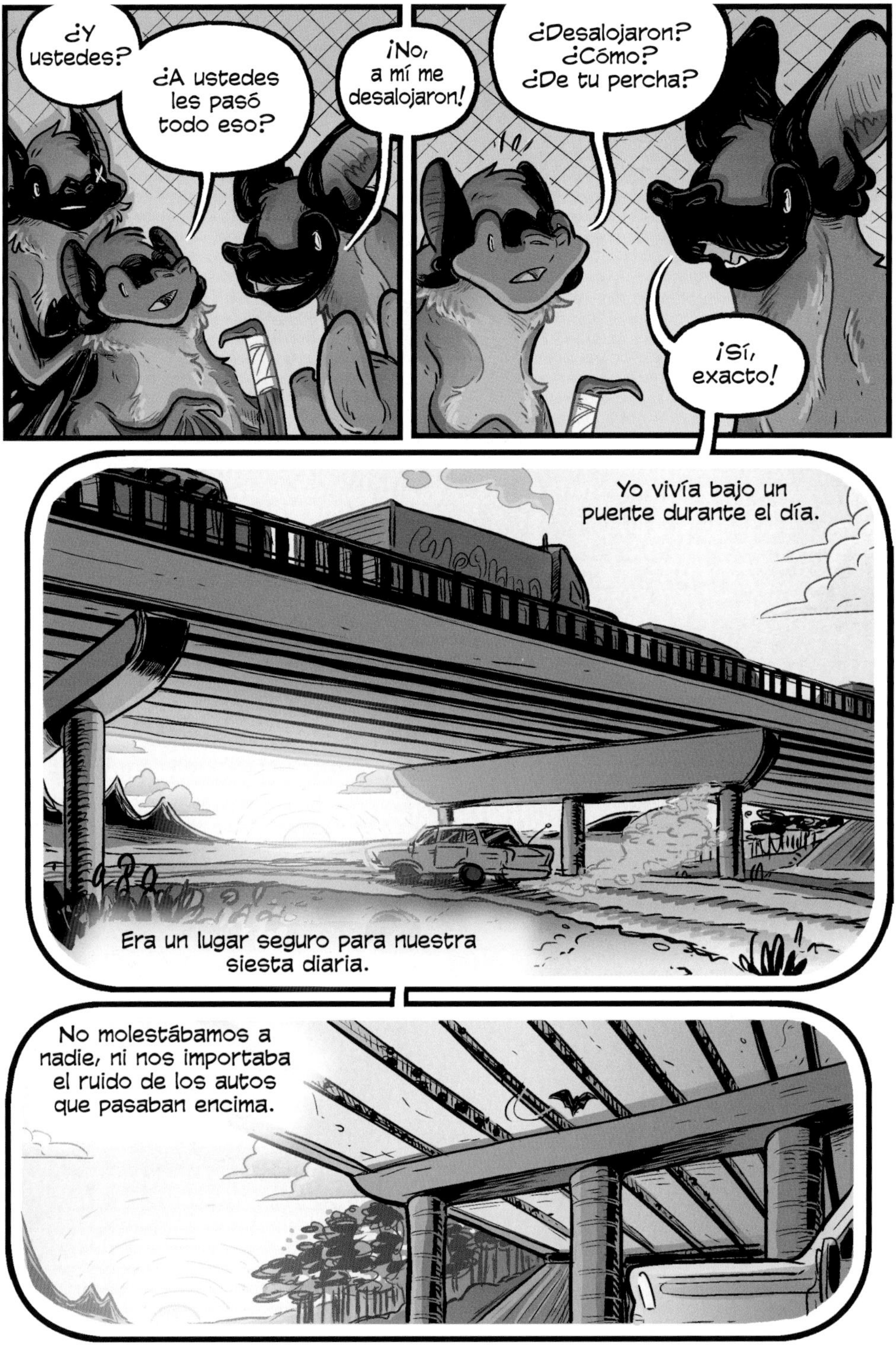
¿Y ustedes?
¿A ustedes les pasó todo eso?
¡No, a mí me desalojaron!
¿Desalojaron? ¿Cómo? ¿De tu percha?
¡Sí, exacto!
Yo vivía bajo un puente durante el día.
Era un lugar seguro para nuestra siesta diaria.
No molestábamos a nadie, ni nos importaba el ruido de los autos que pasaban encima.

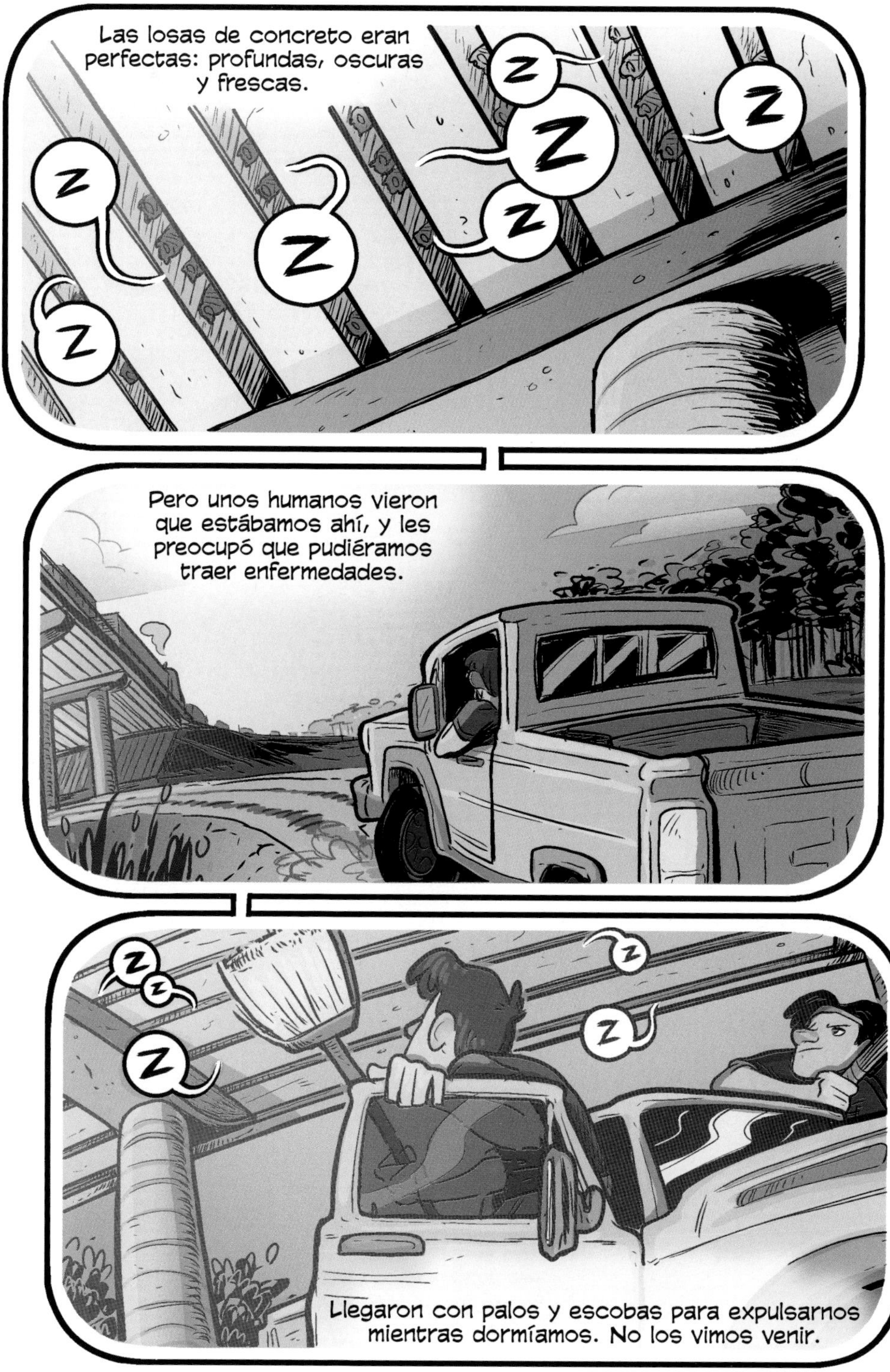
Las losas de concreto eran perfectas: profundas, oscuras y frescas.
Pero unos humanos vieron que estábamos ahí, y les preocupó que pudiéramos traer enfermedades.
Llegaron con palos y escobas para expulsarnos mientras dormíamos. No los vimos venir.

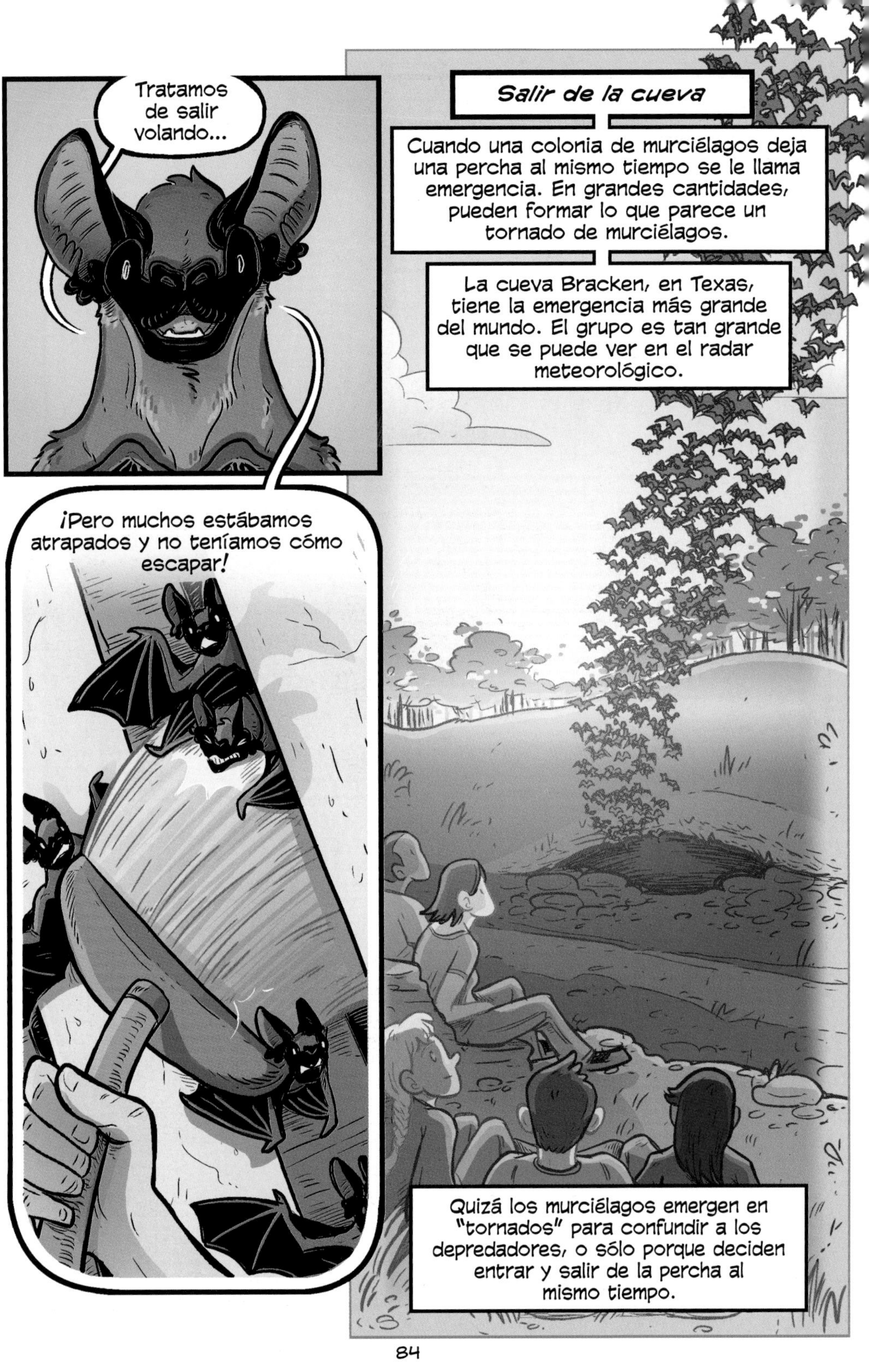
Tratamos de salir volando...
¡Pero muchos estábamos atrapados y no teníamos cómo escapar!
Salir de la cueva
Cuando una colonia de murciélagos deja una percha al mismo tiempo se le llama emergencia. En grandes cantidades, pueden formar lo que parece un tornado de murciélagos.
La cueva Bracken, en Texas, tiene la emergencia más grande del mundo. El grupo es tan grande que se puede ver en el radar meteorológico.
Quizá los murciélagos emergen en "tornados" para confundir a los depredadores, o sólo porque deciden entrar y salir de la percha al mismo tiempo.

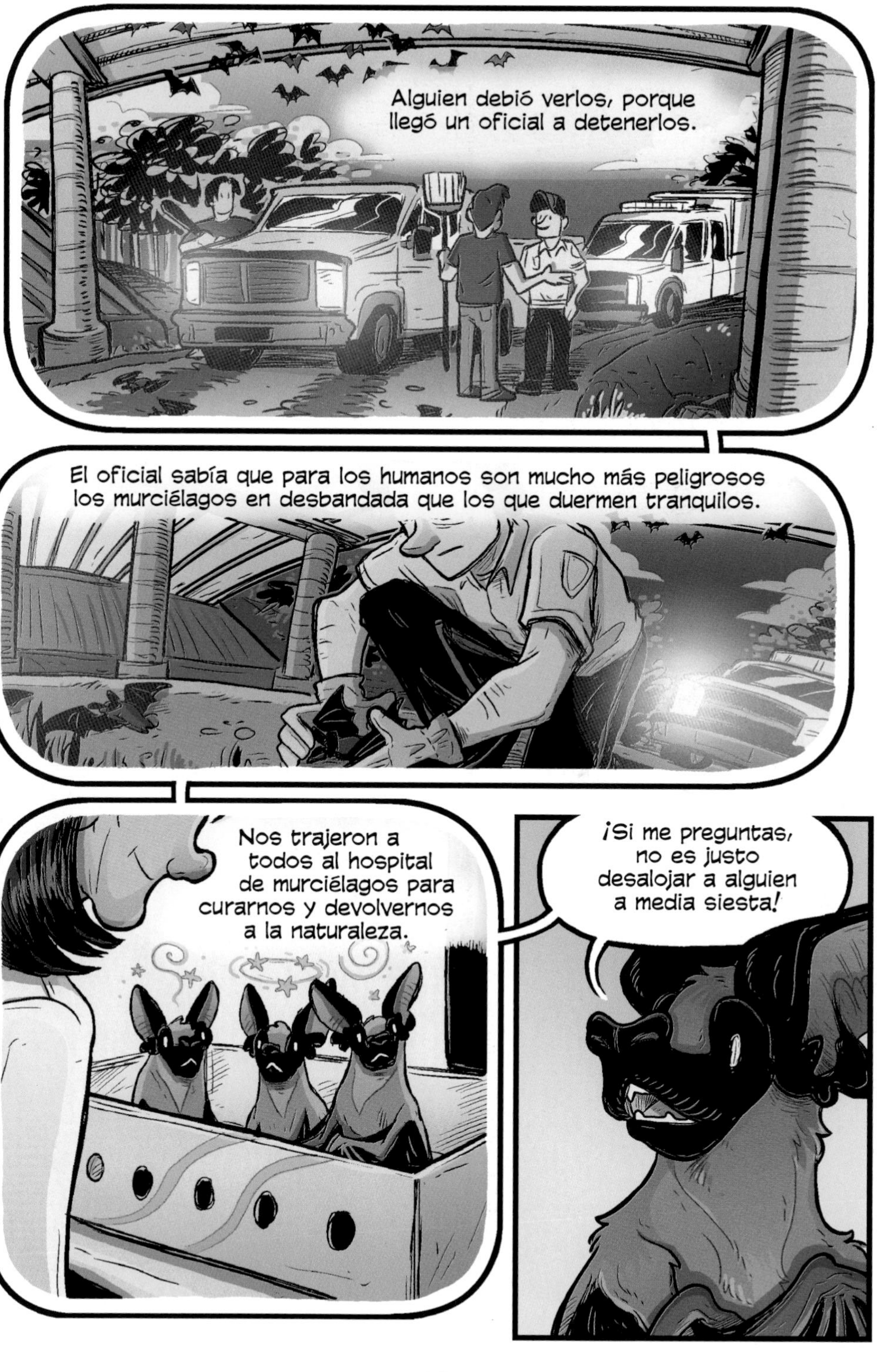
Alguien debió verlos, porque llegó un oficial a detenerlos.
El oficial sabía que para los humanos son mucho más peligrosos los murciélagos en desbandada que los que duermen tranquilos.
Nos trajeron a todos al hospital de murciélagos para curarnos y devolvernos a la naturaleza.
¡Si me preguntas, no es justo desalojar a alguien a media siesta!

Espera, ¿los humanos creen que portamos enfermedades? ¿Qué enfermedades?

¡Rabia!

¿Qué? ¿¿Rabia??

Los murciélagos y la rabia   La rabia es una enfermedad viral que se transmite de la saliva animal a los humanos, y puede ser fatal si no se atiende.

"No se puede saber si un murciélago tiene rabia sólo con verlo, pero cualquier murciélago activo de día, o que encuentras donde no suele haber murciélagos, como tu casa o tu patio, podría tener rabia. Un murciélago que no puede volar y no escapa podría estar enfermo."
Centros para el Control de Enfermedades

Muchos animales silvestres pueden transmitir la rabia

PERO

la única manera de contagiarse es por la mordida de un animal enfermo.

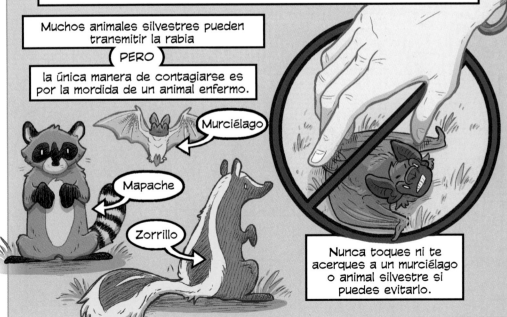

Murciélago

Mapache

Zorrillo

Nunca toques ni te acerques a un murciélago o animal silvestre si puedes evitarlo.

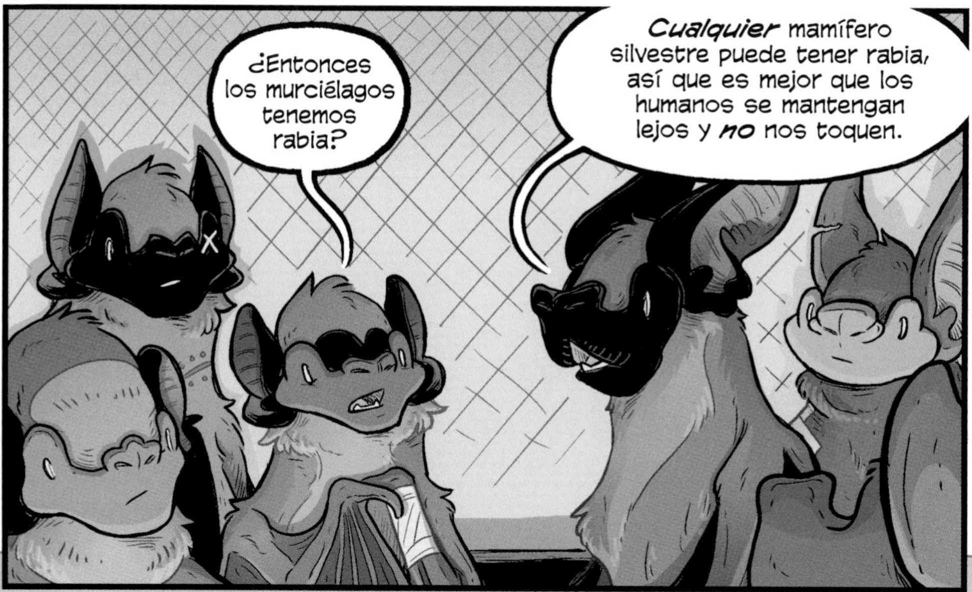
¿Entonces los murciélagos tenemos rabia?
Cualquier mamífero silvestre puede tener rabia, así que es mejor que los humanos se mantengan lejos y ***no*** nos toquen.

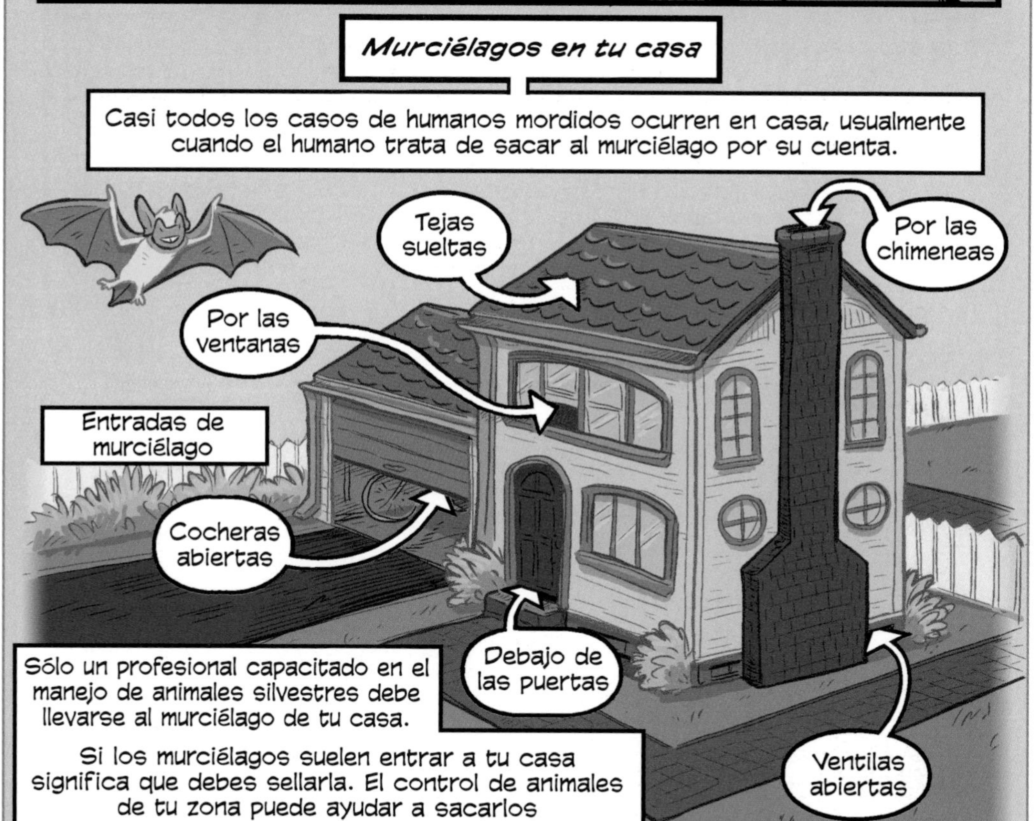
Murciélagos en tu casa
Casi todos los casos de humanos mordidos ocurren en casa, usualmente cuando el humano trata de sacar al murciélago por su cuenta.
Entradas de murciélago
Tejas sueltas
Por las chimeneas
Por las ventanas
Cocheras abiertas
Debajo de las puertas
Ventilas abiertas
Sólo un profesional capacitado en el manejo de animales silvestres debe llevarse al murciélago de tu casa.
Si los murciélagos suelen entrar a tu casa significa que debes sellarla. El control de animales de tu zona puede ayudar a sacarlos y evitar que entren.

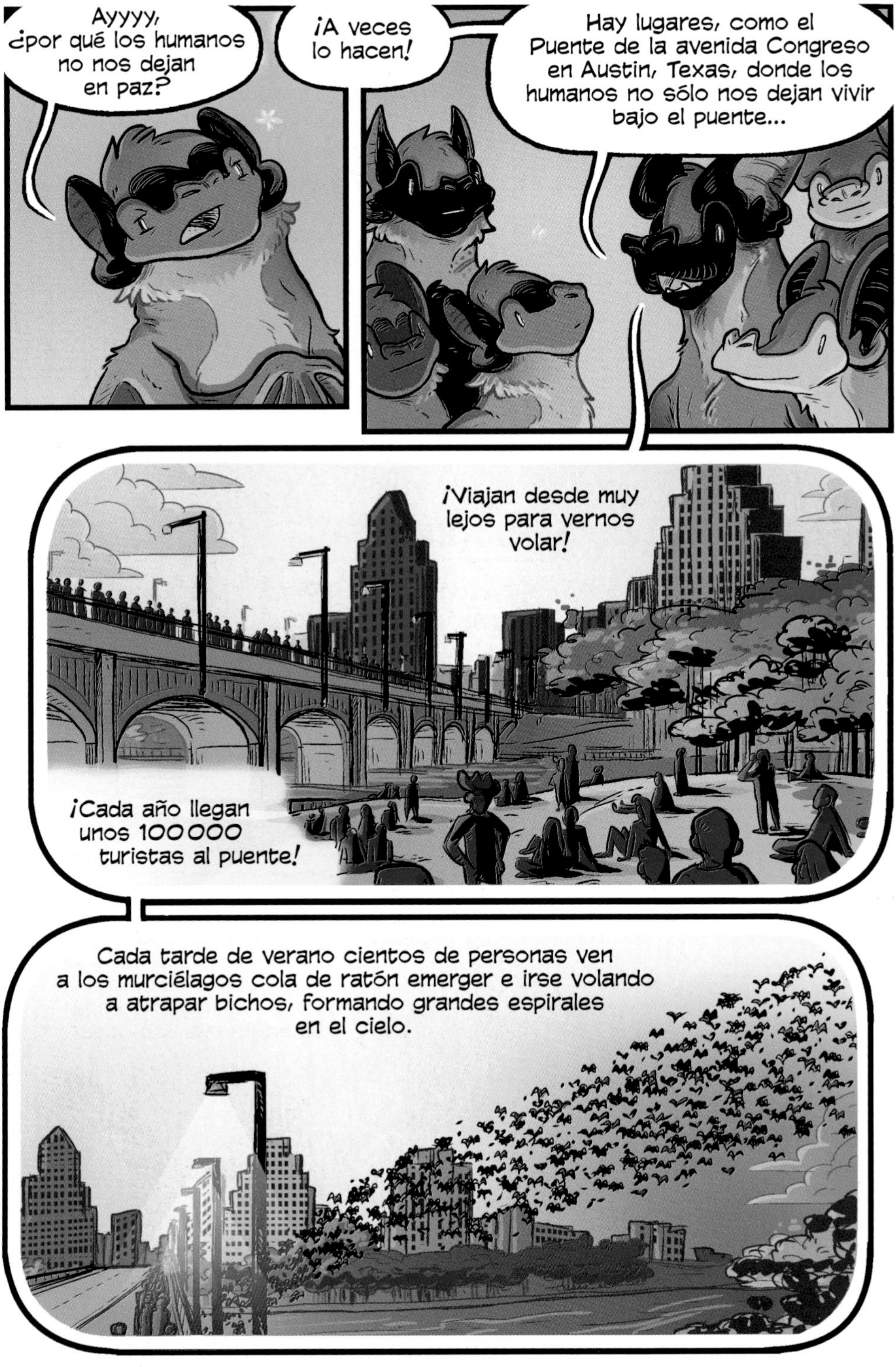
Ayyyy, ¿por qué los humanos no nos dejan en paz?
¡A veces lo hacen!
Hay lugares, como el Puente de la avenida Congreso en Austin, Texas, donde los humanos no sólo nos dejan vivir bajo el puente...
¡Viajan desde muy lejos para vernos volar!
¡Cada año llegan unos 100 000 turistas al puente!
Cada tarde de verano cientos de personas ven a los murciélagos cola de ratón emerger e irse volando a atrapar bichos, formando grandes espirales en el cielo.

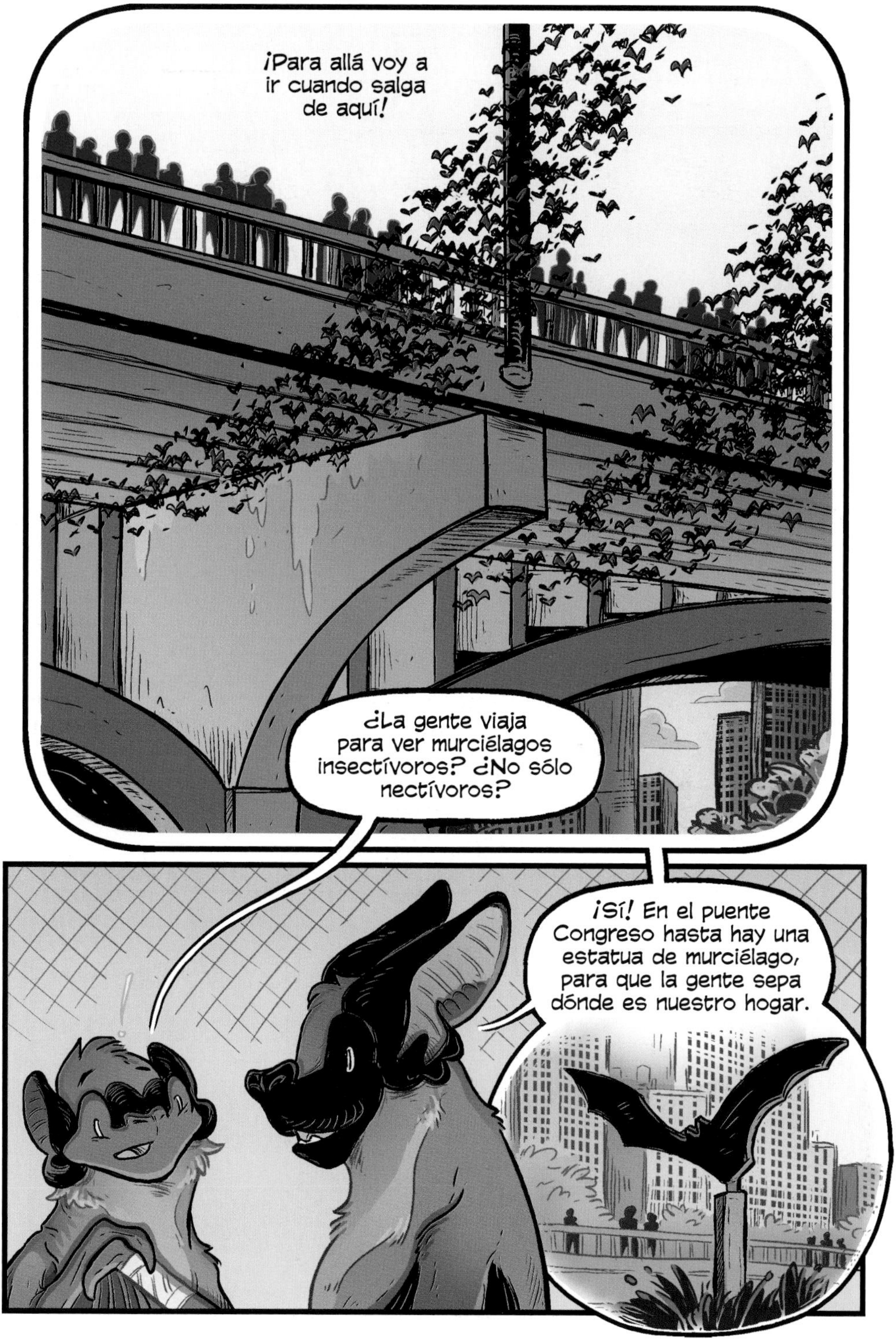
¡Para allá voy a ir cuando salga de aquí!
¿La gente viaja para ver murciélagos insectívoros? ¿No sólo nectívoros?
¡Sí! En el puente Congreso hasta hay una estatua de murciélago, para que la gente sepa dónde es nuestro hogar.

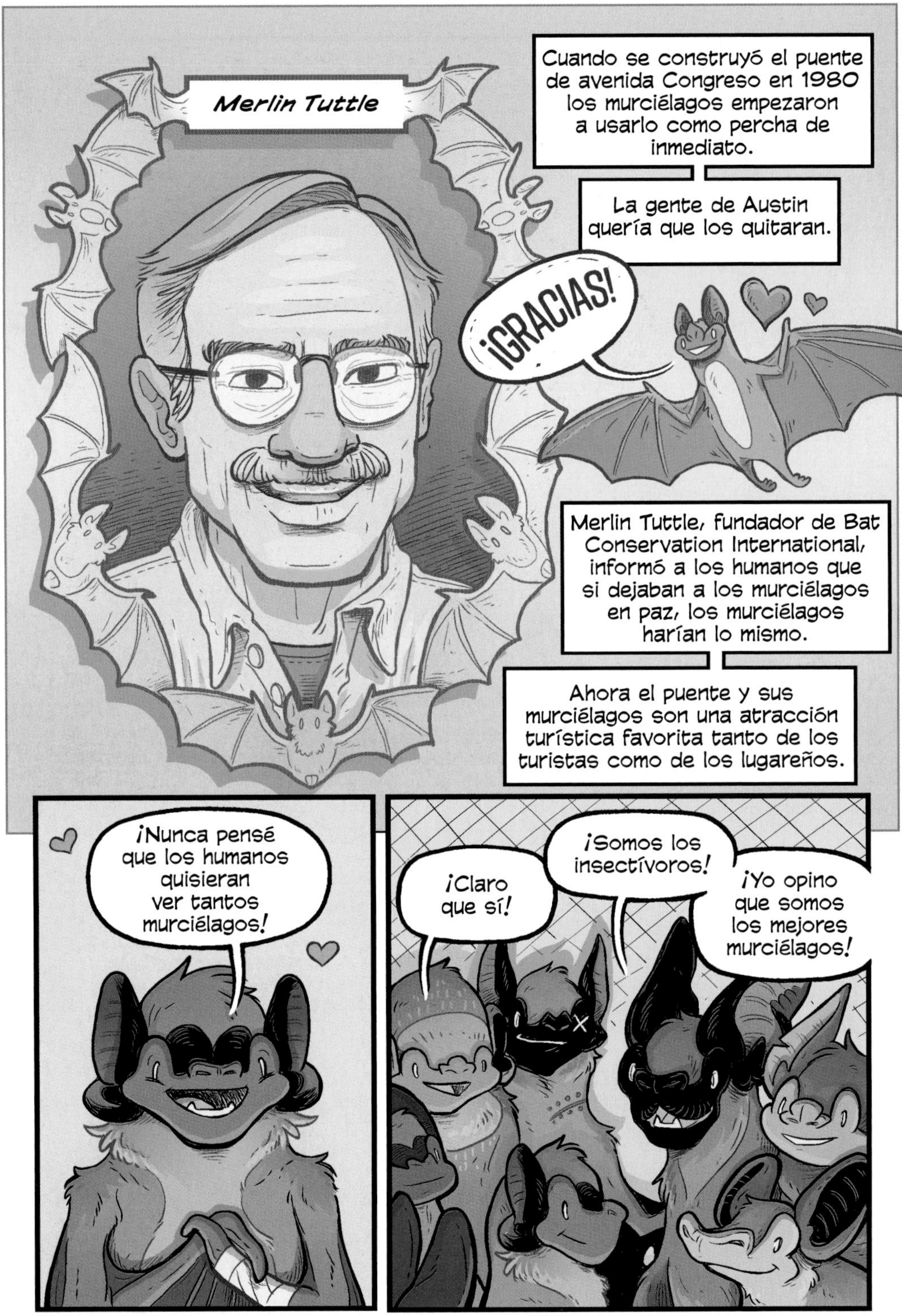
Merlin Tuttle
Cuando se construyó el puente de avenida Congreso en 1980 los murciélagos empezaron a usarlo como percha de inmediato.
La gente de Austin quería que los quitaran.
¡GRACIAS!
Merlin Tuttle, fundador de Bat Conservation International, informó a los humanos que si dejaban a los murciélagos en paz, los murciélagos harían lo mismo.
Ahora el puente y sus murciélagos son una atracción turística favorita tanto de los turistas como de los lugareños.
¡Nunca pensé que los humanos quisieran ver tantos murciélagos!
¡Claro que sí!
¡Somos los insectívoros!
¡Yo opino que somos los mejores murciélagos!

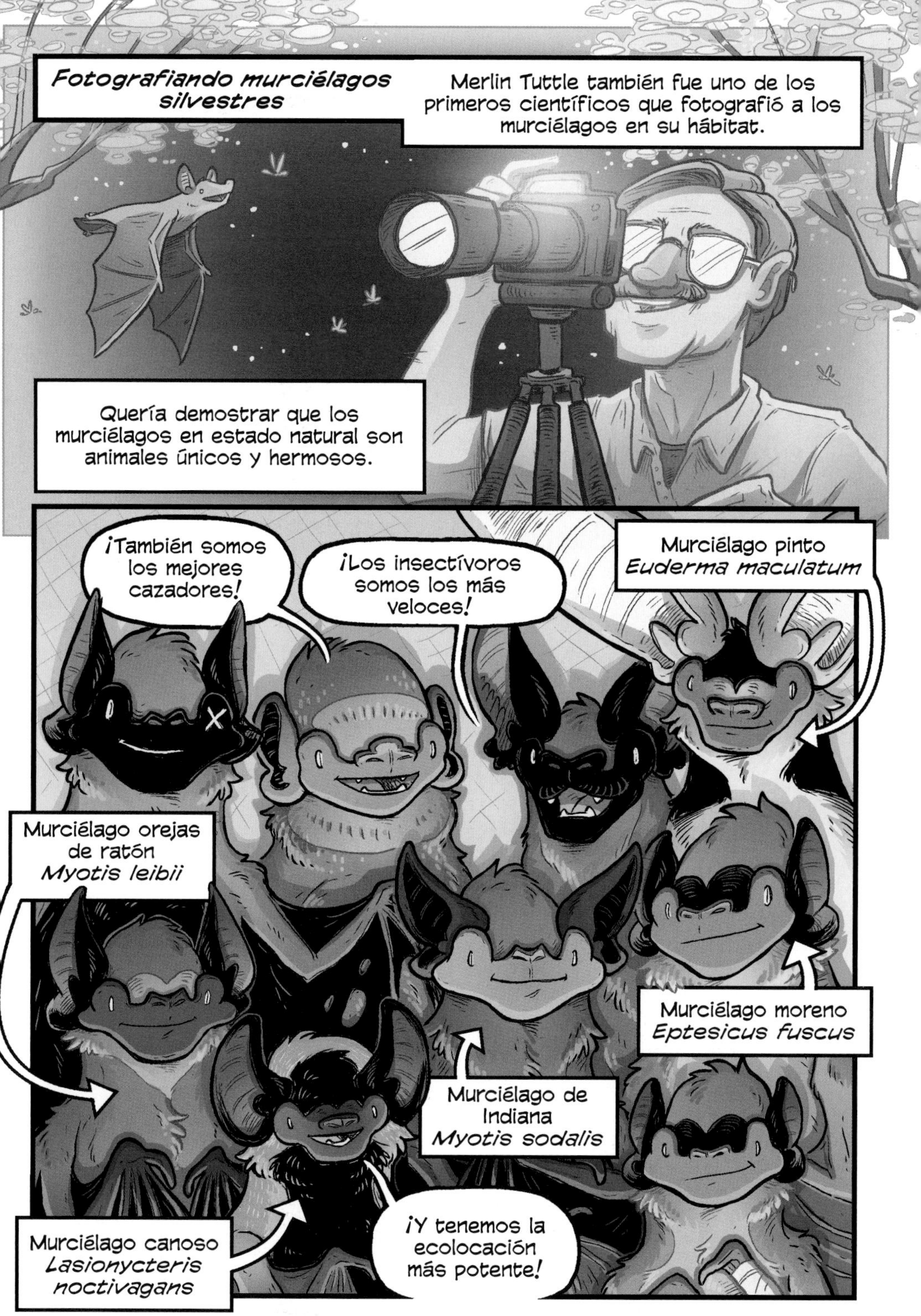
Fotografiando murciélagos silvestres
Merlin Tuttle también fue uno de los primeros científicos que fotografió a los murciélagos en su hábitat.
Quería demostrar que los murciélagos en estado natural son animales únicos y hermosos.
¡También somos los mejores cazadores!
¡Los insectívoros somos los más veloces!
Murciélago pinto *Euderma maculatum*
Murciélago orejas de ratón *Myotis leibii*
Murciélago moreno *Eptesicus fuscus*
Murciélago de Indiana *Myotis sodalis*
Murciélago canoso *Lasionycteris noctivagans*
¡Y tenemos la ecolocación más potente!

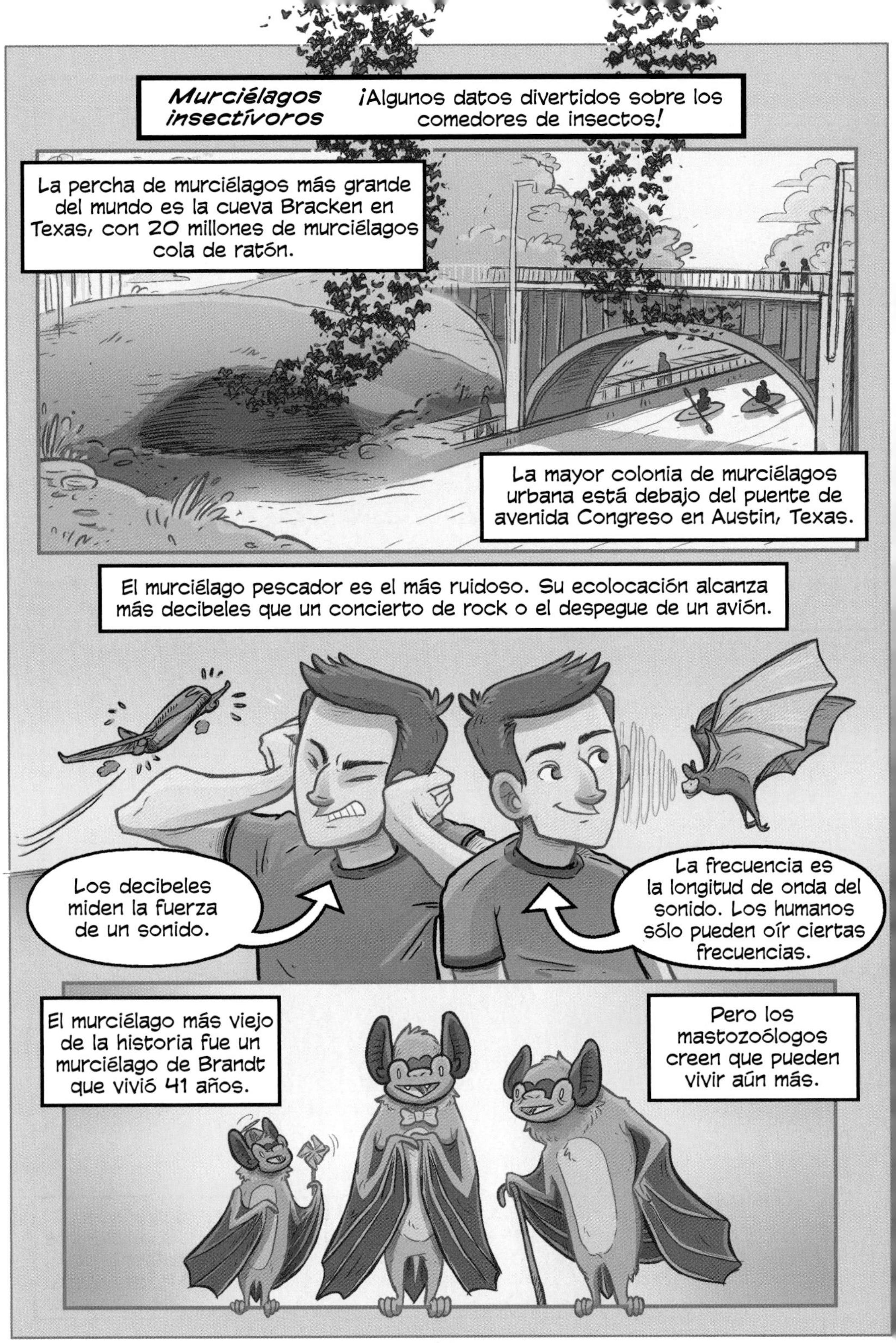
Murciélagos insectívoros
¡Algunos datos divertidos sobre los comedores de insectos!
La percha de murciélagos más grande del mundo es la cueva Bracken en Texas, con 20 millones de murciélagos cola de ratón.
La mayor colonia de murciélagos urbana está debajo del puente de avenida Congreso en Austin, Texas.
El murciélago pescador es el más ruidoso. Su ecolocación alcanza más decibeles que un concierto de rock o el despegue de un avión.
Los decibeles miden la fuerza de un sonido.
La frecuencia es la longitud de onda del sonido. Los humanos sólo pueden oír ciertas frecuencias.
El murciélago más viejo de la historia fue un murciélago de Brandt que vivió 41 años.
Pero los mastozoólogos creen que pueden vivir aún más.

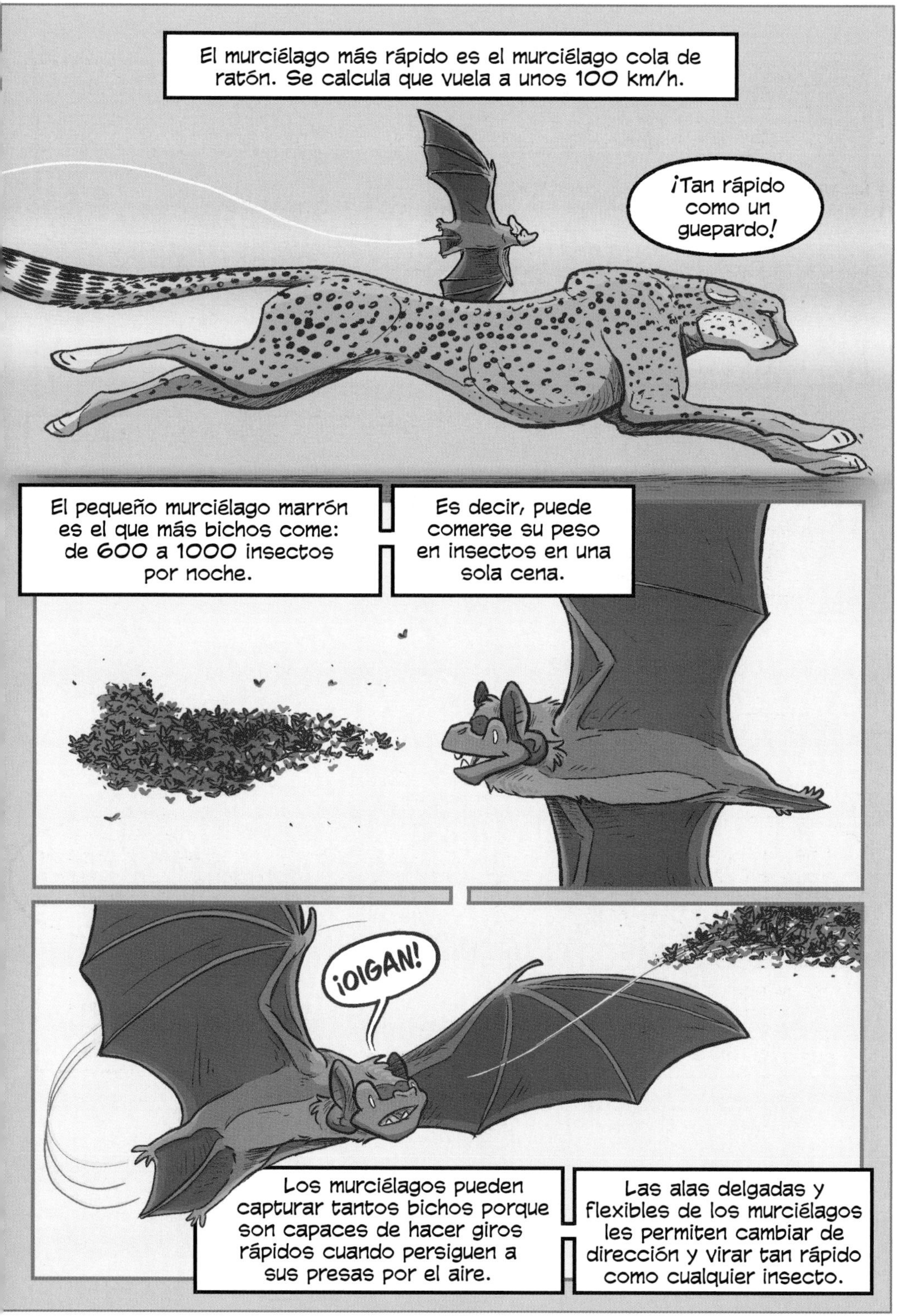
El murciélago más rápido es el murciélago cola de ratón. Se calcula que vuela a unos 100 km/h.
¡Tan rápido como un guepardo!
El pequeño murciélago marrón es el que más bichos come: de 600 a 1000 insectos por noche.
Es decir, puede comerse su peso en insectos en una sola cena.
¡OIGAN!
Los murciélagos pueden capturar tantos bichos porque son capaces de hacer giros rápidos cuando persiguen a sus presas por el aire.
Las alas delgadas y flexibles de los murciélagos les permiten cambiar de dirección y virar tan rápido como cualquier insecto.

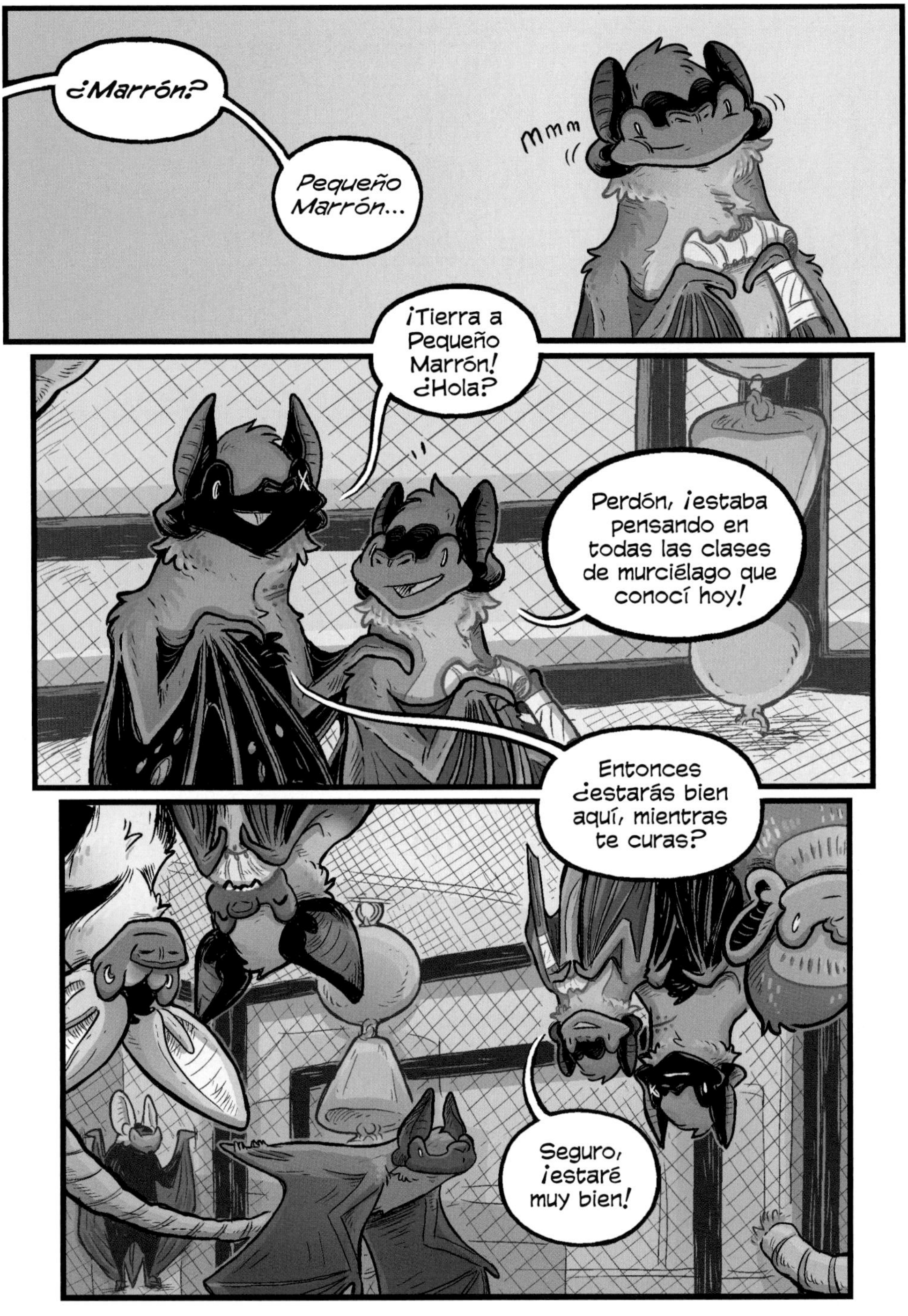
¿Marrón?
Pequeño Marrón...
Mmm
¡Tierra a Pequeño Marrón! ¿Hola?
Perdón, ¡estaba pensando en todas las clases de murciélago que conocí hoy!
Entonces ¿estarás bien aquí, mientras te curas?
Seguro, ¡estaré muy bien!

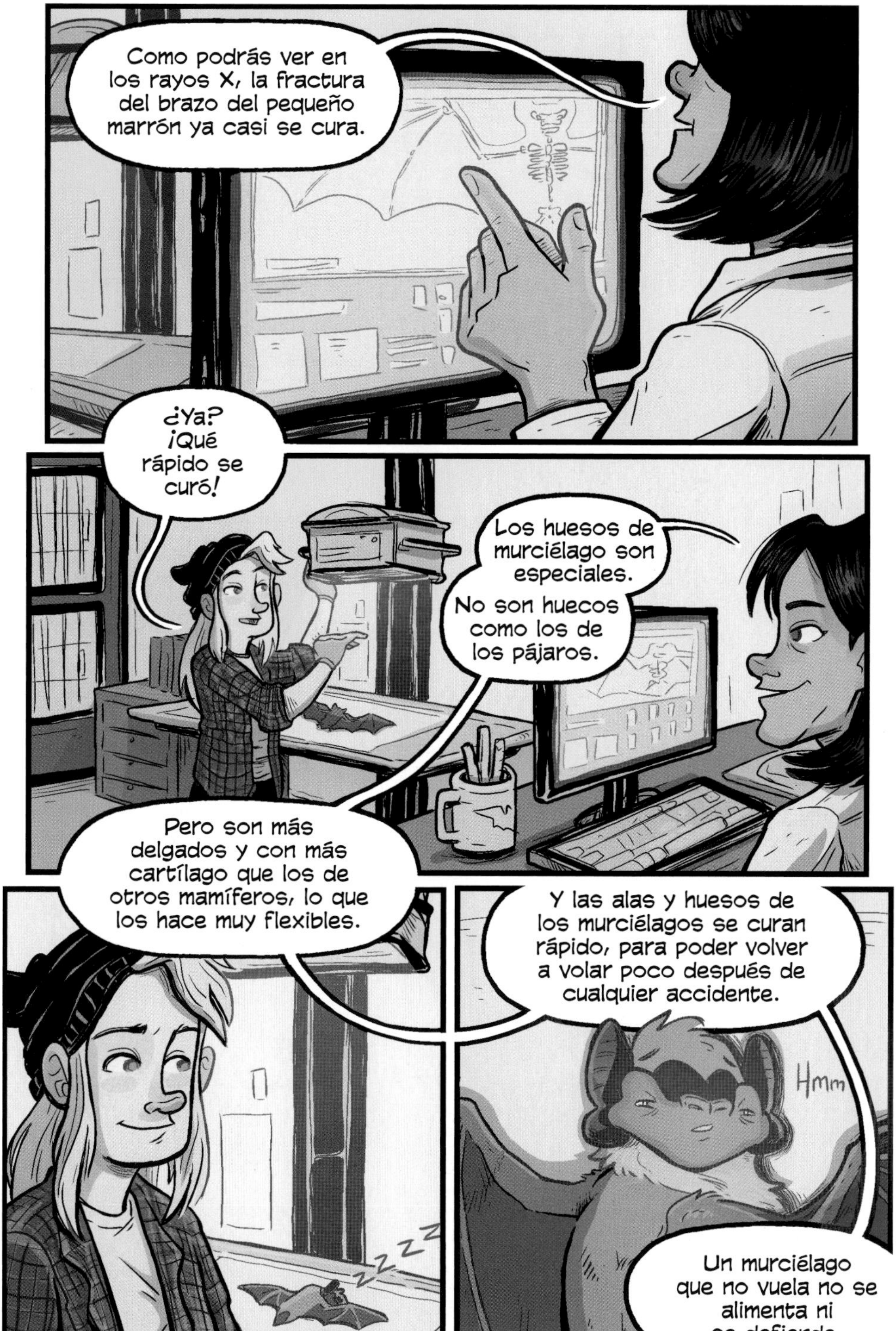

Como podrás ver en los rayos X, la fractura del brazo del pequeño marrón ya casi se cura.
¿Ya? ¡Qué rápido se curó!
Los huesos de murciélago son especiales.
No son huecos como los de los pájaros.
Pero son más delgados y con más cartílago que los de otros mamíferos, lo que los hace muy flexibles.
Y las alas y huesos de los murciélagos se curan rápido, para poder volver a volar poco después de cualquier accidente.
Hmm
Un murciélago que no vuela no se alimenta ni se defiende.

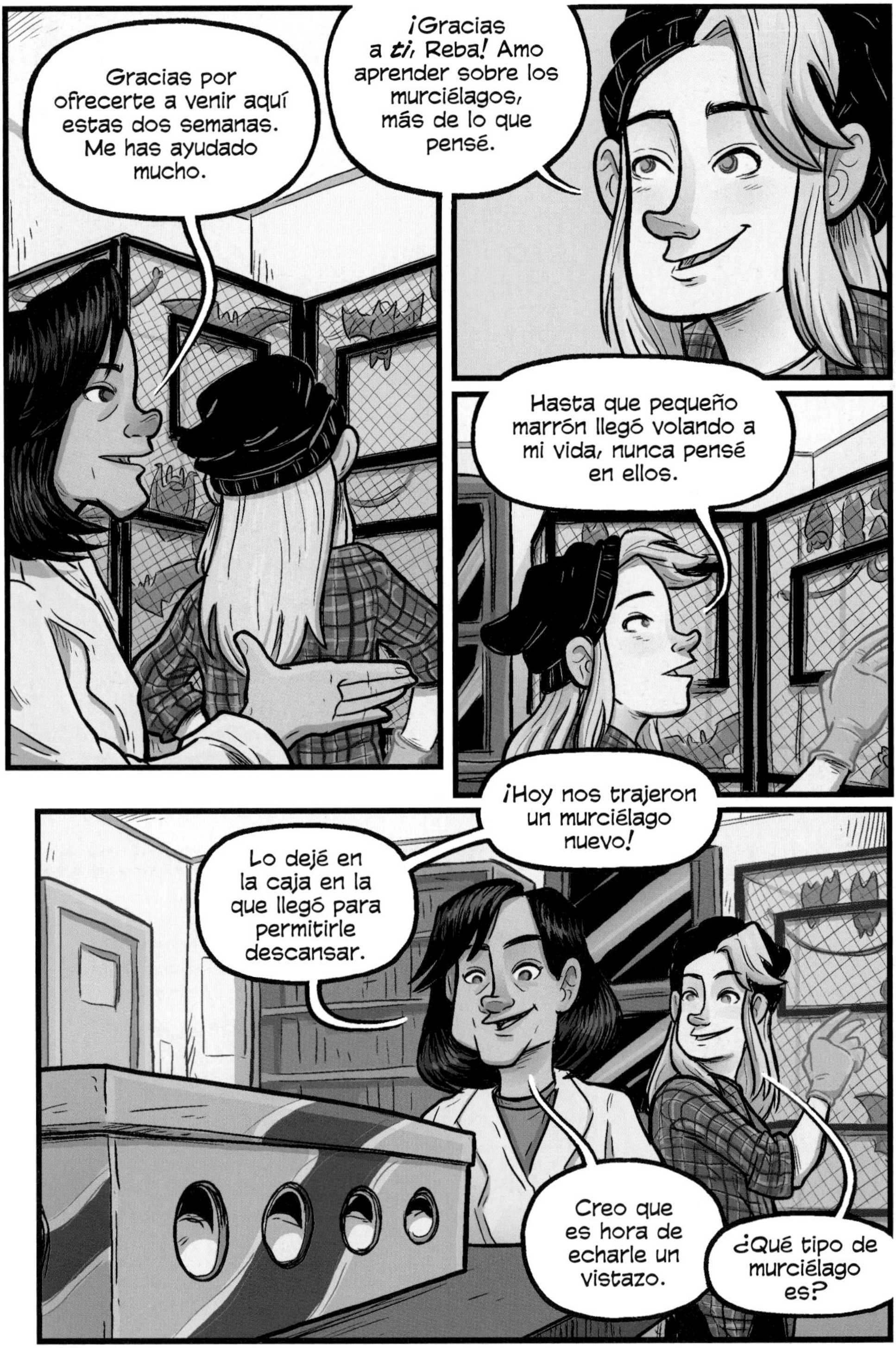

Gracias por ofrecerte a venir aquí estas dos semanas. Me has ayudado mucho.
¡Gracias a *ti*, Reba! Amo aprender sobre los murciélagos, más de lo que pensé.
Hasta que pequeño marrón llegó volando a mi vida, nunca pensé en ellos.
¡Hoy nos trajeron un murciélago nuevo!
Lo dejé en la caja en la que llegó para permitirle descansar.
Creo que es hora de echarle un vistazo.
¿Qué tipo de murciélago es?

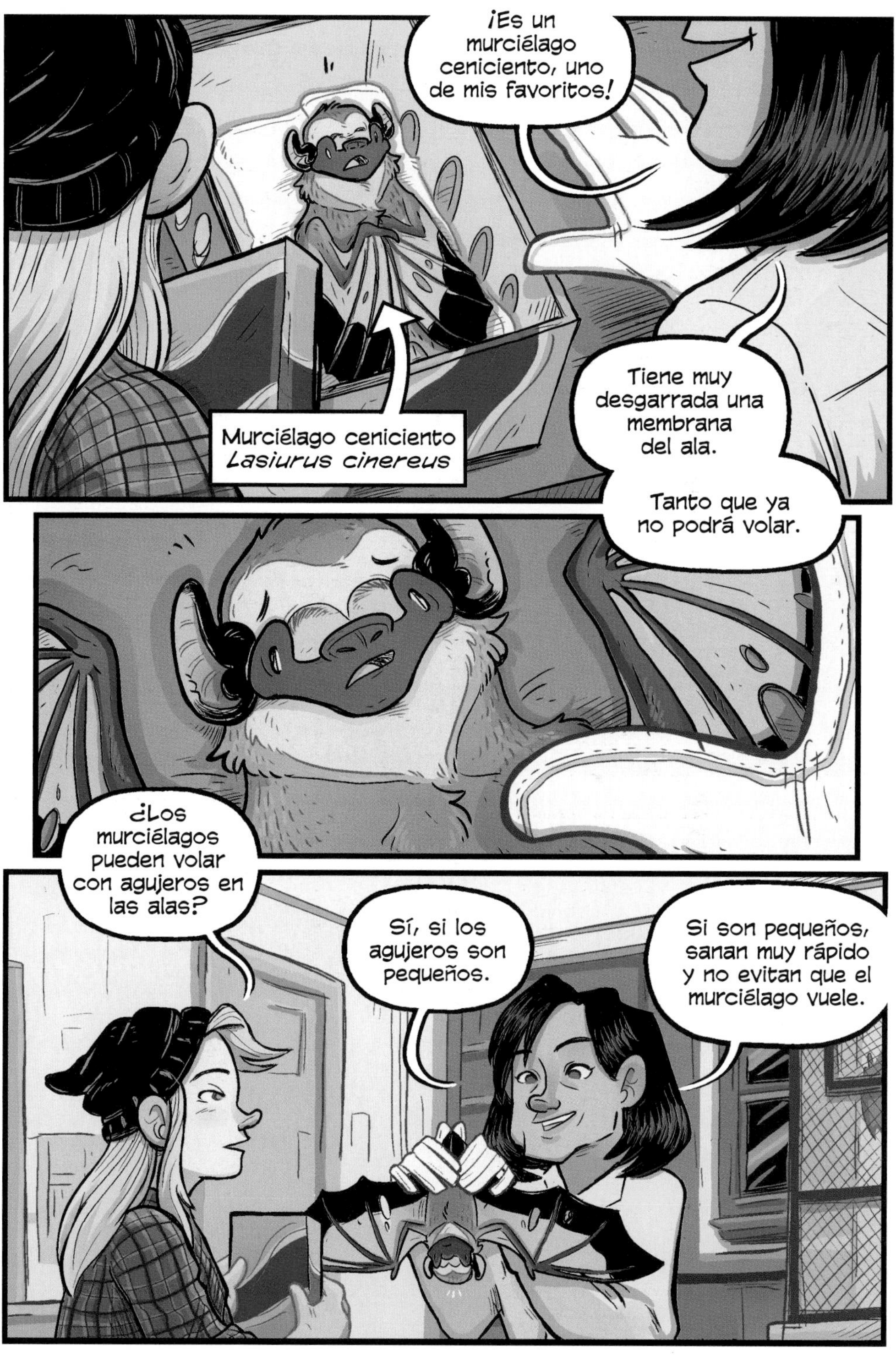

¡Es un murciélago ceniciento, uno de mis favoritos!
Murciélago ceniciento *Lasiurus cinereus*
Tiene muy desgarrada una membrana del ala.
Tanto que ya no podrá volar.
¿Los murciélagos pueden volar con agujeros en las alas?
Sí, si los agujeros son pequeños.
Si son pequeños, sanan muy rápido y no evitan que el murciélago vuele.

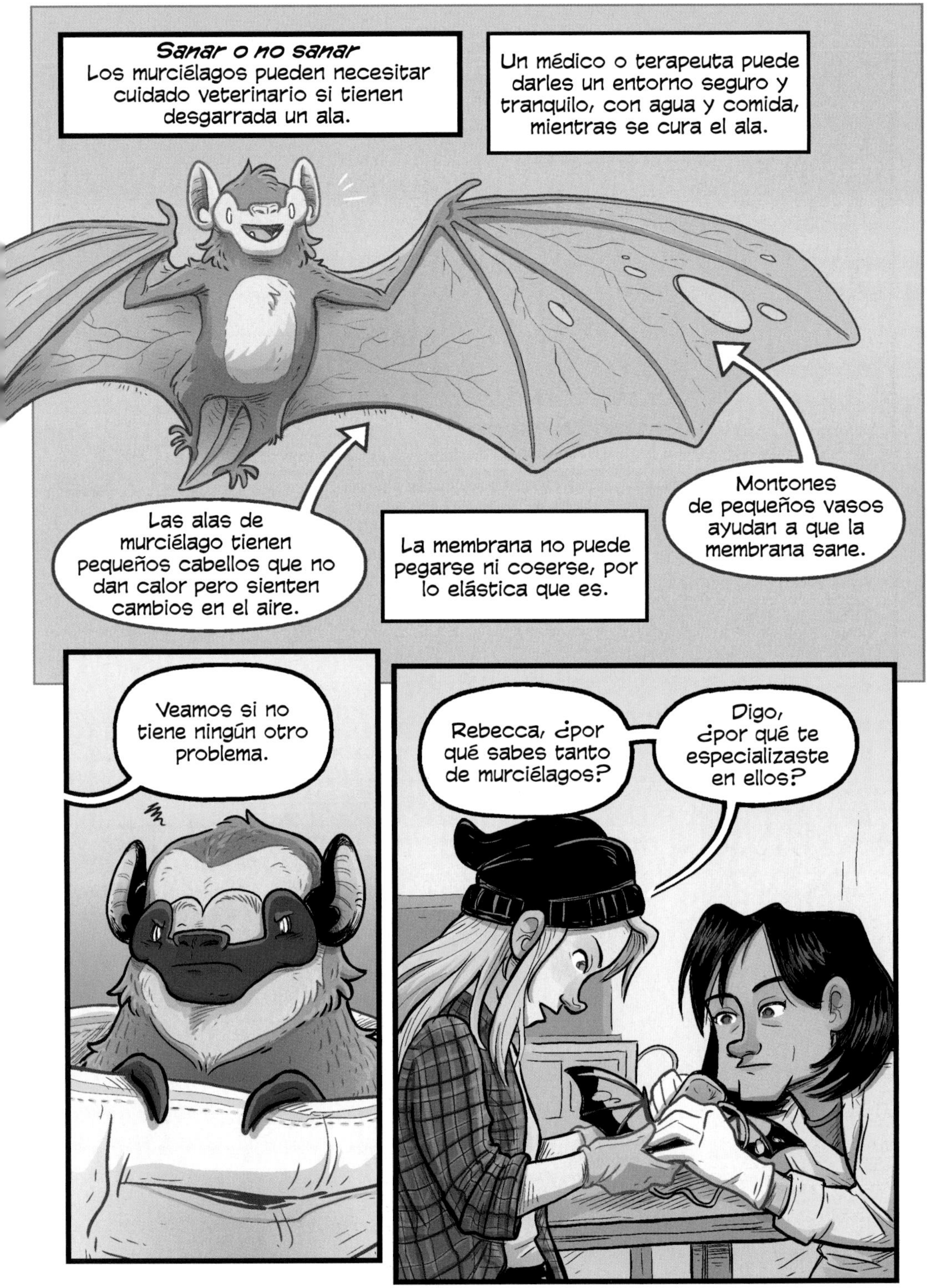
Sanar o no sanar
Los murciélagos pueden necesitar cuidado veterinario si tienen desgarrada un ala.
Un médico o terapeuta puede darles un entorno seguro y tranquilo, con agua y comida, mientras se cura el ala.
Las alas de murciélago tienen pequeños cabellos que no dan calor pero sienten cambios en el aire.
La membrana no puede pegarse ni coserse, por lo elástica que es.
Montones de pequeños vasos ayudan a que la membrana sane.
Veamos si no tiene ningún otro problema.
Rebecca, ¿por qué sabes tanto de murciélagos?
Digo, ¿por qué te especializaste en ellos?

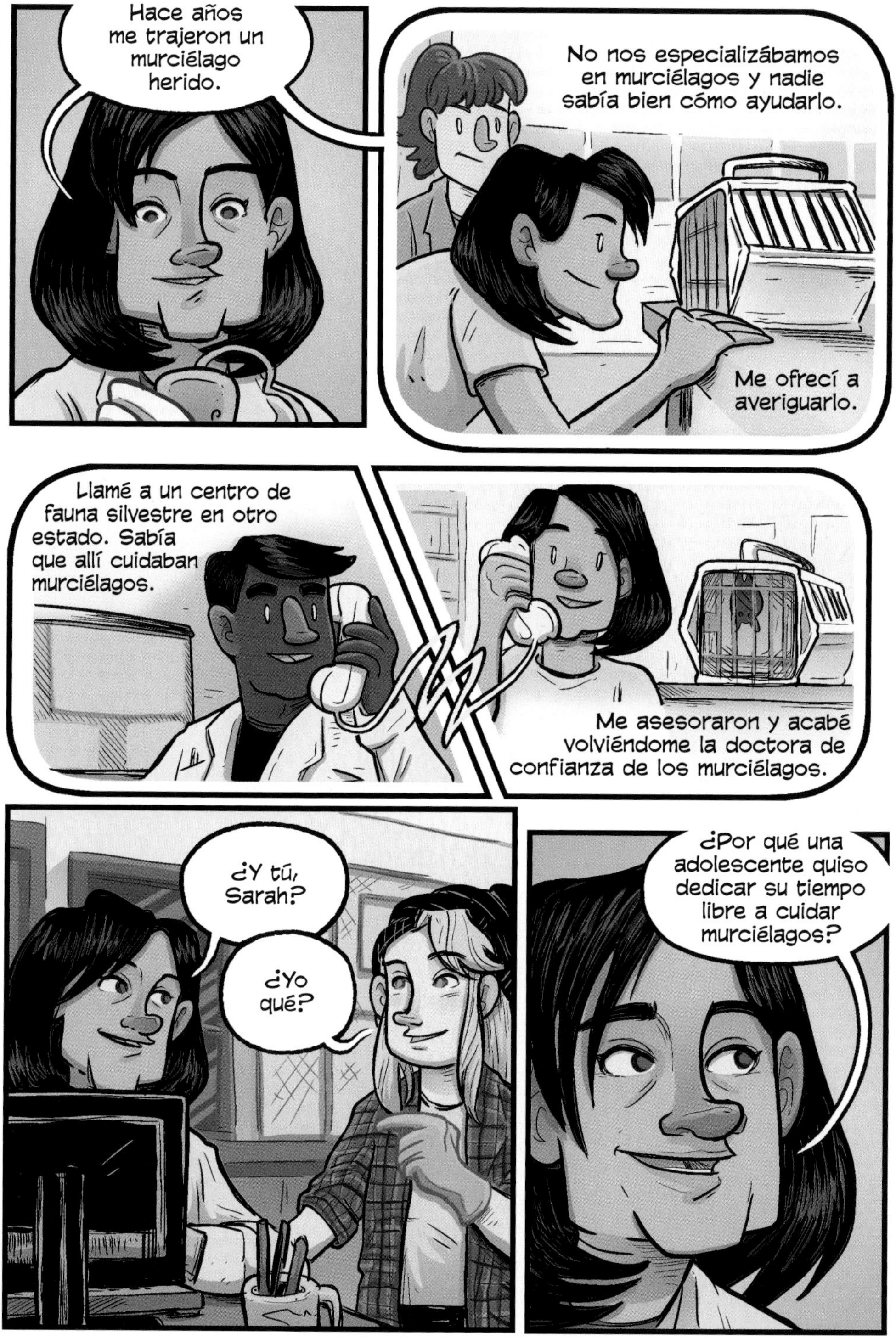
Hace años
me trajeron un
murciélago
herido.
No nos especializábamos
en murciélagos y nadie
sabía bien cómo ayudarlo.
Me ofrecí a
averiguarlo.
Llamé a un centro de
fauna silvestre en otro
estado. Sabía
que allí cuidaban
murciélagos.
Me asesoraron y acabé
volviéndome la doctora de
confianza de los murciélagos.
¿Y tú,
Sarah?
¿Yo
qué?
¿Por qué una
adolescente quiso
dedicar su tiempo
libre a cuidar
murciélagos?

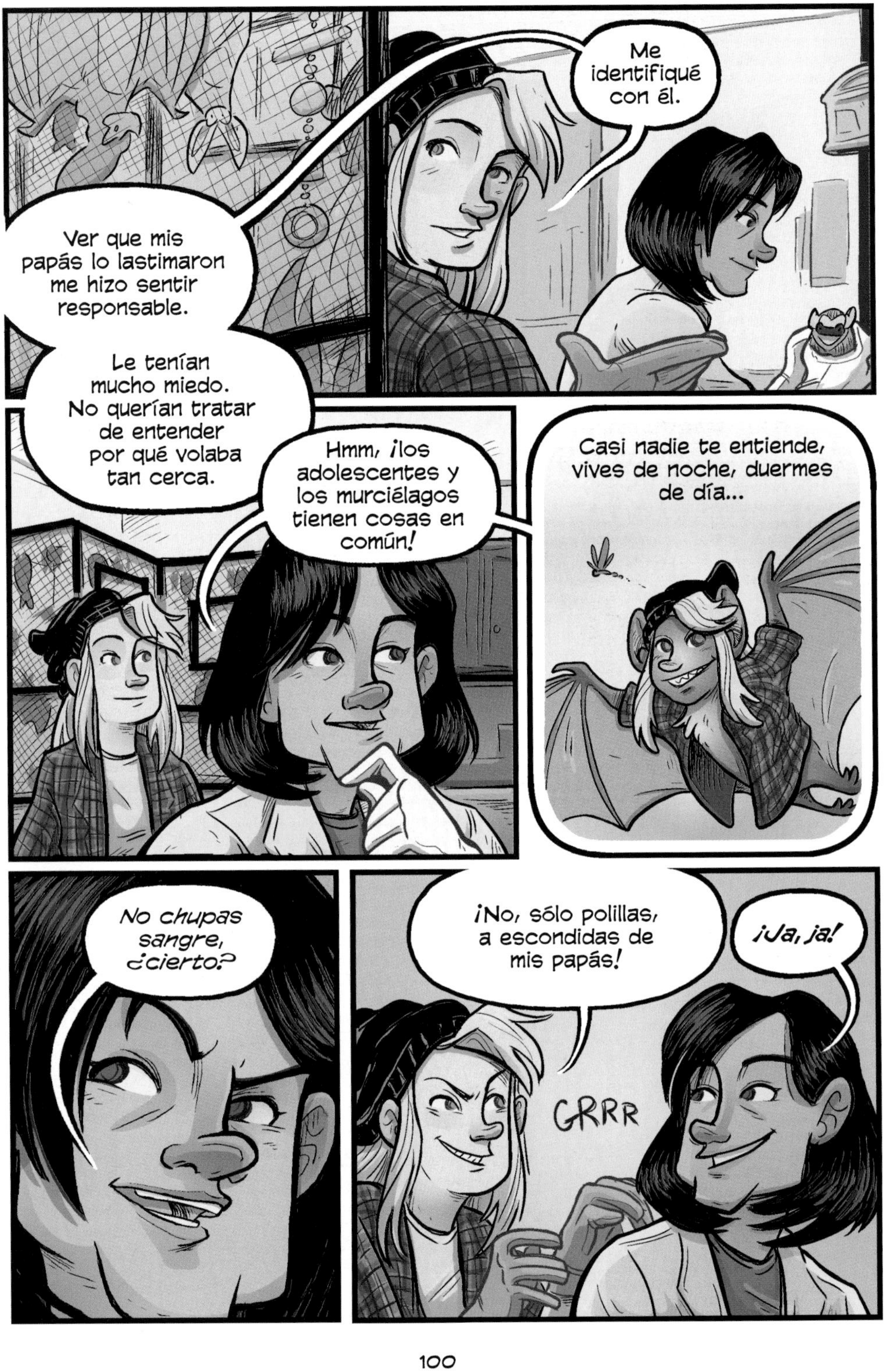
Me identifiqué con él.
Ver que mis papás lo lastimaron me hizo sentir responsable.
Le tenían mucho miedo. No querían tratar de entender por qué volaba tan cerca.
Hmm, ¡los adolescentes y los murciélagos tienen cosas en común!
Casi nadie te entiende, vives de noche, duermes de día...
No chupas sangre, ¿cierto?
¡No, sólo polillas, a escondidas de mis papás!
GRRR
¡Ja, ja!

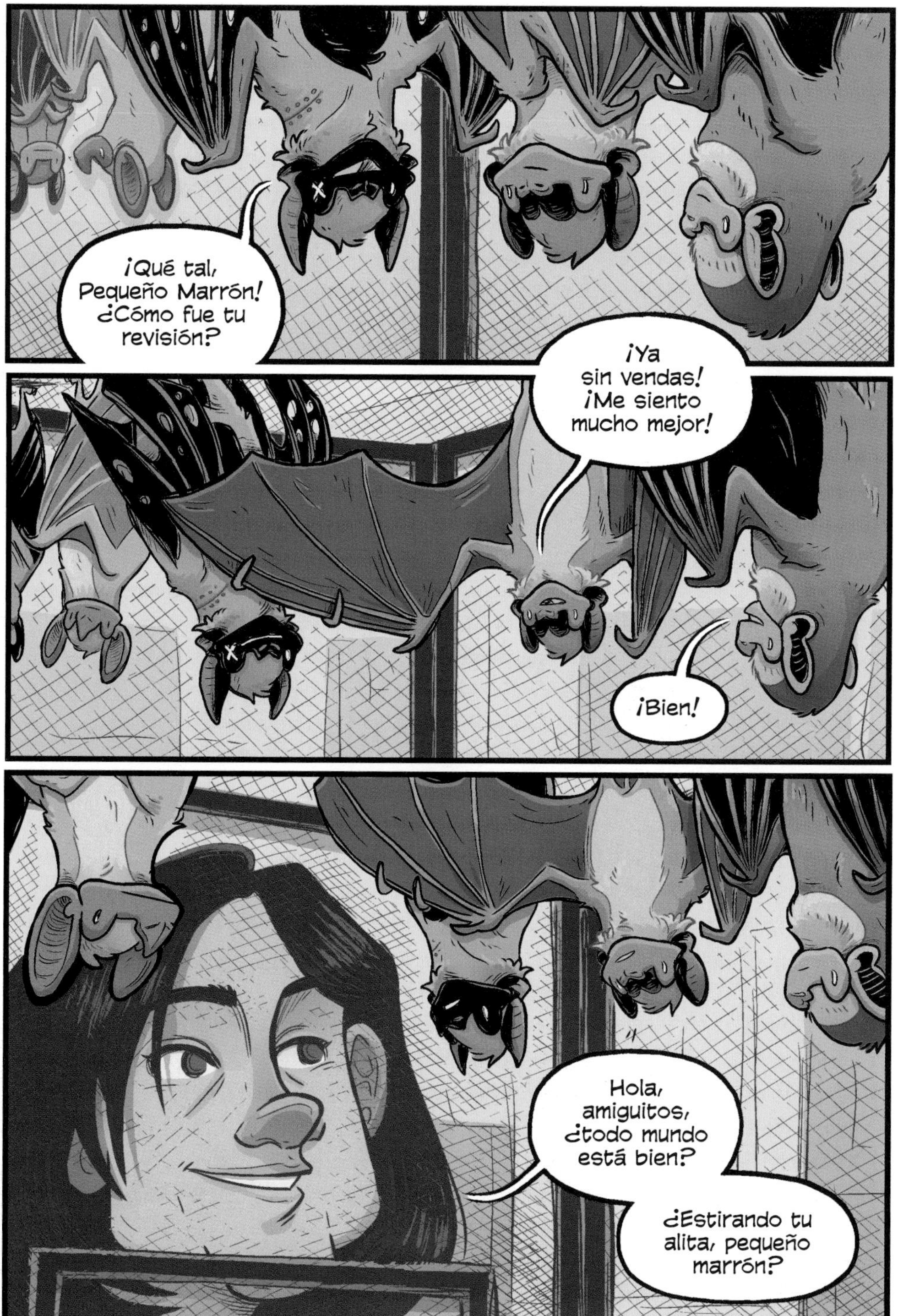
¡Qué tal, Pequeño Marrón! ¿Cómo fue tu revisión?
¡Ya sin vendas! ¡Me siento mucho mejor!
¡Bien!
Hola, amiguitos, ¿todo mundo está bien?
¿Estirando tu alita, pequeño marrón?

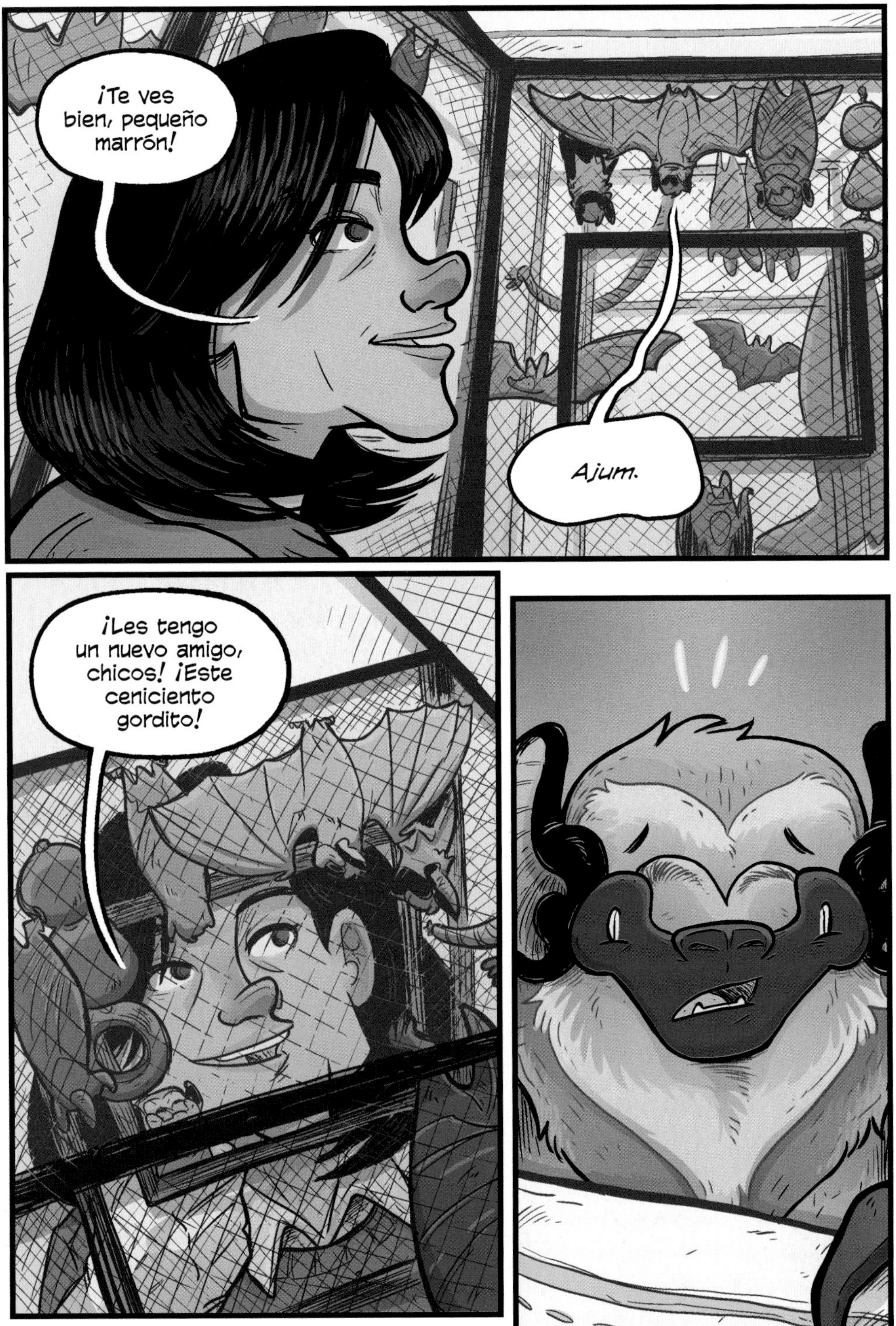
¡Te ves bien, pequeño marrón!
Ajum.
¡Les tengo un nuevo amigo, chicos! ¡Este ceniciento gordito!

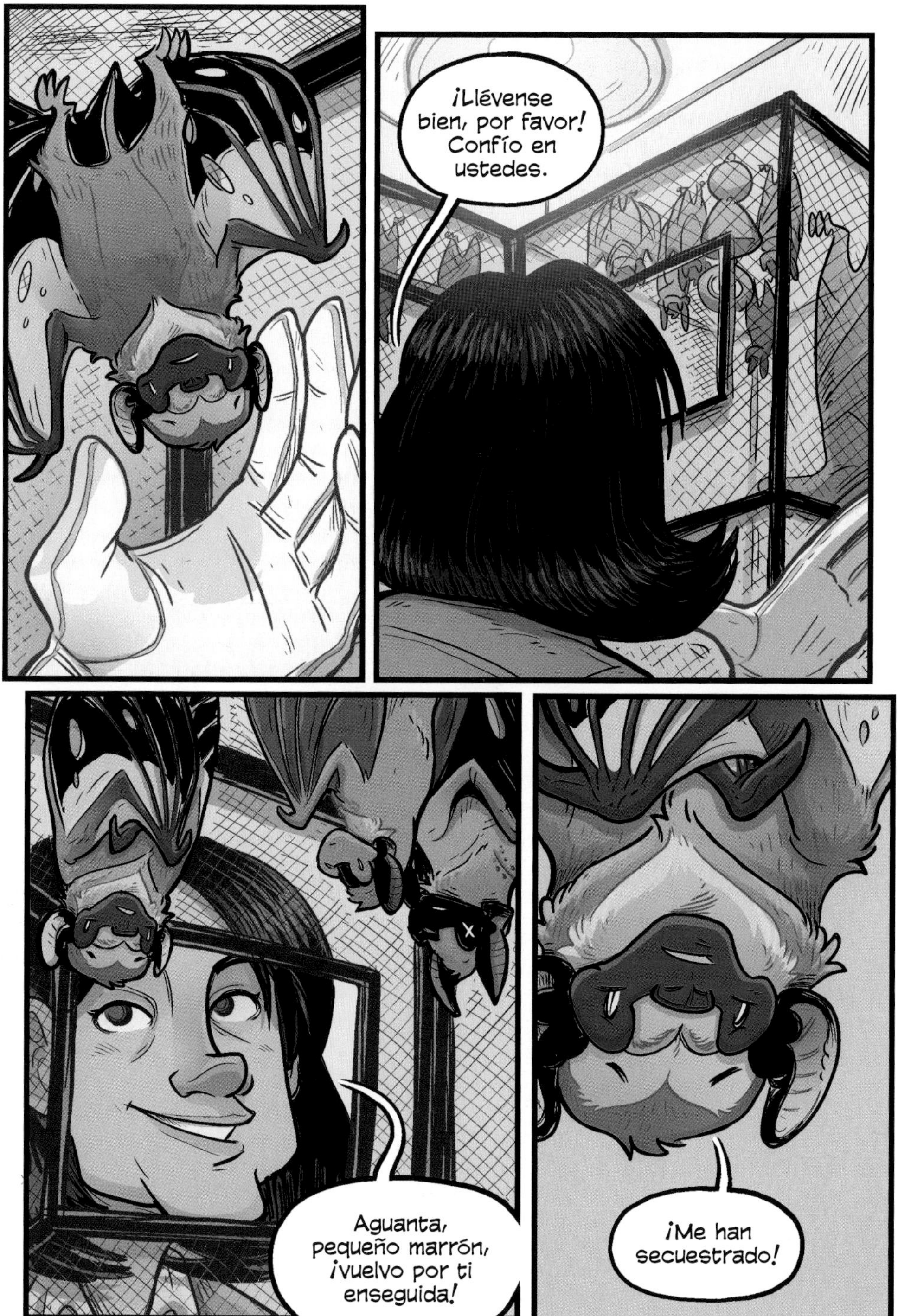
¡Llévense bien, por favor! Confío en ustedes.
Aguanta, pequeño marrón, ¡vuelvo por ti enseguida!
¡Me han secuestrado!

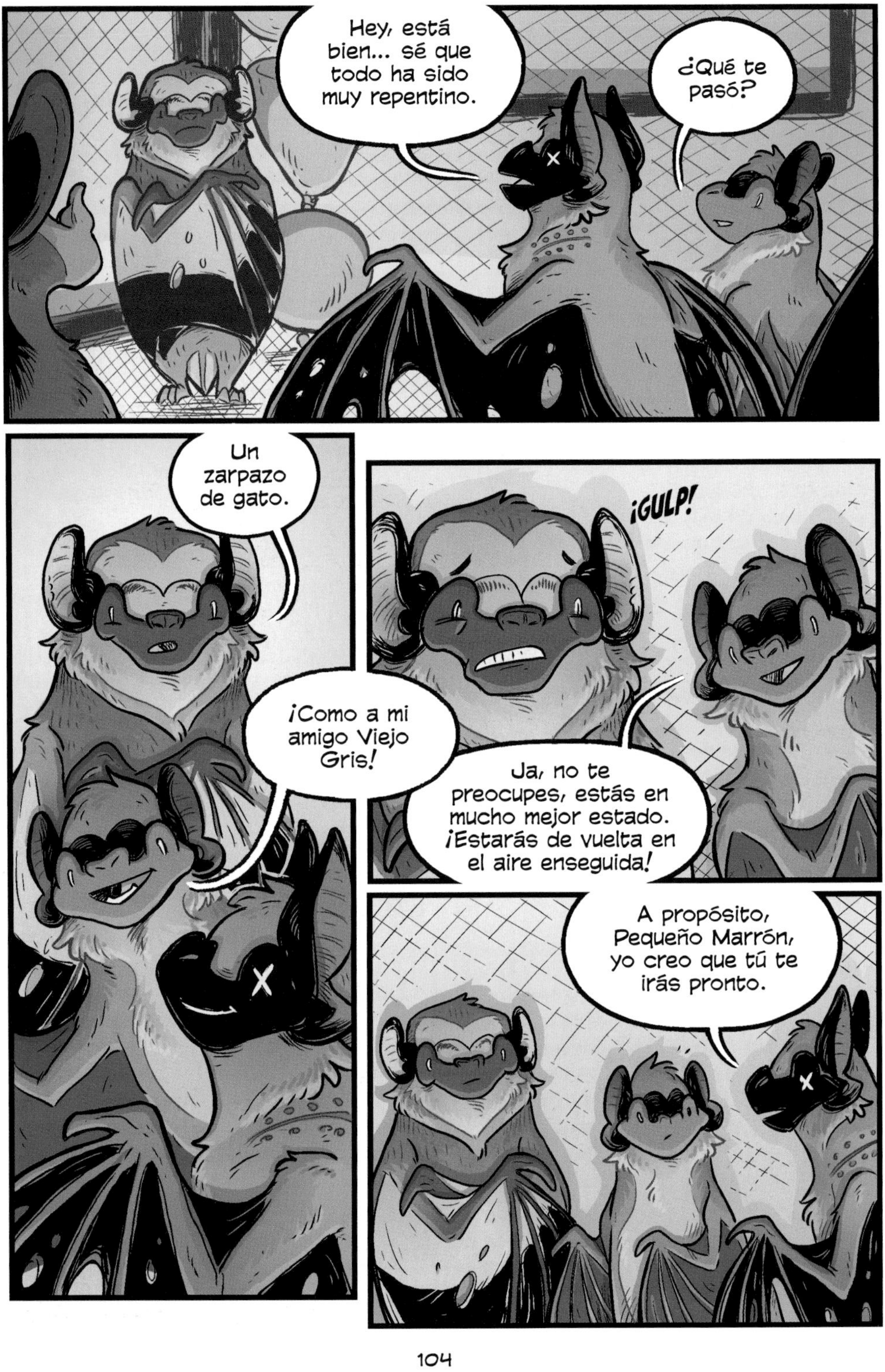
Hey, está bien... sé que todo ha sido muy repentino.
¿Qué te pasó?
Un zarpazo de gato.
¡Como a mi amigo Viejo Gris!
¡GULP!
Ja, no te preocupes, estás en mucho mejor estado. ¡Estarás de vuelta en el aire enseguida!
A propósito, Pequeño Marrón, yo creo que tú te irás pronto.

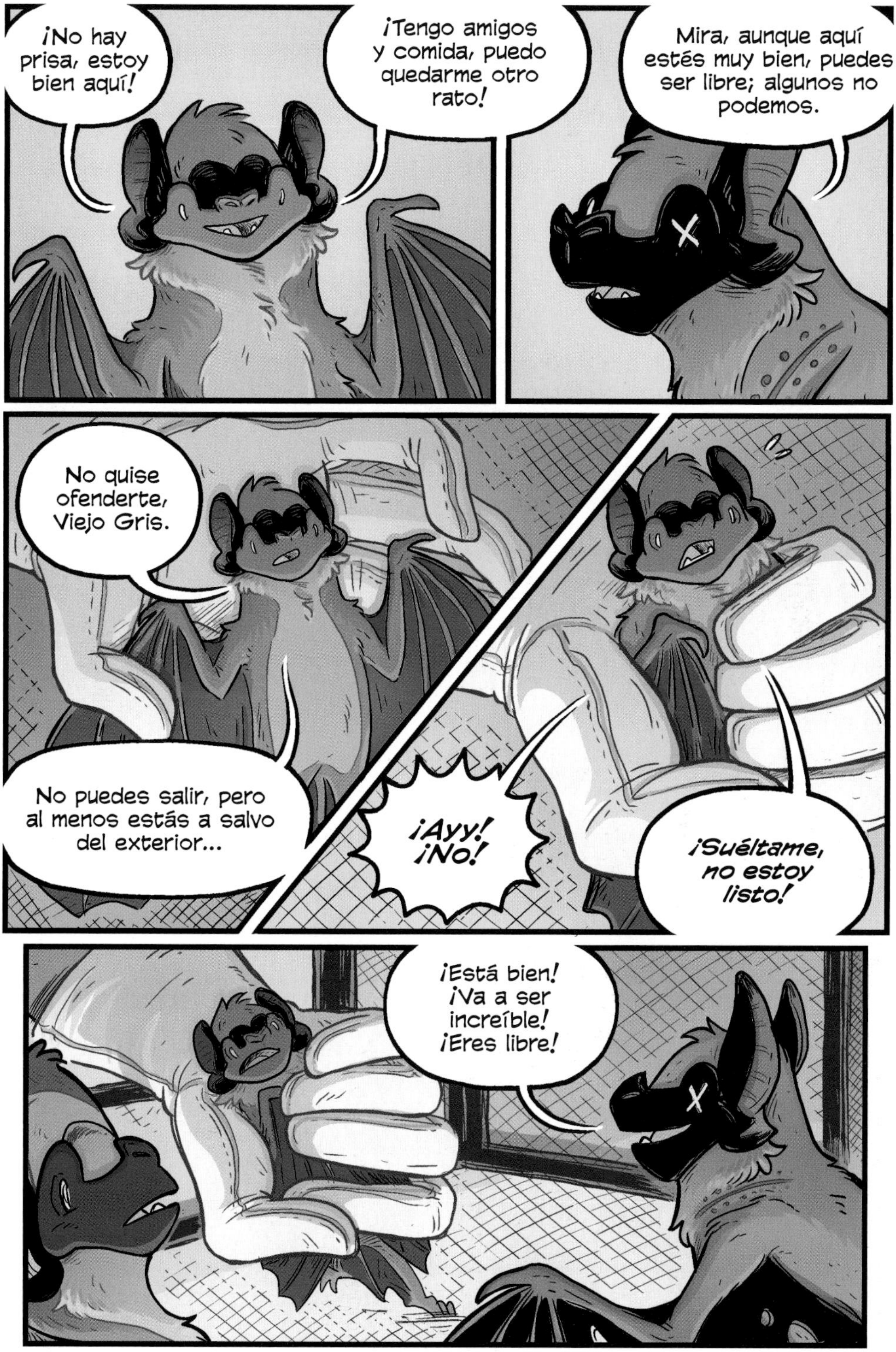
¡No hay prisa, estoy bien aquí!
¡Tengo amigos y comida, puedo quedarme otro rato!
Mira, aunque aquí estés muy bien, puedes ser libre; algunos no podemos.
No quise ofenderte, Viejo Gris.
No puedes salir, pero al menos estás a salvo del exterior...
¡Ayy! ¡No!
¡Suéltame, no estoy listo!
¡Está bien! ¡Va a ser increíble! ¡Eres libre!

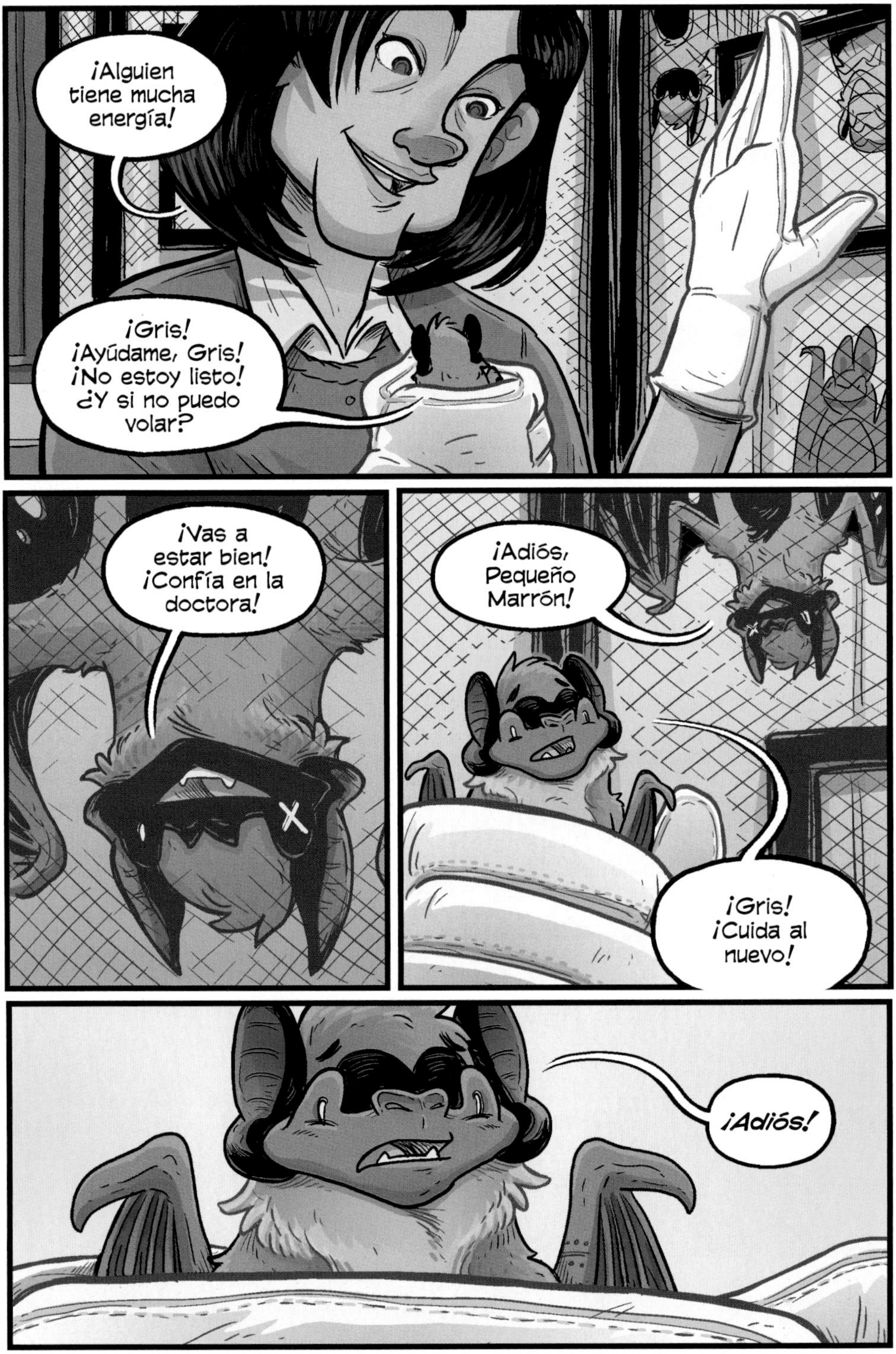
¡Alguien tiene mucha energía!
¡Gris! ¡Ayúdame, Gris! ¡No estoy listo! ¿Y si no puedo volar?
¡Vas a estar bien! ¡Confía en la doctora!
¡Adiós, Pequeño Marrón!
¡Gris! ¡Cuida al nuevo!
¡Adiós!

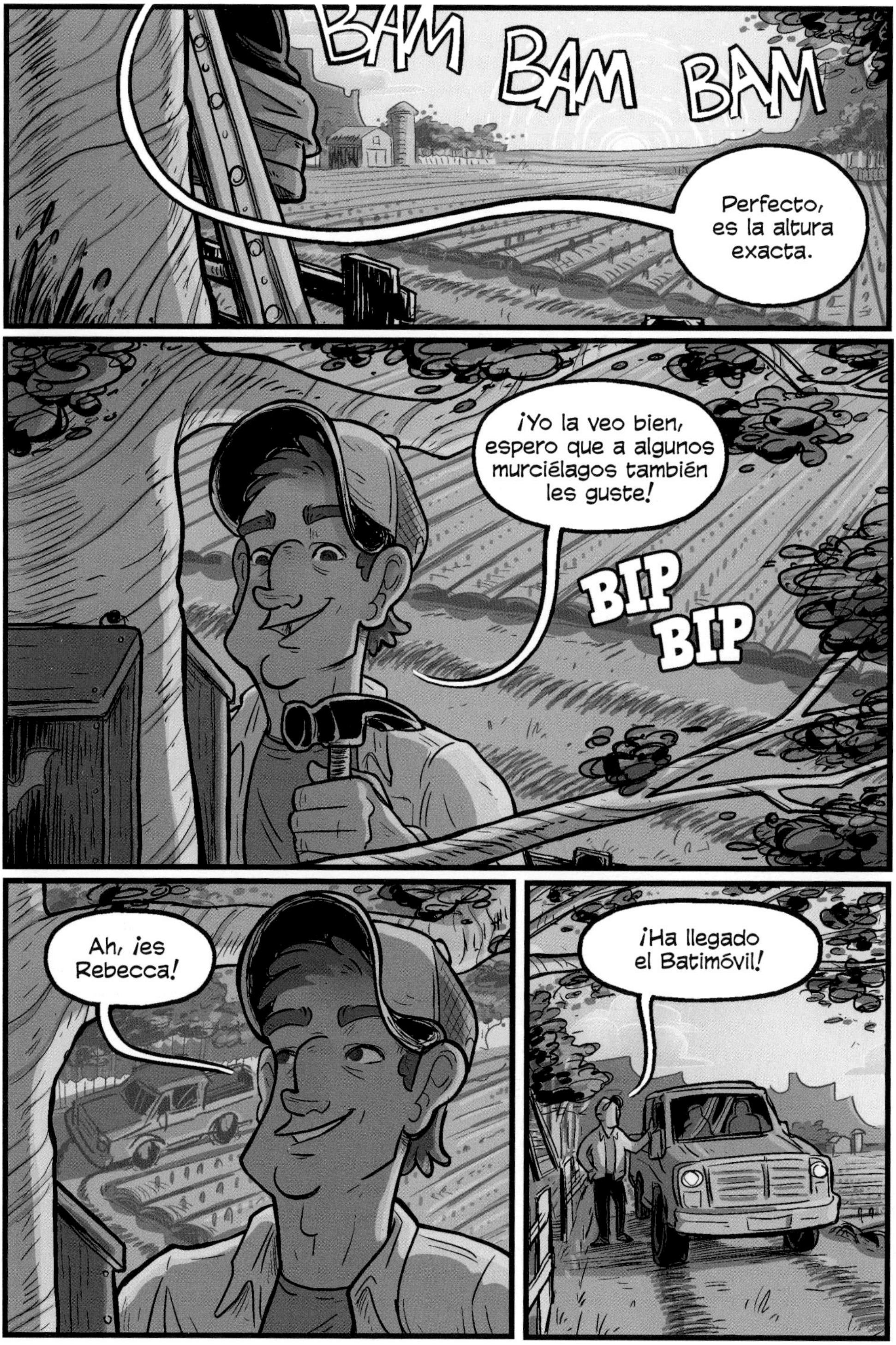
BAM BAM BAM
Perfecto, es la altura exacta.
¡Yo la veo bien, espero que a algunos murciélagos también les guste!
BIP BIP
Ah, ¡es Rebecca!
¡Ha llegado el Batimóvil!

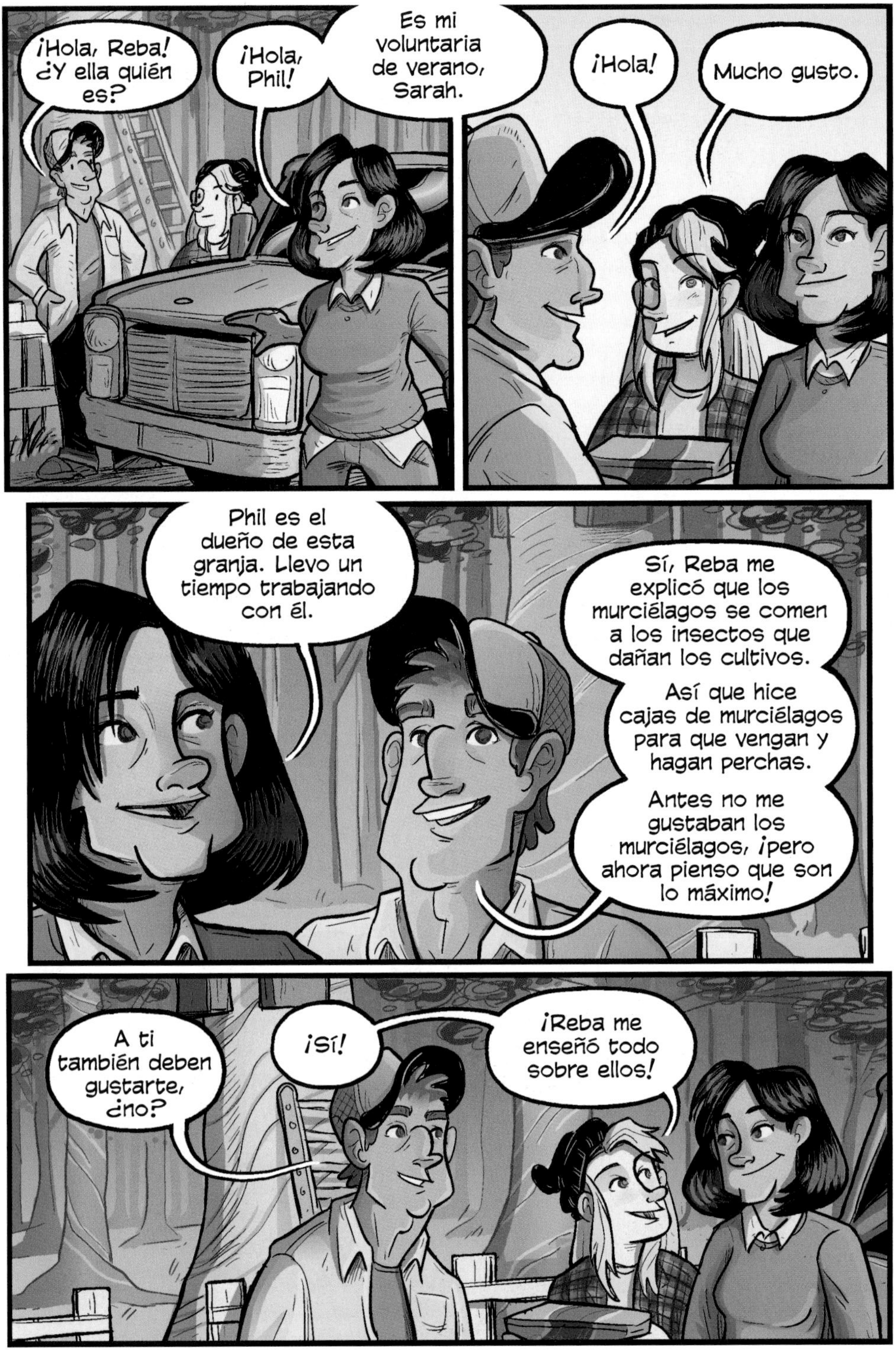
¡Hola, Reba! ¿Y ella quién es?
¡Hola, Phil!
Es mi voluntaria de verano, Sarah.
¡Hola!
Mucho gusto.
Phil es el dueño de esta granja. Llevo un tiempo trabajando con él.
Sí, Reba me explicó que los murciélagos se comen a los insectos que dañan los cultivos.
Así que hice cajas de murciélagos para que vengan y hagan perchas.
Antes no me gustaban los murciélagos, ¡pero ahora pienso que son lo máximo!
A ti también deben gustarte, ¿no?
¡Sí!
¡Reba me enseñó todo sobre ellos!

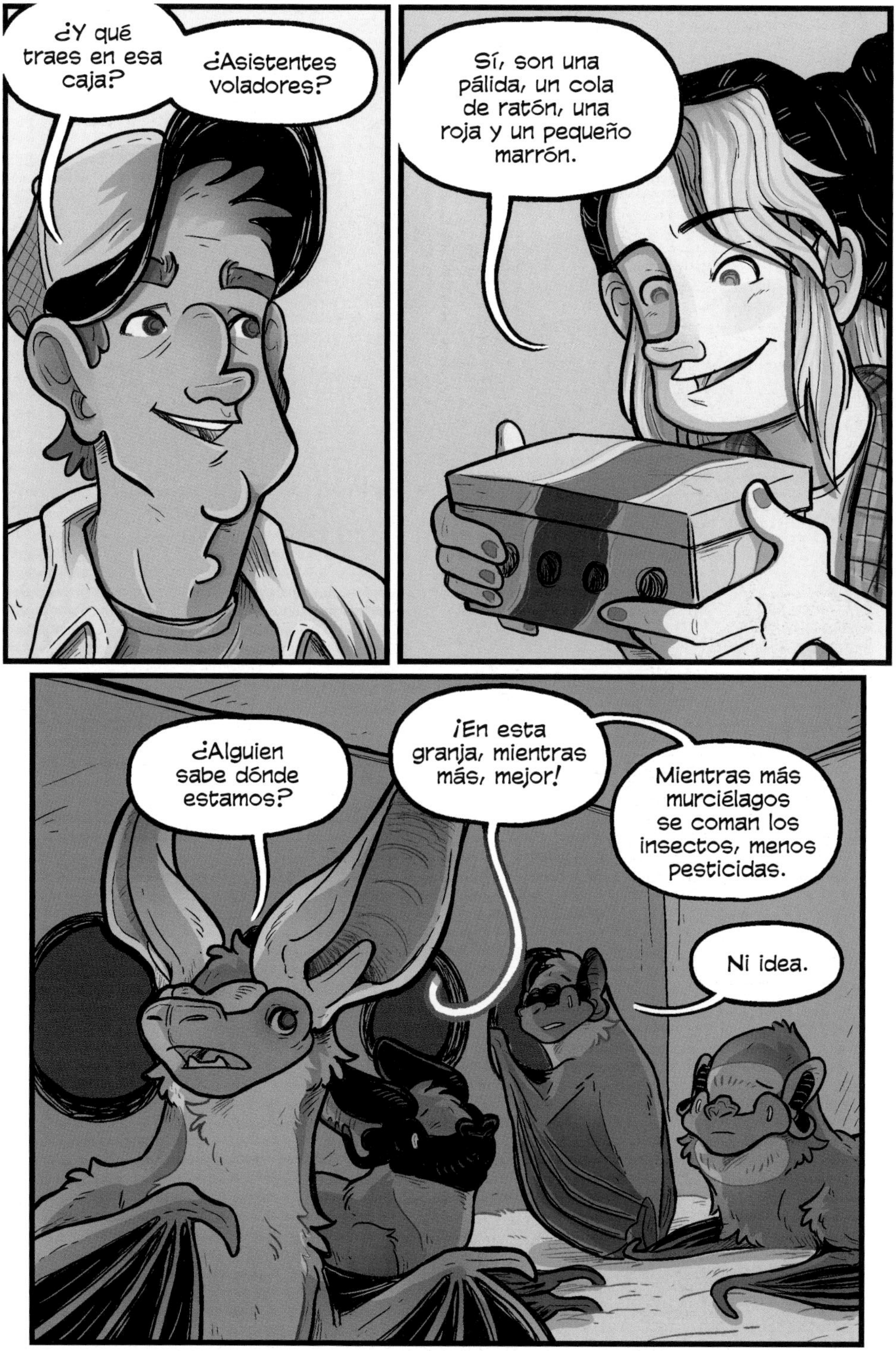
¿Y qué traes en esa caja?
¿Asistentes voladores?
Sí, son una pálida, un cola de ratón, una roja y un pequeño marrón.
¿Alguien sabe dónde estamos?
¡En esta granja, mientras más, mejor!
Mientras más murciélagos se coman los insectos, menos pesticidas.
Ni idea.

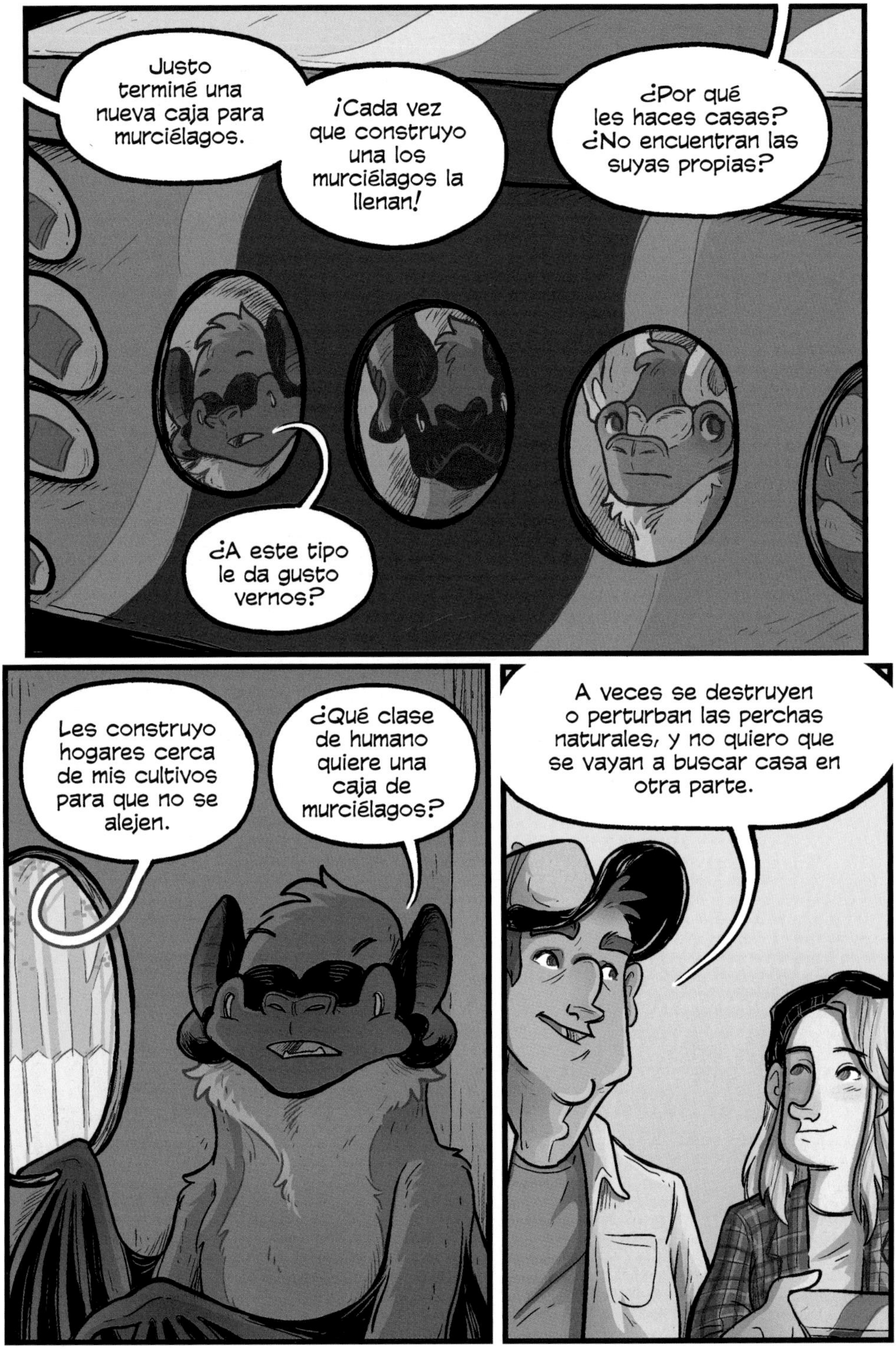
Justo terminé una nueva caja para murciélagos.
¡Cada vez que construyo una los murciélagos la llenan!
¿Por qué les haces casas? ¿No encuentran las suyas propias?
¿A este tipo le da gusto vernos?
Les construyo hogares cerca de mis cultivos para que no se alejen.
¿Qué clase de humano quiere una caja de murciélagos?
A veces se destruyen o perturban las perchas naturales, y no quiero que se vayan a buscar casa en otra parte.

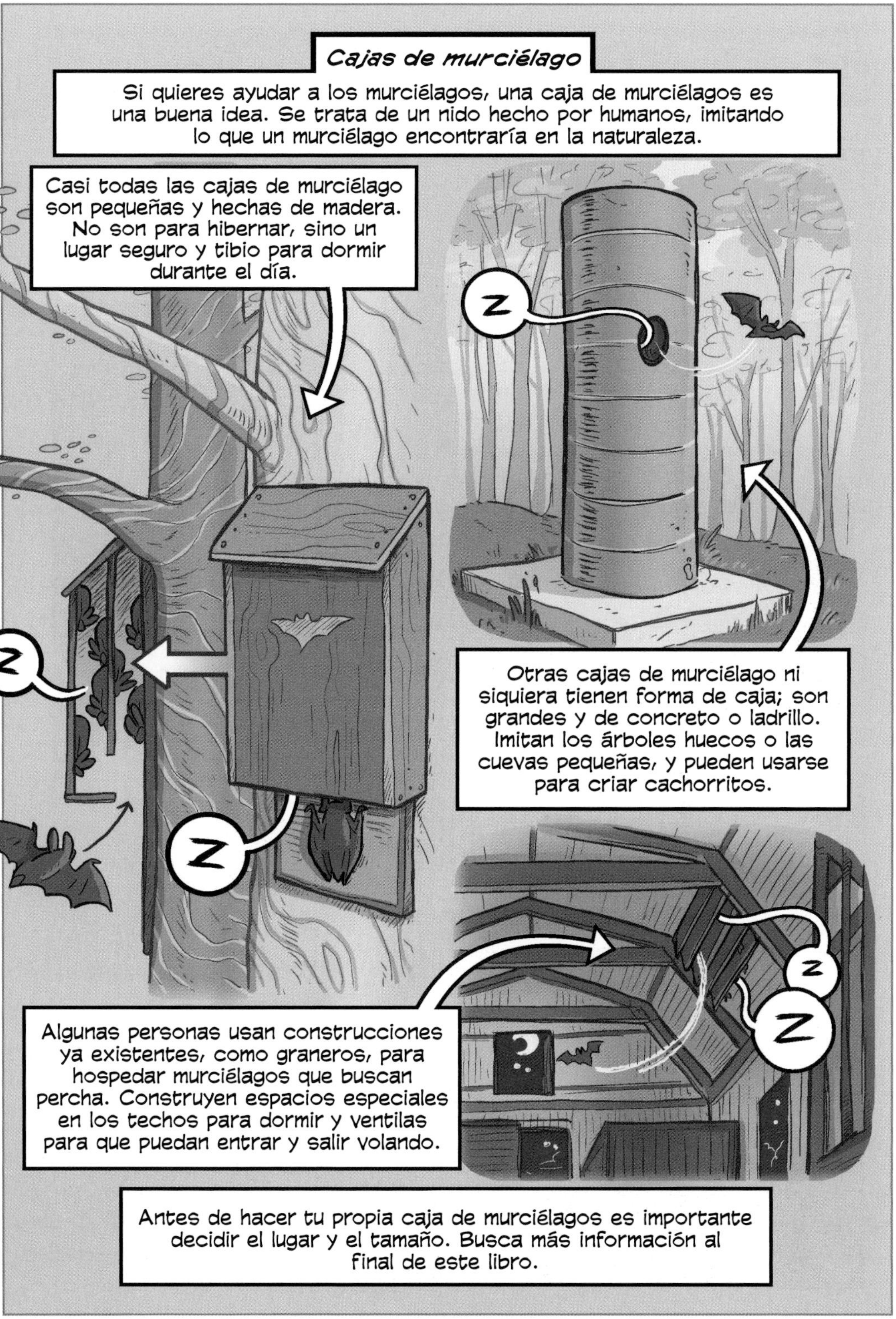
Cajas de murciélago
Si quieres ayudar a los murciélagos, una caja de murciélagos es una buena idea. Se trata de un nido hecho por humanos, imitando lo que un murciélago encontraría en la naturaleza.
Casi todas las cajas de murciélago son pequeñas y hechas de madera. No son para hibernar, sino un lugar seguro y tibio para dormir durante el día.
Z
Z
Z
Otras cajas de murciélago ni siquiera tienen forma de caja; son grandes y de concreto o ladrillo. Imitan los árboles huecos o las cuevas pequeñas, y pueden usarse para criar cachorritos.
Algunas personas usan construcciones ya existentes, como graneros, para hospedar murciélagos que buscan percha. Construyen espacios especiales en los techos para dormir y ventilas para que puedan entrar y salir volando.
Z
Z
Antes de hacer tu propia caja de murciélagos es importante decidir el lugar y el tamaño. Busca más información al final de este libro.

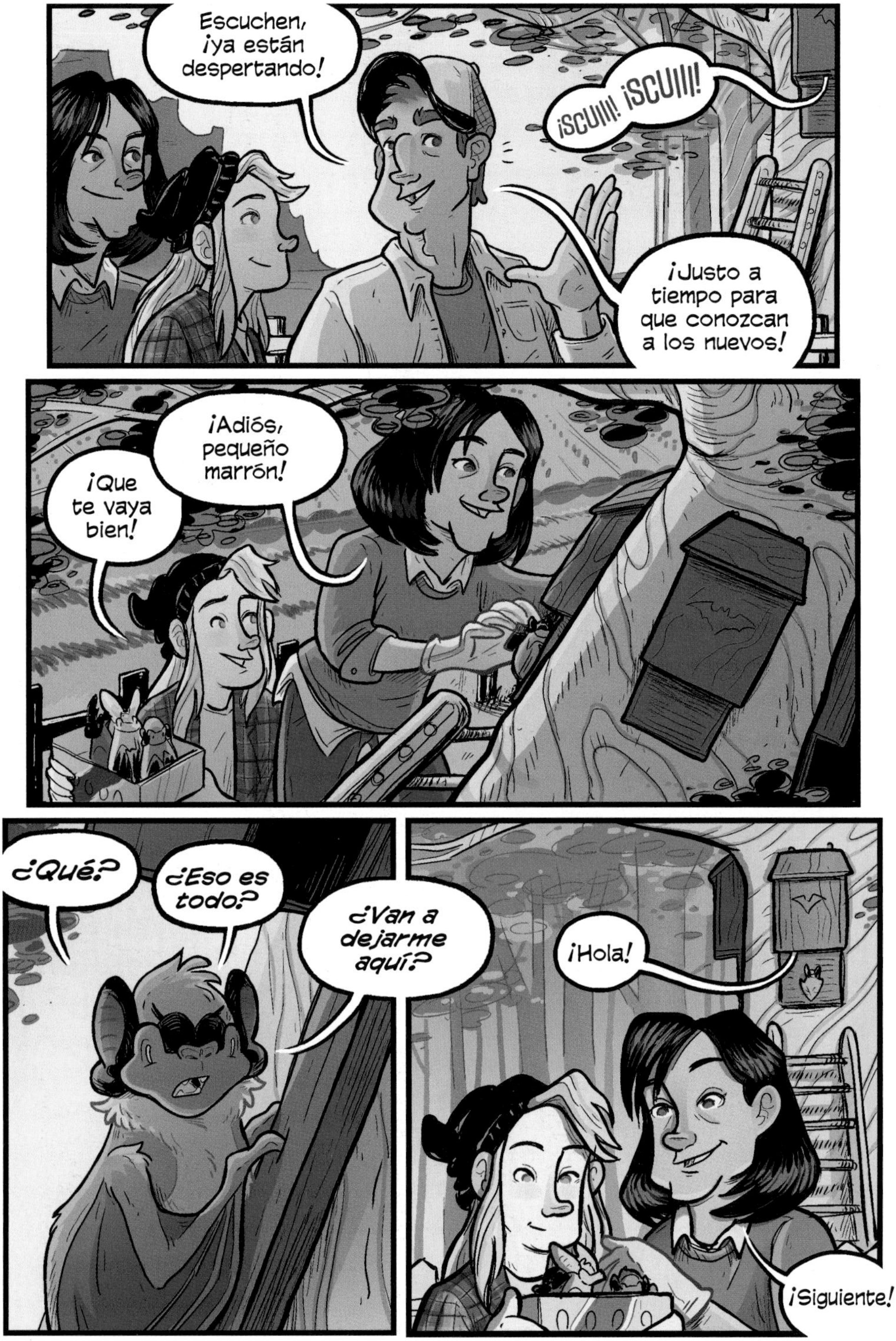
Escuchen, ¡ya están despertando!
¡SCUIII! ¡SCUIII!
¡Justo a tiempo para que conozcan a los nuevos!
¡Adiós, pequeño marrón!
¡Que te vaya bien!
¿Qué?
¿Eso es todo?
¿Van a dejarme aquí?
¡Hola!
¡Siguiente!

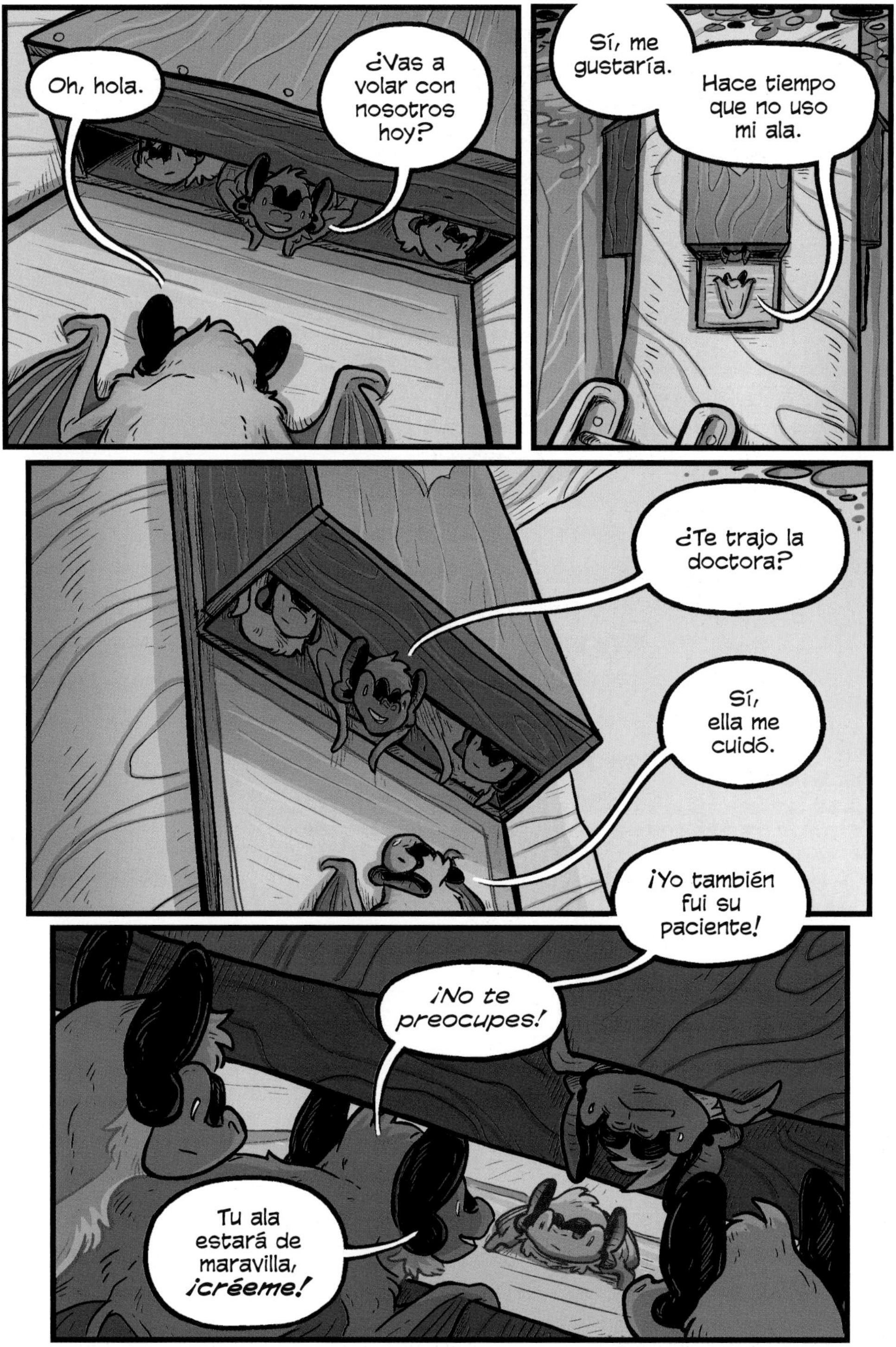
Oh, hola.
¿Vas a volar con nosotros hoy?
Sí, me gustaría.
Hace tiempo que no uso mi ala.
¿Te trajo la doctora?
Sí, ella me cuidó.
¡Yo también fui su paciente!
¡No te preocupes!
Tu ala estará de maravilla, ¡créeme!

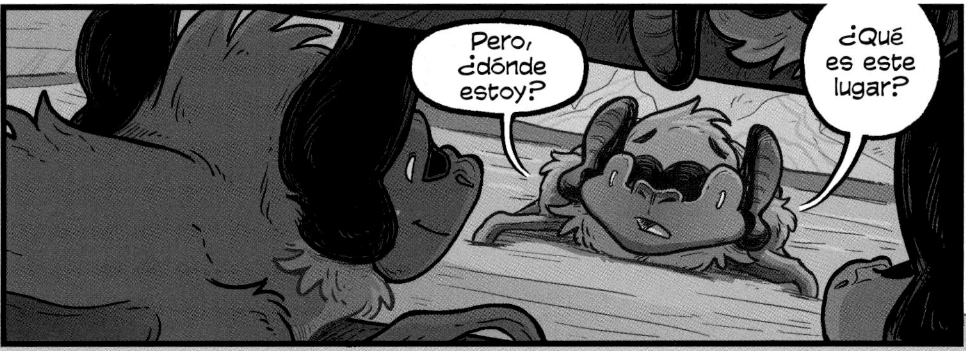
Pero, ¿dónde estoy?
¿Qué es este lugar?

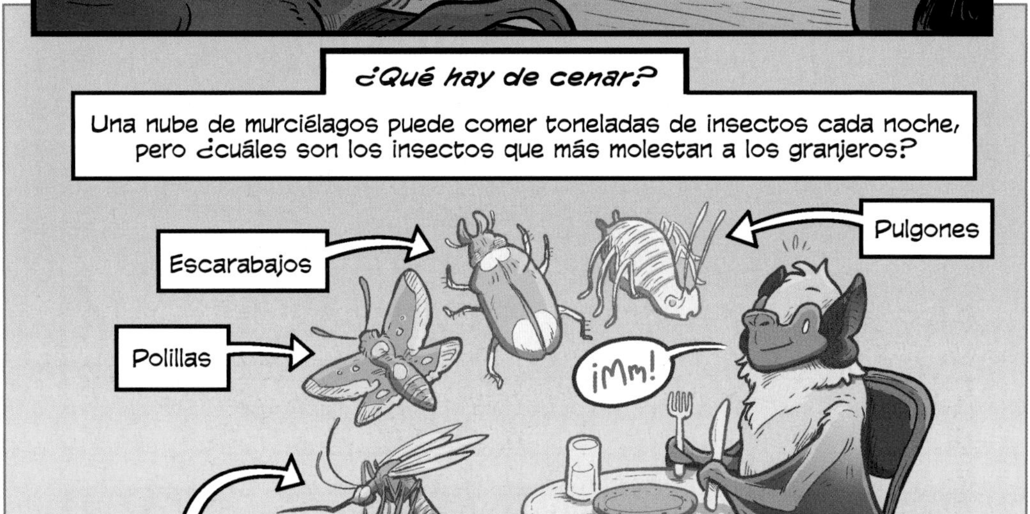
¿Qué hay de cenar?
Una nube de murciélagos puede comer toneladas de insectos cada noche, pero ¿cuáles son los insectos que más molestan a los granjeros?
Escarabajos
Pulgones
Polillas
¡Mm!
Las arañas y los mosquitos no dañan las cosechas, ¡pero a toda la gente (y a los granjeros) les gusta que los murciélagos se los coman!

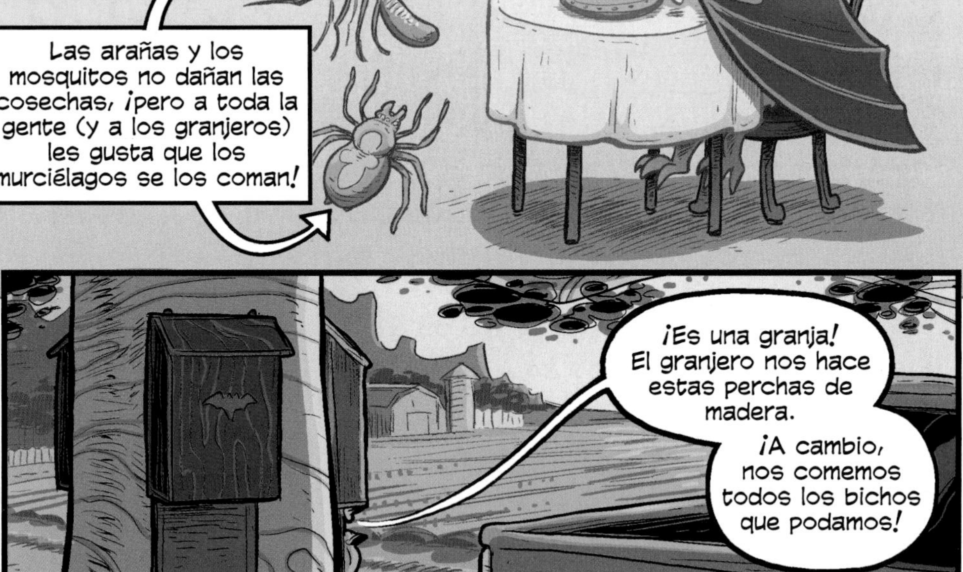
¡Es una granja! El granjero nos hace estas perchas de madera.
¡A cambio, nos comemos todos los bichos que podamos!

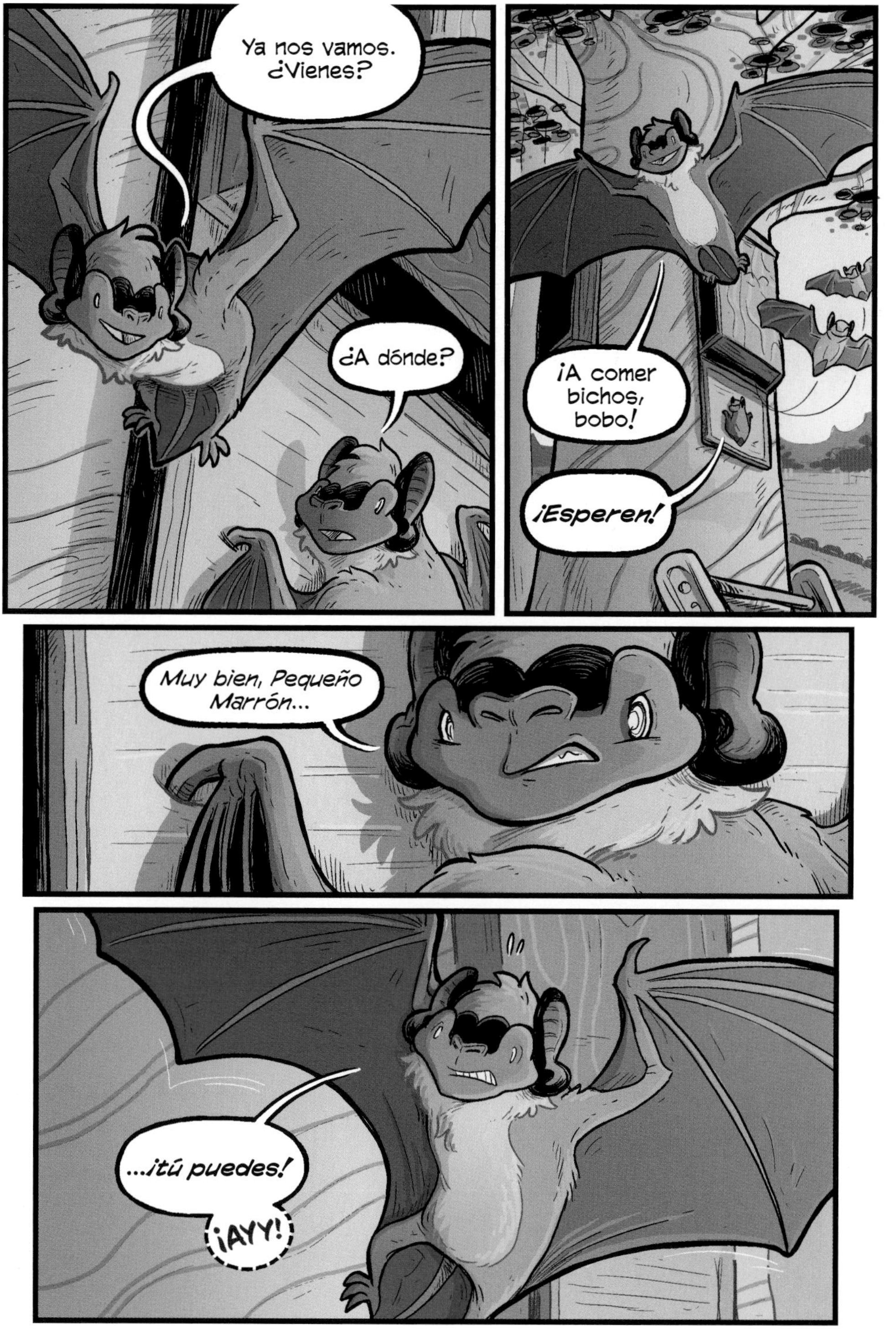
Ya nos vamos. ¿Vienes?
¿A dónde?
¡A comer bichos, bobo!
¡Esperen!
Muy bien, Pequeño Marrón...
...¡tú puedes!
¡AYY!

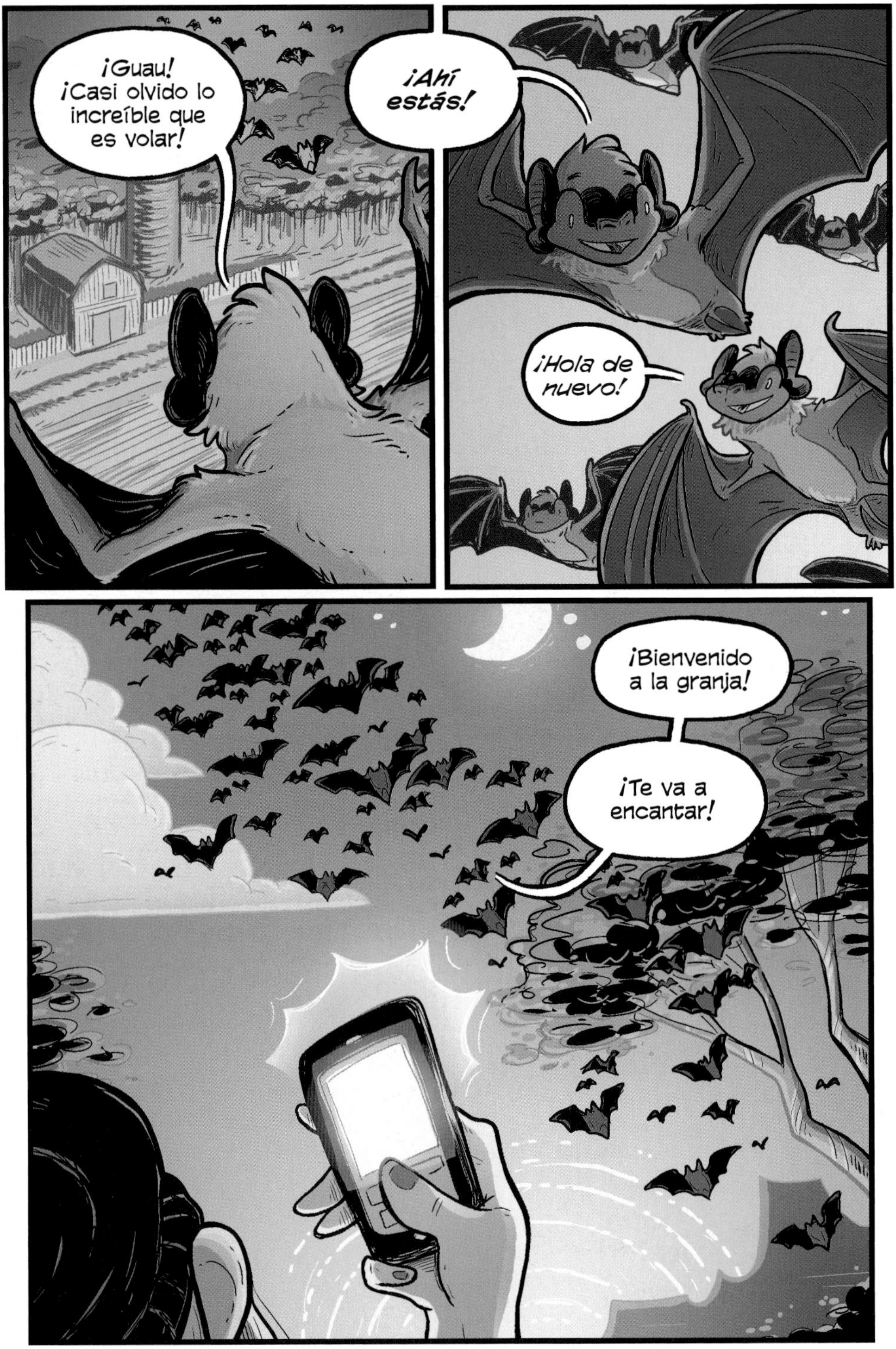
¡Guau! ¡Casi olvido lo increíble que es volar!
¡Ahí estás!
¡Hola de nuevo!
¡Bienvenido a la granja!
¡Te va a encantar!

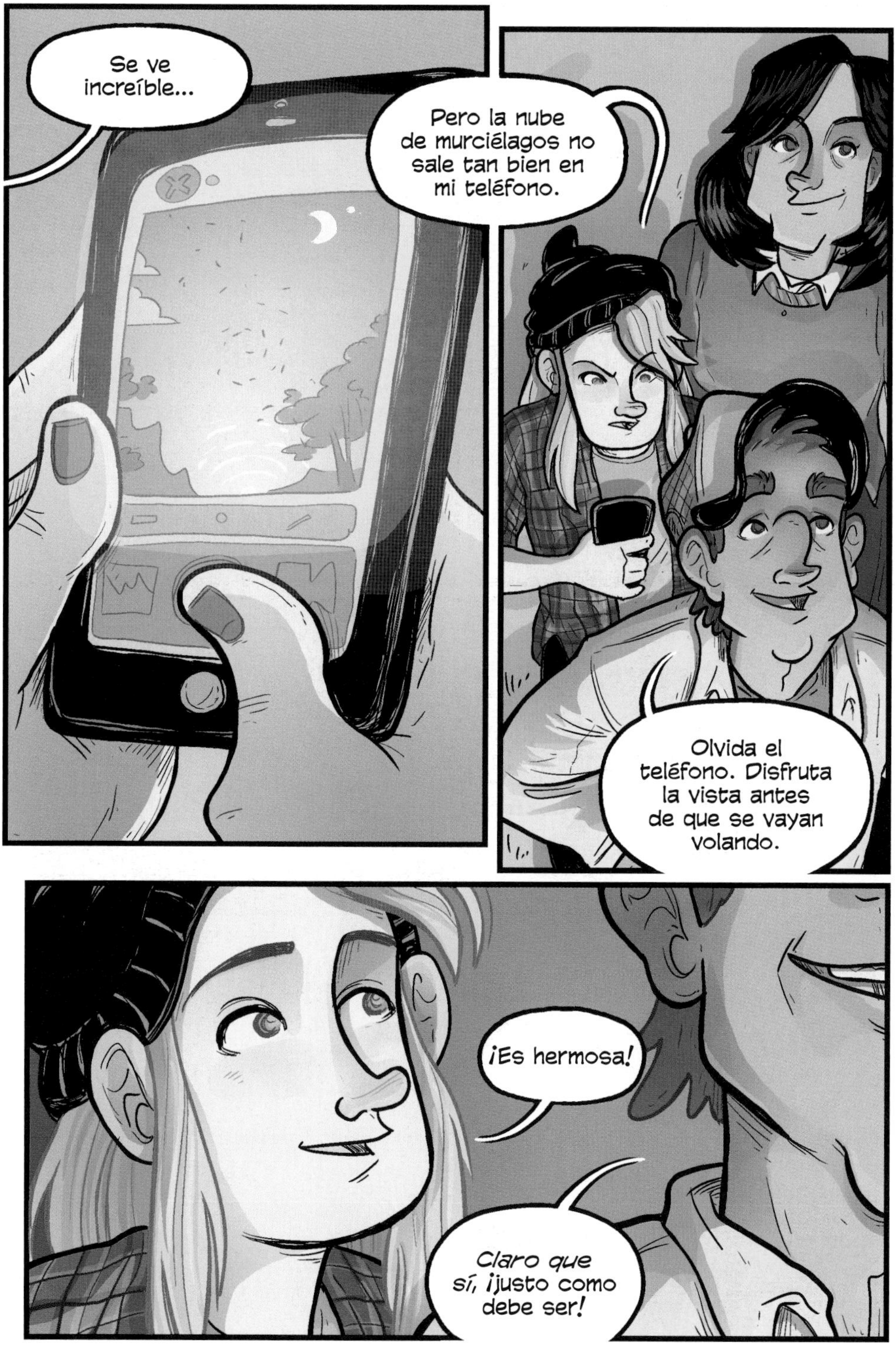
Se ve increíble...
Pero la nube de murciélagos no sale tan bien en mi teléfono.
Olvida el teléfono. Disfruta la vista antes de que se vayan volando.
¡Es hermosa!
Claro que sí, ¡justo como debe ser!

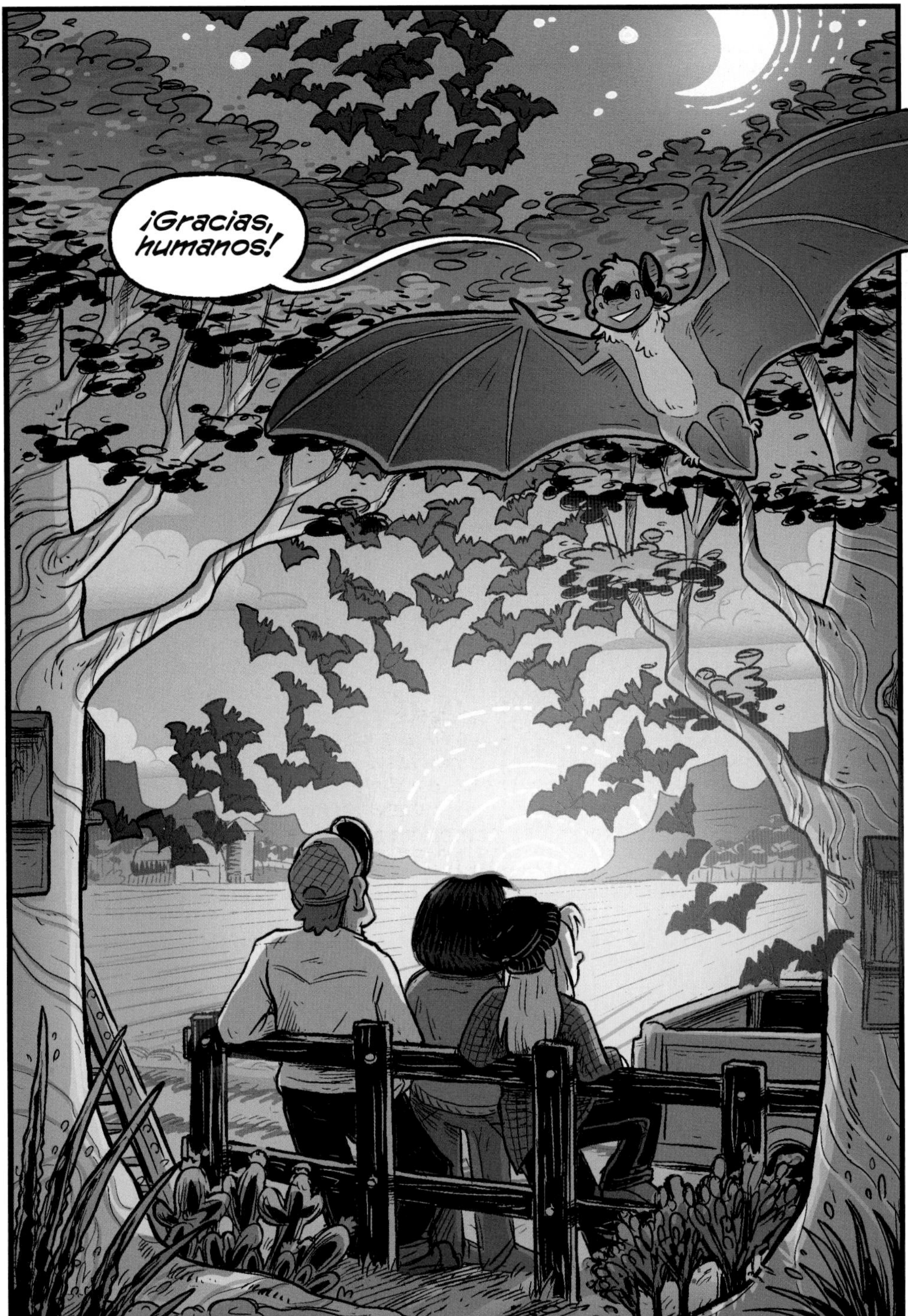
¡Gracias, humanos!

Cómo instalar tu caja de murciélagos en casa

Instalar tu propia caja de murciélagos puede ser un proyecto familiar divertido. Hay cosas que debes tomar en cuenta antes de empezar.

¿Comprar o hacer?

Si tienes tiempo, herramientas y la ayuda de un adulto puedes construir tu caja de murciélagos desde cero. Si no puedes o no quieres hacerla busca algunas en línea; verás que hay muchas para elegir.

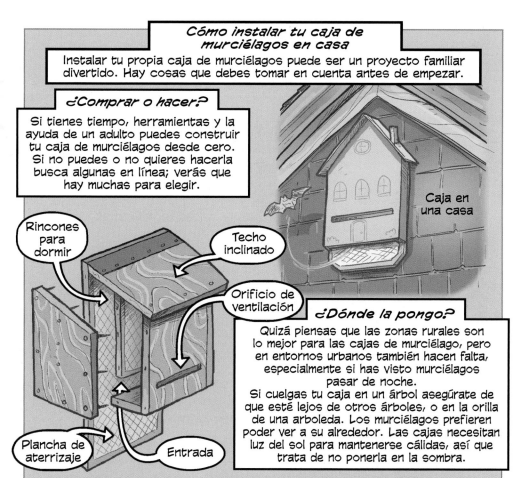

Caja en una casa

Rincones para dormir

Techo inclinado

Orificio de ventilación

Plancha de aterrizaje

Entrada

¿Dónde la pongo?

Quizá piensas que las zonas rurales son lo mejor para las cajas de murciélago, pero en entornos urbanos también hacen falta, especialmente si has visto murciélagos pasar de noche.
Si cuelgas tu caja en un árbol asegúrate de que esté lejos de otros árboles, o en la orilla de una arboleda. Los murciélagos prefieren poder ver a su alrededor. Las cajas necesitan luz del sol para mantenerse cálidas, así que trata de no ponerla en la sombra.

La ubicación de la caja es importante. Puedes montarla en un edificio, un árbol o un poste.

Las cajas de murciélago deben estar:
—En lugares soleados para mantener cálidos a los murciélagos.
—Lejos del suelo para alejar a los depredadores.
—Cerca de una fuente de agua.

Lecturas recomendadas.

Asociación Española para la Conservación y el Estudio de los Murciélagos

http://secemu.org/murcielagos/los-murcielagos-espana/

Conservación de Murciélagos de Argentina (PCMA)

http://www.pcma.com.ar/inicio.html

Red Latinoamericana para la Conservación de los Murciélagos (RELCOM)

https://www.relcomlatinoamerica.net/

Rodríguez Herrera, Bernal y Ragde Sánchez (eds.), *Estrategia centroamericana para la conservación de los murciélagos*, San Juan, Universidad de Costa Rica, 2015: https://villaloboschavesdavid.files.wordpress.com/2017/03/pdf06.pdf (consultado en julio de 2019).

Sánchez, Óscar, *Murciélago de México*, Biodiversitas 20: 1-11, Conabio, 1998: https://www.biodiversidad.gob.mx/Biodiversitas/Articulos/biodiv20art1.pdf (consultado en julio de 2019).

Sosa, Jimena, *Murciélagos: Mamíferos voladores*, Documentos de Divulgación núm. 6, Montevideo, Museo Nacional de Historia Natural y Antropología: https://www.mnhn.gub.uy/innovaportal/file/3419/1/Murcielagos.pdf (consultado en julio de 2019).

Tirira, Diego G. y Santiago F. Burneo (eds.), *Investigación y conservación sobre murciélagos en el Ecuador*, Quito, Pontificia Universidad Católica del Ecuador-Fundación Mamíferos y Conservación-Asociación Ecuatoriana de Mastozoología, Publicación Especial sobre los Mamíferos del Ecuador núm. 9, 2012: httt://editorial.murcielagoblanco.com/images/pdf/TiriraBurneo2012MurcielagosEcuador.pdf (consultado en julio de 2019).

Voluntariado

Algunas organizaciones requieren que tengas un permiso especial para asegurarse de que sepas manejar animales silvestres. Busca cursos cerca de ti que den esta capacitación. También debes actualizar todas tus vacunas, incluyendo la de la rabia. Puedes ayudar mucho aun sin un permiso especial: busca a un especialista en vida silvestre en tu zona para preguntarle qué puedes hacer.

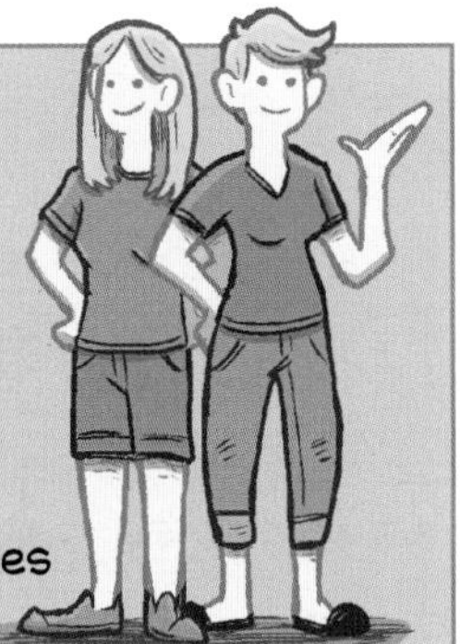

Carreras

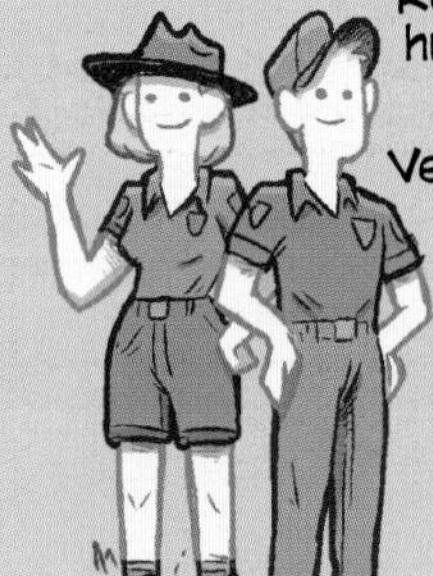

Rehabilitador de animales: Cuidan a animales huérfanos, enfermos o lastimados, y los devuelven a la naturaleza.

Veterinarios: Tratan enfermedades, síndromes y heridas de los animales. Enseñan a los dueños cómo cuidar a sus mascotas.

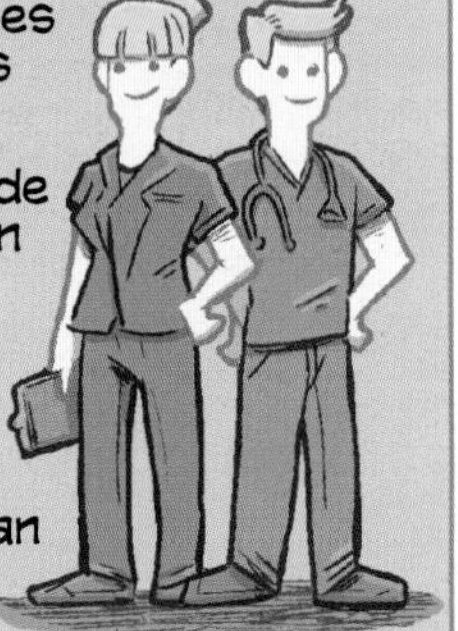

Control de animales: responden llamadas de auxilio sobre animales salvajes que podrían estar enfermos o asustados.

Guardabosques: Protegen y conservan áreas verdes o protegidas.

Biólogos conservacionistas: Protegen la vida silvestre y mantienen y restauran hábitats. Estudian cambios del ecosistema.

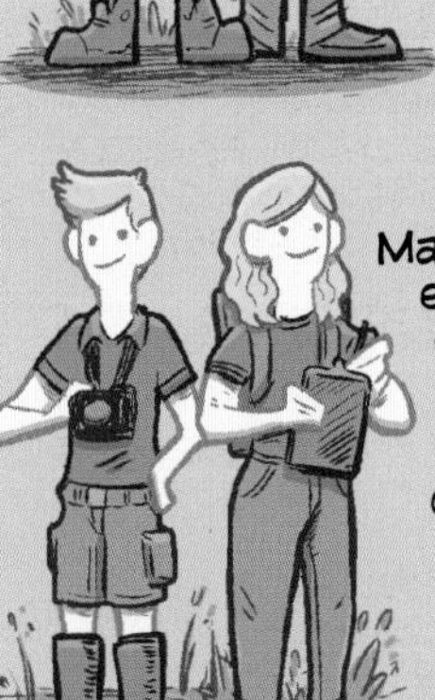

Mastozoólogos: Estudian a los mamíferos en estado natural y en cautiverio para obtener información biológica, social y evolutiva.

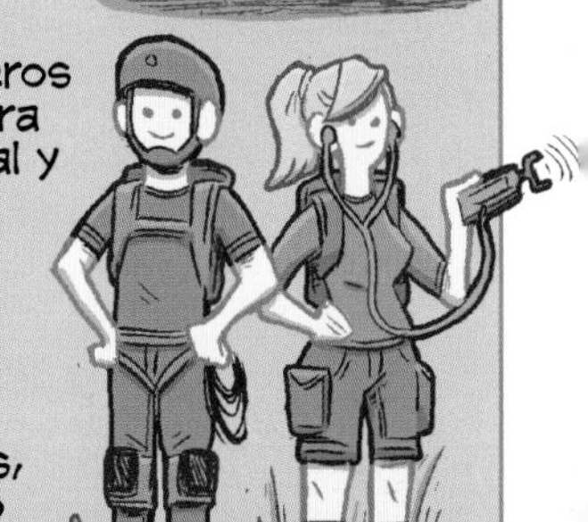

Quiropterólogos: Son los biólogos que se especializan en murciélagos, incluyendo su hábitat, evolución y conservación.

Espeleólogos: Estudian las cuevas, incluyendo cómo se forman, cómo cambian y qué formas de vida alojan.

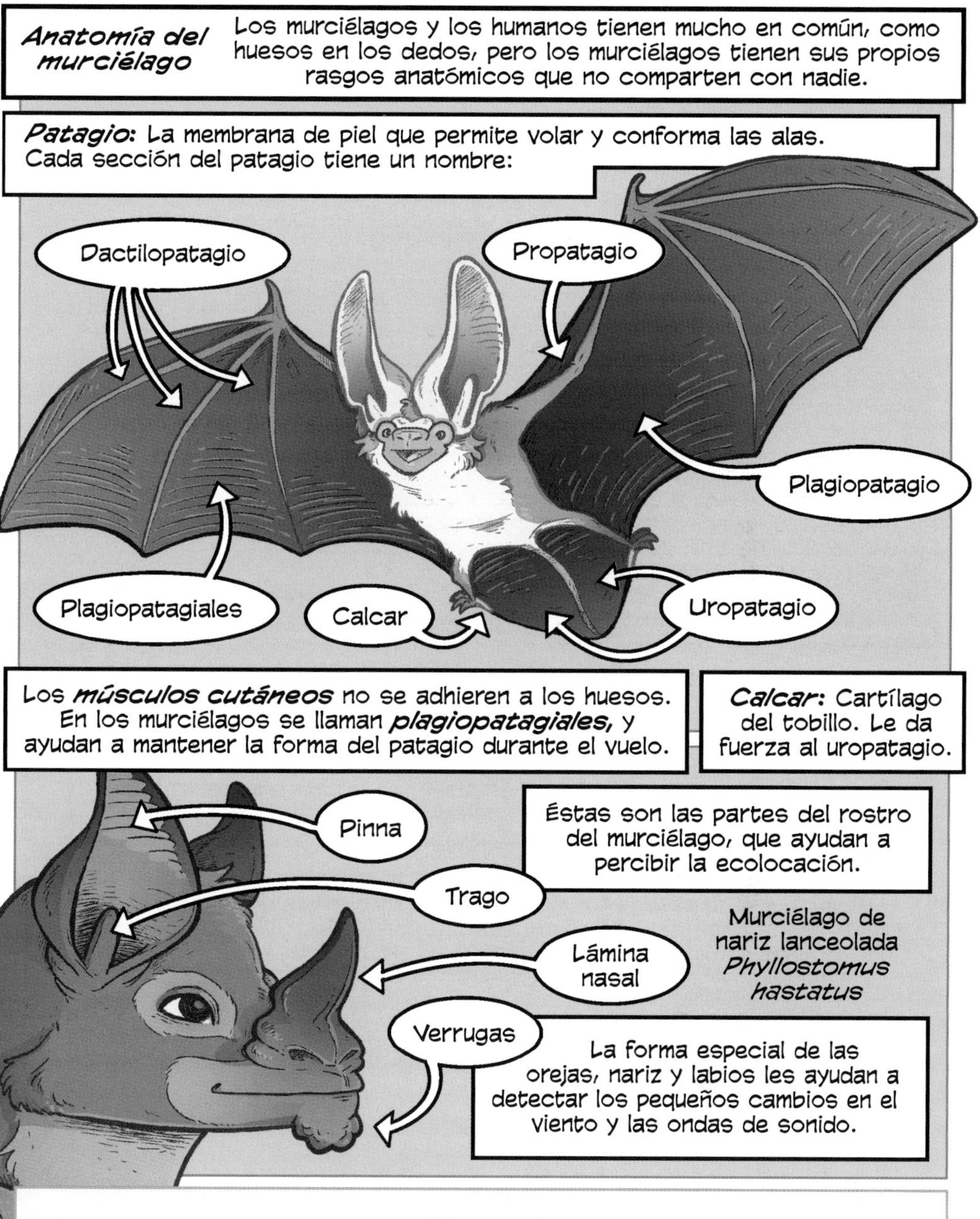
Anatomía del murciélago
Los murciélagos y los humanos tienen mucho en común, como huesos en los dedos, pero los murciélagos tienen sus propios rasgos anatómicos que no comparten con nadie.
Patagio: La membrana de piel que permite volar y conforma las alas. Cada sección del patagio tiene un nombre:
Dactilopatagio
Propatagio
Plagiopatagio
Plagiopatagiales
Calcar
Uropatagio
Los músculos cutáneos no se adhieren a los huesos. En los murciélagos se llaman plagiopatagiales, y ayudan a mantener la forma del patagio durante el vuelo.
Calcar: Cartílago del tobillo. Le da fuerza al uropatagio.
Pinna
Éstas son las partes del rostro del murciélago, que ayudan a percibir la ecolocación.
Trago
Murciélago de nariz lanceolada Phyllostomus hastatus
Lámina nasal
Verrugas
La forma especial de las orejas, nariz y labios les ayudan a detectar los pequeños cambios en el viento y las ondas de sonido.

Glosario

Cachorro: Etapa infantil de varias especies de mamífero (como focas, perros o ratas).

Chiroptera: Orden de mamíferos que incluye los murciélagos. Se encuentran en todos los continentes, salvo Antártida.

Ecolocación: También llamada ecolocalización. Es la ubicación de objetos por sonido reflejado, usada en especial por animales como los murciélagos y los delfines. La forma general de ubicar objetos es medir el tiempo que tarda en volver el eco y desde dónde vuelve, como un radar o un sonar.

Guano: Excremento de aves y murciélagos, usado como fertilizante.

Hibernación: Temporada de heterotermia de los animales que se distingue por baja temperatura corporal, respiración y ritmo cardiaco lentos, y bajo ritmo del metabolismo.

Microchiroptera: Suborden de los quirópteros que agrupa a todos los murciélagos, salvo los frugívoros. Suelen ser más pequeños, pero no siempre.

Megachiroptera: Familia Pteropodidae del orden Chiroptera. También se les llama murciélagos frugívoros, murciélagos del Viejo Mundo o zorros voladores.

Nocturno: Que está activo durante la noche.

Onda de sonido: Onda que se forma cuando se produce un sonido y que lo transporta el agua o el aire.

Percha: Lugar en el que se congregan los murciélagos para descansar durante el día.

Polinización: Proceso por el cual el polen llega a los órganos reproductores de las plantas, permitiendo su fertilización y reproducción.

Sonar: Método o dispositivo para detectar y ubicar objetos por medio de ondas de sonido enviadas a reflejarse contra ellos.

Frecuencia y decibeles

Los murciélagos hacen sonidos muy fuertes, pero no podemos escucharlos porque se transmiten a frecuencias demasiado altas para el oído humano.

Los **decibeles** (dB) miden la fuerza o intensidad de una onda de sonido.

La **frecuencia** mide qué tan seguido se repiten las cosas. La frecuencia de un sonido es la cantidad de ondas que golpean el tímpano por segundo. Se mide en hertzios (Hz).

Piénsalo así: un decibel es el volumen del radio, que puede ser alto o bajo. La frecuencia determina qué sonidos se oyen: chirriantes o apagados, como el de un silbato o el de un tambor.

Los sonidos por debajo de 12 Hz son **infrasónicos**. Los elefantes pueden escucharlos, pero los humanos no.

Los sonidos por encima de 16000 Hz son **ultrasónicos**. Los murciélagos pueden escucharlos, pero los humanos no.